KB134473

한국 현대사 산책 1970년대 편 **2**권

한국 현대사 산책 1970년대 편(전3권)
평화시장에서 궁정동까지 · 2권

ⓒ 강준만, 2002

초판 1쇄 2002년 11월 16일 펴냄
초판 19쇄 2017년 9월 13일 펴냄

지은이 | 강준만
펴낸이 | 강준우
기획 · 편집 | 박상문, 박효주, 김예진, 김환표
디자인 | 최진영, 최원영
마케팅 | 이태준
관리 | 최수향
인쇄 · 제본 | 제일프린테크

펴낸곳 | 인물과사상사
출판등록 | 제17-204호 1998년 3월 11일

주소 | 04037 서울시 마포구 서교동 392-4 삼양E&R빌딩 2층
전화 | 02-325-6364
팩스 | 02-474-1413

www.inmul.co.kr | insa@inmul.co.kr

ISBN 978-89-88410-65-3 04910   ISBN 978-89-88410-63-7 (세트)

값 12,000원

평화시장에서 궁정동까지 **1970년대 편 2권**

한국 현대사 산책

강준만 저

인물과
사상사

제5장 긴급조치와 민주화투쟁 / 1974년

제6장 폭력과 고문이라는 이름으로 / 1975년

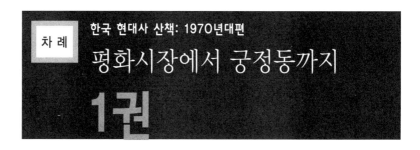

1973년

제4장

수출전쟁과 안보전쟁

중화학공업의 깃발 아래

'유신', '중화학공업화', '수출'

박정희는 1973년 1월 12일, 유신 이후 처음으로 일종의 연두교서를 발표했다. 박정희는 전 국무위원과 여당 요인들을 배석시킨 가운데 장장 2시간 17분 동안 계속된 발표에서 '10월 유신'이라는 말을 43번, '유신 과업'이라는 말을 9번이나 사용해 가면서 10월 유신의 정당성을 적극 옹호하였다.[1]

그러나 이 날의 발표는 후일 '1·12 중화학공업화선언'으로 불려지게 되었다. 중화학공업을 대대적으로 육성하겠다는 중화학공업 정책을 발표했기 때문이다. 1971년 주한미군이 3분의 1 가량 감축되면서 강력한 방위 산업 육성을 구상한 박정희로선 그 기반이 될 중공업을 육성하겠다는 것이었다.

---

1) 오원철, 『한국형 경제건설 7: 내가 전쟁을 하자는 것도 아니지 않느냐』(한국형경제정책연구소, 1999), 559쪽.

4월 19일 국방부의 '을지연습 73' 상황을 순시하던 박정희는 '자주적 군사력 건설'을 위한 계획 수립을 국방부에 지시했고, 이 계획의 코드 네임은 이율곡의 '10만 양병론'과 연계시켜 '율곡계획'이라는 이름이 붙게 되었다.[2]

중화학공업화는 분명히 방위 산업 육성을 염두에 둔 것이긴 했지만, 그게 전부는 아니었다. 더욱 중요한 건 중화학공업화야말로 박정희가 꿈꾸는 부국강병의 방법론적 지주였다는 점일 것이다. 제3차 경제개발 5개년 계획(1972-1976년)에서도 가장 중요한 것이 중화학공업 육성이었음은 두말 할 나위가 없다.

박정희는 1·12 선언에서 중화학공업화를 위해 6개의 전략 산업(철강·전자·석유화학·조선·기계·비철금속)을 선정해 육성하겠다는 계획을 발표하면서, 80년대 초 달성을 겨냥한 '국민소득 1,000 달러, 수출 100억 달러'라는 캐치프레이즈를 강조하였다. 박정희가 이 선언에서 강조한 '유신', '중화학공업화', '수출'은 상호 분리될 수 없는 삼위일체를 형성하는 것이었다.

1·12 선언에 따라 1973년 5월 국무총리를 위원장으로 하는 '중화학공업추진위원회'가 구성되었다. 박 정권은 재정·금융·조세상의 특혜와 지원을 주어 대기업들의 참여를 유도하였으며, 이에 따라 산업별로 울산(석유화학·비료), 구미(전자), 포항(철강), 옥포(조선), 온산(비철금속), 창원(기계) 등에 특화된 공업단지를 조성하였다.

박 정권은 1974년엔 '국민투자기금법'을 마련하여 조성한 기금 가운데 해마다 68%를 중화학공업 부문에 지원하였다. 또 14개 중요 산업에 처음 3년 동안 100%, 다음 2년 동안 50%의 내국세 감면 혜택을 주었고, 중화학공업 제품을 수출하여 생긴 소득에도 소득세와 법인세를 50% 감

---

2) 정진석, 『총성 없는 전선: 격동의 한·미·일 현대 외교 비사』(한국문원, 1999), 76-77쪽.

중앙청에서 우수 수출업체에 단체 표창을 하고 있는 박정희.

면하는 파격적인 조치를 취하였다. 이러한 여러 특혜 때문에 국민의 조
세 부담은 점점 늘어나 1973년엔 12.6%이던 것이 1981년엔 18.2%로까
지 뛰었다.[3]

자동차·조선 산업의 발전

박정희는 1·12 선언에서 '마이카' 시대를 달성하겠다는 말도 했는
데, 그로부터 5개월 후인 6월 시흥에 있는 20만 평의 대지에 기아자동차

3) 역사학연구소, 『강좌 한국근현대사』(풀빛, 1995), 336쪽

의 소하리공장이 완공되었다. 이는 한국의 종합자동차공장 제1호로 1970년 11월 10일에 착공해 완공된 것으로 연간 2만 5천 대의 생산 능력을 갖추었다. 1974년 4월 6일 국민차(소형 승용차)인 브리사의 시판 허가가 떨어져 이후 브리사는 전국의 도로를 누비고 다니게 되었다.

현대자동차는 1967년 12월에 종합자동차공장 설립 허가를 받았으나 우여곡절을 겪어야 했다. 현대자동차는 1970년 12월 29일 포드와 50 대 50 합작회사를 설립하기로 계약을 맺었지만, 포드는 1국 1부품 생산체제를 구축하고자 한 반면 현대는 종합자동차공장 건설을 목표로 했기 때문에 갈등을 벌이다 1973년 1월에 해약을 하고 말았다.[4]

현대는 그 와중에도 1973년 6월 시작차(試作車) 1호를 완성하였는데, 이 해 7월 18일부터 8월 25일까지 39일 동안 이 모델에 붙일 이름을 공모했다. 전국에서 5만 8천여 통이나 되는 응모 엽서가 쇄도하였는데, 9월 25일 최종 결정된 이름은 '포니'였다.[5]

현대는 1974년 7월 1억 달러를 들여 연간 생산 능력 5만 6천 대 규모의 자동차공장 건설에 착공해 1975년 11월에 완공하였다. 다음 해 1월부터 생산되어 출고된 현대 포니는 그 해 국내 승용차 시장의 43%를 점유하는 성공을 거두었으며, 6월엔 중미 에콰도르에 최초로 포니 6대를 수출하는 것을 시작으로 하여 해외 시장 공략에 나서게 되었다.[6]

신진자동차는 일본의 도요타 자동차와 합작하려고 했으나 그게 여의치 않자, 1972년 6월 미국의 GM과 50 대 50으로 합작하고 운영권까지 GM에 넘겨주었다. 신진은 1974년 5월부터 1500cc, 1700cc, 1900cc의 가솔린엔진을 생산하기 시작했지만, 때마침 몰아닥친 오일 쇼크로 대형 차종이 안 팔려 심각한 자금난을 겪다가 1976년 11월 파산하고 말았다.

---

4) 오원철, 「한국형 경제건설 7: 내가 전쟁을 하자는 것도 아니지 않느냐」(한국형경제정책연구소, 1999), 169쪽.
5) 오원철, 「한국형 경제건설 4」(기아경제연구소, 1996), 182쪽.
6) 오원철, 위의 책, 188쪽.

신진은 산업은행이 인수했다가 2년 후인 1978년 7월에 대우로 넘어가 대우자동차로 변했다(대우는 운영 문제로 GM과 갈등을 빚다가 1992년에 GM의 주식을 인수).[7]

자동차 산업과 함께 조선 산업도 활기를 띠게 되었다. 현대는 1972년 3월 23일 기공식을 한 지 2년 3개월 만인 1974년 6월 28일 현대조선소를 완공하였다. 현대는 8천만 달러를 들인 조선소 완공과 함께 26만 톤급 대형 유조선 두 척을 진수시켰다. 현대조선소의 완공은 "세계 최대의 조선소를 최단시간 내에 만들었다"라는 평가를 받았다.[8]

그런 평가가 시사하듯이, 현대조선소는 경부고속도로와 마찬가지로 1년에 2, 30명씩 사망하는 등의 희생을 감수하는 군사작전식 건설로 이룬 것이었다.[9] 현대조선소는 완공한 첫 해에 51만 8천 톤을 수주함으로써 세계 조선시장의 1.75%를 차지하게 되었고, 1973년엔 1백94만 7천 톤을 따내 세계 시장 점유율을 2.64%로, 1974년엔 3.0%로 높여 나갔다.[10]

중화학공업화에 대한 비판

중화학공업화가 이른바 '한강의 기적'으로 불리는 한국의 눈부신 경제발전의 토대 역할을 했다는 걸 부인할 사람은 없을 것이다. 그러나 중화학공업화는 많은 문제점도 내포하고 있었다. 그간 제기된 비판은 대략 다음과 같은 몇 가지로 집약된다.

한국의 중화학공업은 국내 산업간의 분업적 관련 없이 수출 위주의 노동집약적 산업(조선)이나 공해 산업(알루미늄 · 석유화학 · 플라스틱) 중심으로 개발 추진되었으며,[11] "타율적 의사결정, 시장경제에 어긋나는

7) 오원철, 『한국형 경제건설 7: 내가 전쟁을 하자는 것도 아니지 않느냐』(한국형경제정책연구소, 1999), 173쪽.
8) 홍하상, 『카리스마 vs 카리스마 이병철 · 정주영』(한국경제신문, 2001), 174쪽.
9) 정주영, 『이 땅에 태어나서: 나의 살아온 이야기』(솔, 1998), 184쪽.
10) 홍하상, 위의 책, 175쪽.

교조주의적 · 독단적 의사 결정으로 무리한 투자 지출을 초래"하고 '투자배분 과정에서 정경유착'이 발생하였으며,[12] "생산 및 실현 과정에서의 대외종속성 심화(막대한 자본재 · 원자재의 외국의존, 시장의 대외의존), 국내의 산업간 불균등 심화, 정부의 특혜지원과 강제적 독점 기반 구축에 힘입은 독점의 강화"가 이루어졌다는 비판이 바로 그것이다.[13]

성균관대 교수 이대근은 중화학공업화 계획의 추진이 "우리 나라 산업구조의 고도화에 크게 기여한 것"은 긍정적으로 평가하면서도 그 부작용에 대해 다음과 같이 말한다.

"그러나 다른 한편 이 계획이 당초 의도한 바의 생산재공업의 개발로서가 아니라 노동집약적인 조립형 중화학공업의 개발로 됨으로써 수출의 부가가치율 제고에는 크게 기여하지 못하였다. 뿐만 아니라 조선공업에서 대표적으로 나타나듯이 국제적 경기변동에 민감하여 많은 경영난을 겪게 된 경우도 있었다."[14]

중화학공업화는 종속적인 국제 분업구조에 따른 것으로 한국의 대(對) 일본 의존도를 심화시켰고, 공해 산업 유치의 성격을 갖고 있다는 지적도 있다. 1970년 일본의 야쓰기는 한일경제협력위원회 2차 총회에서 일본 간사이 경제권과 한국 남해안공업지대를 긴밀하게 결합시키고 노동집약적 · 공해 산업을 한국에 옮긴다는 구도를 내놓았으며, 이에 따라 한국의 중화학공업화 추진이 가능했다는 것이다.[15]

---

11) 역사학연구소, 『강좌 한국근현대사』(풀빛, 1995), 337-338쪽.
12) 한성신, 〈구조적 변화와 고도 성장: 1970년대〉, 구본호 · 이규억 편, 『한국경제의 역사적 조명』(한국개발연구원, 1991), 212쪽.
13) 한국정치연구회, 『한국정치사』(백산서당, 1990), 358쪽.
14) 이대근, 〈오도된 논리로 자찬되는 3공 경제정책: 김정렴 회고록을 보고〉, 『세계와 나』, 1991년 1월, 236쪽.
15) 역사학연구소, 위의 책, 334-335쪽; 김덕현, 〈환경 문제와 제국주의〉, 장상환 · 김의동 외, 『제국주의와 한국 사회』(한울, 1991), 343쪽.

재벌의 거대화 촉진

중화학공업화는 '국내 대자본의 독점화와 복합 기업화를 가속화' 했다는 비판도 받고 있다.[16] 중화학공업화의 추진은 기계 · 전자 · 철강 · 비철금속 · 석유화학 · 조선이라는 6개 특정업종의 1980년 목표생산액을 미리 책정하고 그것에 필요한 공업단지를 정부 주도로 조성하면서, 막대한 특혜와 지원을 통해 독점자본의 참여를 유도하는 방식이었다. 그리고 이는 국내 분업 관련이 없는 일방적인 수출 산업 위주의 방대한 규모였고, 고도 성장의 과시 욕구에 따라 그 규모는 더욱 커질 수밖에 없었다는 것이다.[17]

큰 규모의 설비와 투자가 필요한 중화학공업의 특성 때문에 재벌 중심으로 개발을 이룰 수밖에 없었다고 보는 시각도 있다. 그런 특성에 따른 정부의 정책 덕분에 재벌들은 빠르게 자본축적을 이룰 수 있었으며, 재벌 내의 회사들이 서로 자본을 빌려 주는 상호 출자로 모든 업종에 '문어발식'으로 침투했다는 것이다.[18]

또 한배호는 청와대 비서관들과 경제부처의 관료들이 박 정권의 경제 정책을 야당의 조직적인 반대도 없고 언론의 비판조차 원천적으로 봉쇄한 가운데 일방적으로 추진한 것이었기 때문에 관료와 기업간 유착관계가 심화되고 관료 사회 내 부정부패가 만연되었다면서, 이와 관련된 중화학공업 정책의 문제를 다음과 같이 지적한다.

"그런 관료조직의 부패 때문에 중화학공업 정책이 진행되면서 기업에 대한 국가(즉 관료조직)의 통제가 강화되었다기보다 오히려 기업에 대한 국가의 통제력이 약화되는 결과를 가져오기도 했다. 그리하여 중화학공

---

16) 김영명, 『한국 현대정치사: 정치변동의 역학』(을유문화사, 1992), 321쪽.
17) 한국정치연구회, 『한국정치사』(백산서당, 1990), 358쪽.
18) 역사학연구소, 『강좌 한국근현대사』(풀빛, 1995), 339쪽.

업 정책을 추진하는 과정에서 재벌들의 과잉 중복투자와 생산능력의 과잉을 초래했을 뿐 아니라, 1970년대 말에 이르러서는 중화학공업화의 파탄을 가져왔으며, 외채가 누적되면서 한국경제 전반을 침체와 위기적 상황으로 몰아넣는 결과를 가져오기도 했다. 뿐만 아니라 중화학공업화를 추진했을 때 우려했던 재벌의 '거대화' 현상을 방지하는 데에 실패하게 된 것이다. 그런 점에서 유신체제는 재벌에게는 매우 편리하고 유리한 기업 환경을 제공해 준 경우라고 할 수 있다."[19]

---

19) 한배호, 『한국정치변동론』(법문사, 1994), 343쪽.

'유신 방송법'과 '유신 영화법'

'유신 방송법'의 탄생

1973년 2월 16일에 개정된 방송법은 그간 임의단체였던 방송윤리위원회를 법정기관으로 하여 제재 규정을 강화하였으며, 방송국에 심의실을 두어 사전 심의할 것을 의무화하고 그 결과를 문화공보부 장관에게 매월 보고하게끔 만들었다. 방송편성 기준에선 교양방송을 종래의 20%에서 30% 이상으로 높였고, 방송 순서를 중단하는 중간 광고를 금지하였다. 방송 내용면에선 방송윤리규정을 철저히 준수해야 했다. 그러나 자율규제는 사전심의제가 공식화하기 이전부터인 10월 유신과 함께 시작되었기 때문에 새 방송법은 이 자율규제를 엄격하게 하겠다는 것이었다.[20]

얼른 보아선 아무 문제가 없고 오히려 바람직한 것 같지만, 이 방송법

---

20) 문화방송, 『문화방송사사(1961-1982)』(문화방송, 1982), 170쪽.

은 '유신 방송법'이라 불려도 좋을 만큼 방송의 자율성을 억압하였다. 문화방송 라디오편성기획부장 서경주는 다음과 같이 말한다.

"국민 정신이나 미풍양속, 사회 질서를 해칠 우려가 있는 것, 음악에서도 광란적 리듬이나 선율이 담긴 것 또는 노출을 일삼는 쇼, 저속한 언행이나 부도덕한 내용, 퇴폐적이며 비판적·비능률적인 요소가 담긴 프로그램, 청소년에게 해악이 될 우려가 있는 소재 등은 법적 규제 대상이 되었다. 탈레반의 방송정책을 무색하게 만드는 교조적인 내용이었다."[21]

한국방송공사와 새마을운동

1972년 12월 30일 비상국무회의는 한국방송공사법을 확정 공포했으며, 이를 근거로 1973년 3월 3일 KBS는 한국방송공사로 개편되었다. 이 날을 기념해서, KBS 사장 승용차의 번호판은 특별히 7333으로 해달라고 부탁해서 달고 다녔다.[22] 형식적으로는 KBS가 국영매체에서 공영매체로 달라진 것이었지만, 이는 어디까지나 KBS를 통한 권력 홍보의 권위를 높여주기 위한 것이었을 뿐이고 권력 홍보에 관한 한 KBS는 국영도 공영도 아닌 박정희 개인의 사영 방송이었다고 해도 과언이 아니었다.

KBS는 4월 9일 기본 방송순서를 개편하였는데, 이에 따른 춘계 편성의 방향은 ① 정부시책의 홍보와 교양 프로그램 강화, ② 새마을사업의 현장을 소개하는 대형 프로그램 제작, ③ 정시 뉴스 편성 및 보도 프로그램 강화 등이었다.[23]

박 정권은 TV 보도뿐만 아니라 드라마에까지 개입하여 TV가 철저하게 정권 홍보의 도구로 기능할 것을 요구했다. 10월 유신 직후 방송사들

21) 서경주, 〈음악에 사랑을 싣고, 정보에 웃음을 담아낸 40년〉, 「MBC 가이드」, 2001년 11월, 53-54쪽.
22) 정순일, 「한국방송의 어제와 오늘: 체험적 방송 현대사」(나남, 1991), 216쪽.
23) 한국방송공사, 「한국방송사」(한국방송공사, 1977), 550쪽.

엔 "국론통일을 저해할 정치적 사건의 소재 선택을 피하도록 할 것" 등과 같은 정부의 드라마 제작 지침이 하달되었다.[24] 1972년 KBS에 새마을방송본부가 생겨난 이후 새마을방송의 보다 광범위한 홍보를 위해 이듬해 8월 14일엔 새마을방송협의회가 창립되었는데, 이 협의회의 월례회의를 통해 정부의 각종 보도 및 제작 지침이 하달되었다.[25]

정부는 1972년부터 텔레비전 효자캠페인(장기월부제로 고향에 텔레비전 수상기 보내기 운동)을 전개했다. 이 캠페인은 농어촌에 14인치 수상기 약 1백만 대 보급을 목표하여 1975년에는 농촌의 텔레비전 보급률을 22.7%까지 끌어올린다는 계획이었다. 물론 유신 및 새마을 홍보도 겸하기 위해서였다. 또 북한의 전파 침투를 막는다는 목적이 가세한 난시청해소사업도 3백여 억 원의 재원을 동원해 대대적으로 전개되었다.[26]

김일성을 닮아간 박정희

유신 이후 방송의 정권 홍보는 도가 지나쳐 점점 북한 방송을 닮아가고 있었다. 청와대 대변인 김성진은 언론사에 박정희의 '말씀'을 보도할 때 존대보조어간을 쓰도록 '희망' 했다. 북한의 김일성은 『노동신문』이나 평양방송에서 '…말씀하셨다' 고 보도하는데, 우리는 '…밝혔다' 는 식이니 그래서야 되겠느냐는 이야기였다. 그래서 어떤 방송국은 한동안 "박정희 대통령 각하께서…말씀하셨습니다"라고 뉴스를 내보낸 일도 있었다.[27] 그렇게 박정희는 점점 김일성을 닮아가고 있었는데, 심지어는 이런 일도 있었다.

24) 정순일 · 장한성, 『한국 TV 40년의 발자취: TV 프로그램의 사회사』(한울아카데미, 2000), 105-106쪽.
25) 조항제, 〈1970년대 한국 텔레비전의 구조적 성격에 관한 연구: 국가정책과 텔레비전 자본간의 관계를 중심으로〉, 서울대학교 대학원 신문학과 박사학위 논문, 1994년 2월, 109쪽.
26) 조항제, 위의 글, 128-129쪽.
27) 김충식, 『정치공작사령부 남산의 부장들 1』(동아일보사, 1992), 399쪽.

"KBS의 밤 뉴스에 대통령 박정희 씨의 인물사진이 나갔는데 얼굴에 묻은 먼지인지 손자국인지가 화면에 확연히 드러났다. 뉴스시간이 끝나기 무섭게 방송국으로 들이닥친 '기관원들'이 험한 욕설을 퍼부으면서 뉴스 편집자를 패대기쳤다. '존엄하신 각하의 사진에 무엄하게도 얼룩을 묻혀 내보내다니.' 그 편집자는 대통령의 사진을 다루다가 '부주의로' 지문을 남겼는데 그것이 방송으로 나간 것이었다. 그 사건이 일어난 뒤에 KBS에는 대통령의 사진을 특별히 '모시는' 상자가 설치되었다고 한다."[28]

거의 광기(狂氣) 수준이었다고 보면 된다. 시인 고은의 말이다.

"심지어 코미디언 후라이보이 곽규석이 그의 TV쇼 생방송에서 함부로 갈겨댄 것을 보며 '이거 피카소 그림 같소'라고 말했다가 정보기관에 불려가야 했다. '당신, 피카소가 누군지 알아?', '세계적으로 유명한 화가입니다.', '이 양반아 그 피카소가 바로 공산당인 줄 몰라?', '모릅니다.', '이따위 한심한 사람 같으니라구……. 앞으로 피카소의 피자만 나와 봐라. 그때는 단단히 혼날 줄 알라구.' 이렇게 닦달을 받고 다행히 훈방 조치가 될 수 있었다."[29]

TV 드라마의 특정 지역 차별

박 정권은 그렇게까지 미주알고주알 수많은 참견과 통제를 하였음에도 불구하고 텔레비전이 특정 지역 차별과 그로 인한 지역 갈등 유발 효과를 낳을 수 있는 것은 완전히 외면하였다. 리영희는 『신동아』 1972년 3월호에 쓴 〈텔레비전의 편견과 반지성〉에서 "볼 때마다 불쾌해지는 것

---

28) 〈언론계가 힘을 모아 KBS 살리자(사설)〉, 『한겨레신문』, 1990년 4월 14일자.
29) 고은, 〈황사에 덮인 4월…한은 황토색인가〉, 『경향신문』, 1995년 5월 7일, 13면.

에 우리집 식구들이 열중하는 단막 또는 연속의 사회물이 있다"라며 다음과 같이 말한다.

"한 스토리에 주인이 있고 그에 매인 사람이 있으면 주인은 으레 서울말을 쓰고, 매인 사람은 사투리를 쓰면서 등장한다. 또 유심히 보았더니 가정극에 나오는 식모에게는 어느 도의 사투리로 한다는 것이 정해져 있는 것 같고, 사회풍자극 등에서는 또 건전치 못한 행위를 하거나 수모를 당하는 역이 출신지도 대개 정해져 있고, 쾌감을 주거나 용기와 정의를 상징하는 역의 언어는 거의 예외 없이 또 어느 도 사투리가 독점하고 있는 것 같은 느낌을 준다."[30]

'유신 기자'와 '오촌 오빠'의 등장

유신체제는 사람들까지 버려 놓았다. 방송인 박창학은 "10월 유신이 선포되고, 공화당 정부의 기세는 하늘을 찌를 듯했다"라며 다음과 같이 말한다.

"당시 공화당 국회의원들은 물론 공화당원들까지 언론에 막강한 영향력을 행사했다. 방송국 직원들 간에는 '유신 기자'라는 말이 공공연하게 나돌았고, 공화당원들과 가까이 지내는 사람들이 많았다. 방송에 관한 지식이 전무한 공화당원들을 기자로 특채까지 하였으니, 그 위세가 어느 정도였는가는 가히 짐작할 만했다."[31]

어느 한 여가수가 자신의 스캔들을 쓴 주간지 기자를 자신이 잘 아는 중앙정보부 간부를 통해 보복한 사건이 있었다. 그 기자는 정보부에 끌려가서 크게 당하고 나왔다고 한다. 그 후 어떤 일이 벌어졌을까? 박창

---

30) 리영희, 〈텔레비전의 편견과 반지성〉, 『전환시대의 논리-아시아·중국·한국: 리영희 평론집』(창작과비평사, 1974, 11쇄 1979), 175-176쪽.
31) 박창학, 『방송 PD수첩』(석향, 2001), 274쪽.

학은 다음과 같이 말한다.

"이러한 사실이 방송 연예가에 꼬리에 꼬리를 물고 퍼지자, 여자 가수라면 누구나 중앙정보부 요원이나 권력 기관원을 애인으로 갖고 있는 것이 좋겠다는 생각을 하게 되었고, 연예인들 사이에는 '애인 겸 오촌 오빠'라는 말이 유행하기도 했었다. 이런 권력형 '애인 겸 오빠'의 등장은, 결국 방송국 프로듀서 또는 연예 기자들에게는 직간접적인 영향을 미치게 되었다. 이들은 신종 권력형 매니저 역할까지 했는데, '오촌 오빠'들은 인기 프로의 출연 횟수에서부터 가요 순위를 결정하는 데까지 간섭을 했다."[32]

'유신 영화법'의 탄생[33]

방송이 그 지경이었으니, 영화라고 무엇이 달랐겠는가. 1973년 2월 16일에 있은 영화법 제4차 개정은 영화에 대한 강력한 통제 장치를 마련함으로써 '유신 영화법'이라는 말이 나오게 하였다. 이 개정안은 영화업 등록제를 허가제로 바꾸고 시설과 촬영기재 등에서 엄격한 허가기준을 정해 영화사 수를 14개로 줄였다. 이 14개 영화사는 1978년 9월에 6개사에 대해 신규 영화 제작이 허가될 때까지 영화 제작을 독점하는 특혜를 누리게 되었다. 또한 개정안은 1971년에 만들어진 한국영화진흥조합을 없애고 문화공보부의 지시·통제를 받는 영화진흥공사를 설립하도록 하였다. 그리고 한국 영화 4편을 제작하면 외국 영화 1편을 수입할 수 있는 권리를 주었고, 영화진흥공사가 선정한 우수영화에 뽑혀도 외국 영화를 수입할 수 있도록 했다.[34]

---

32) 박창학, 『방송 PD수첩』(석향, 2001), 92-93쪽.
33) 이 소제목하의 글은 김학수, 『스크린 밖의 한국 영화사 I』(인물과사상사, 2002), 232-234쪽을 참고하여 쓴 것입니다.

한국 영화 4편을 만들면 외화 1편 수입권을 주는 규정은 본말의 전도를 낳아 흥행이 잘 되는 외화 수입권을 따기 위해 한국 영화를 졸속으로 제작하는 결과를 초래하였다. 한 달 만에 날림으로 제작한 영화들이 많았고, 심지어 보름 만에 급조한 영화까지 나오게 되었다.[35]

박 정권은 영화진흥공사 사장에 군 출신을 임명하고 대형 국책 반공영화의 제작을 지시했다. 그 결과 임권택 감독의 『증언』(1973), 이만희 감독의 『들국화는 피었는데』(1974), 임권택 감독의 『울지 않으리』(1974), 『아내들의 행진』(1974), 권영순 감독의 『태백산맥』(1975) 등 수많은 반공영화들이 양산되었다. 당시 문화공보부 장관은 직접 시나리오 작가들과 함께 시나리오 집필에 참여하는 등 이 사업에 큰 열성을 보였다.[36]

『증언』은 육군보병 1개 사단과 기갑연대, 공군·해군 등 군부대의 지원을 받았을 뿐만 아니라 당시 영화 한 편의 평균 제작비인 1천2백만 원의 8배에 이르는 1억 원이라는 거액의 제작비가 투입된, 당시로선 한국 영화사상 최대의 작품으로 기록되었다.[37]

영화진흥공사는 외화 수입권을 '당근'으로 이용해 반공영화 외에도 이른바 '새마을영화' 들도 양산케 했다.[38] 이게 바로 '유신 영화법'의 정신이기도 했다. '유신 영화법'은 "10월 유신을 구현하는 내용, 민족의 주체성을 확립할 수 있는 내용, 새마을운동에 적극 참여케 하는 내용"을 담은 영화를 문화공보부 선정 우수영화와 국책영화로 선정 수상하겠다고 명문화했던 것이다.[39]

---

34) 김홍동, 〈영화법규와 시책으로 본 정책의 흐름〉, 최진용 외 공저, 『한국영화정책의 흐름과 새로운 전망』(집문당, 1994), 151·154쪽; 김은형, 〈필름의 고향, 충무로를 기리며…〉, 『한겨레21』, 2000년 9월 21일, 114면; 유지나, 〈한국 영화 70년 검열과 통속 시비의 사이에서〉, 『민주광장』, 1992년 4월호, 263쪽.
35) 이태원, 〈'흥행마술사'의 한국 영화 뒷얘기: 자존심 먹고사는 몽상가들〉, 『신동아』, 1995년 7월호, 571쪽.
36) 호현찬, 『한국 영화 100년』(문학사상사, 2000), 196쪽; 안정숙, 〈'분단영화' 시대 막 내리는가〉, 『한겨레신문』, 1990년 6월 24일, 10면.
37) 이형기, 〈'증언' 한국전쟁 정면 해부한 대작〉, 『한국일보』, 1991년 8월 17일, 12면.
38) 조희문, 〈정치의 성역화, 영화침체 초래〉, 『옵서버』, 1990년 3월호.
39) 주유신 외, 『한국 영화와 근대성: '자유부인'에서 '안개'까지』(소도, 2001), 197쪽.

영화를 이념적·정치적 도구로 간주한 박 정권의 영화정책은 한국 영화를 낙후케 하는 큰 이유가 되어 당시엔 주로 외화들만이 흥행에서 큰 성공을 거두었다. 1973년 추석의 최대 흥행작은 이소룡의 『정무문』으로 관객 31만 5천여 명을 동원하여 그 해 최고 흥행작이 되었다.[40]

---

40) 임영, 〈야사 한국 영화: 정창화 『죽음의…』 美서 대히트〉, 『중앙일보』, 1990년 5월 27일, 10면.

체제 수호의 파수꾼 '유정회'

하나마나 한 나눠먹기 선거

1971년 대통령 선거 이후 신민당은 유진산파와 김대중이 지지하는 김홍일파로 양분되어 있었다. 1972년 9월 20일 유진산이 이끄는 소위 진산계만으로 시민회관에서 전당대회가 강행되어 유진산을 당수로 선출하자, 반(反)진산연합계는 효창동의 김홍일 자택에서 단독 전당대회를 열고 김홍일을 당수로 선출함으로써 야당은 두 개로 쪼개졌다. 그런 분당 상태에서 유신이라는 날벼락을 낮은 신민당은 충격을 받고 재통합하면서 유진산을 당수로 추대하였으며, 유진산은 선거 실시 전에 잠시 사임하였다가 선거 후 다시 당수로 복귀하게 되었다.[41]

1973년 2월 27일 제9대 국회의원 선거가 치러졌지만, 이는 예전의 선거가 아니었다. 유신 이후의 선거는 1구 2인의 국회의원을 뽑는, 즉 여야

---

41) 한배호, 『한국정치변동론』(법문사, 1994), 362쪽.

가 동반 당선될 수 있는 중선거구제로 바뀐 이른바 '나눠먹기 선거'라 무슨 의미가 있을 리 만무했다. 또 유신을 지지하겠다는 각서까지 쓴 야당 의원들에게 무슨 힘이 남아 있을 리도 없었다.

"총선을 맞이해서도 야당인 신민당은 유신의 서슬에 짓눌려 감히 제소리를 내지 못했다. '민주 헌정의 지향', '불법 부당한 침해로부터의 민권 보장' 같이 극히 추상적인 공약들이 신민당이 낼 수 있는 목소리 강도의 상한선이었다."[42]

그렇게 김빠진 상황에서 거의 예정된 공식에 따라, 총 1백46석의 지역구 의석은 민주공화당 73석, 신민당 52석, 민주통일당 2석, 무소속 19석 등으로 나뉘어졌다. 물론 지역구 의석을 뺀 73석(의원 정수 2백19명의 3분의 1)은 박정희가 임명하는 유정회 몫이었다.

'유신의 친위대' 또는 '청와대 특공대'

박정희는 3월 1일부터 유정회 구성에 들어갔는데, 비서실장 김정렴의 증언에 따르면 "사전에 낙점을 받은 인사들을 설득, 수락시키는 과정에서 단 한 사람도 거절하는 이는 없었다"라고 한다.[43] 유정회 의원들의 정치적 행동지침 1호는 "대통령이 창출한 유신 이념을 국정에 반영토록 한다"라는 것으로 후일 공화당에서는 '유신의 친위대', 신민당에서는 '청와대 특공대'란 별칭을 받았다.[44]

그러나 일부 권력지향적인 지식인들에겐 유정회가 선망의 대상이었다. 이상우는 박정희가 그 점을 꿰뚫어 보고 "유신체제에 대한 가장 강력한 반대 세력이었던 학원을 포함한 지식인 사회에 대해 무마와 분열책으

---

42) 노재현, 『청와대 비서실 2』(중앙일보사, 1993), 93쪽.
43) 노재현, 위의 책, 94쪽.
44) 정병진, 『실록 청와대: 궁정동 총소리』(한국일보, 1992), 340쪽.

로서 임명제 국회의원을 최대한 이용했"다며 다음과 같이 말한다.

"실제로 유정회 금배지를 기대하면서 눈에 띄게 유신체제를 찬양하고 친정부적인 발언과 행태를 일삼은 대학교수·학자·문필가·언론인이 존재했었다. 그리고 그들 가운데서 적어도 어느 만큼은 유정회 국회의원으로 뽑혀 나갔다.……유정회의 '지식인'들이 떠맡고 나선 주된 역할은, 두말 할 것 없이 유신체제 옹호를 위한 정책비전의 제시와 유신 정치철학의 실천가로서 이론면에서 친여정치의 안전판 역할을 수행하는 일이었다.……그들은 곧잘 세미나와 강연회 같은 것을 열어 유신체제를 옹호하고 선전하는 데 주력했다."[45]

유정회 국회의원이 된 대학교수는 제1기 11명, 제2기 21명, 제3기 21명이었다. 유신정책심의회의 조사연구 교수는 모두 70명이었는데, 이 가운데 서울대 교수가 31명으로 가장 많았다(한양대 교수 10명, 고려대·인하대 교수 각 8명, 연세대 교수 6명, 서강대·건국대 교수 각 2명, 성대·중앙대·서울시립산업대 각 1명).[46]

'행정 우위의 시대'

유신체제가 출범한 지 얼마 안 돼 국회는 개헌투쟁으로 몸살을 앓기 시작했는데, 드디어 유정회가 나설 때가 온 것이었다. 이상우는 "이런 위기의 상황 속에서 체제의 방패역을 자임했던 유정회는 보기에 민망할 정도의 추악한 정치형태를 연출해 보였다"라며 다음과 같이 말한다.

"지식인임을 자부하면서 국회의 질을 높이는 데 일익을 맡을 것으로 기대했던 유정회 소속 의원들이 의사당에서 체제에 대한 비판 발언이 나

---

45) 이상우, 『박 정권 18년: 그 권력의 내막』(동아일보사, 1986), 317–318쪽.
46) 김삼웅, 〈유신시대의 변절자들〉, 『광장』, 1989년 6월, 273–274쪽.

오거나 여야가 충돌할 때면 앞을 다투듯이 고함과 야유를 보내고 육체적인 격돌까지 서슴지 않는 목불인견의 추태를 연출했다. 이 단계에서 유정회는 '유신의 원내 전위대'에서 체제 수호의 '원내 행동대'로 전락하고 말았다. 거기에 몸담고 있던 교수나 언론계 출신 인사들은 다 그런 것은 아니었지만, 이미 지성인으로서의 도덕성이나 정치인으로서의 품격마저 함께 포기해 버린, 벌거벗은 권력추구형의 인간으로 비춰졌다."[47]

'유신의 친위대', '청와대 특공대'라는 별칭 외에도 '관선(官選) 의원'이니 '73명의 거수기'니 하는 별명까지 얻은 유정회 의원들이 3분의 1을 차지하는 국회를 온전한 의미의 국회라고 보기는 어려운 것이었다. 박정희의 생각도 그랬던 걸까? 9대 국회 때부터 국회의원에 대한 대우는 차관과 차관보의 중간급 정도로 격하되었다. 8대까지는 국무위원과 동등한 대우였으나, 이젠 그렇게 대우해 줄 수 없다는 것이었다. 국회에서 답변할 수 있는 공무원의 범위도 종전의 차관급에서 국장급으로 하한선이 낮추어졌다. 국장급이 국회의원을 상대하는 '행정 우위의 시대'가 만개한 것이다.[48]

47) 이상우, 『박 정권 18년: 그 권력의 내막』(동아일보사, 1986), 318-319쪽.
48) 노재현, 『청와대 비서실 2』(중앙일보사, 1993), 99-100쪽.

윤필용 제거와 전두환의 하나회

군부를 두려워한 박정희

박정희의 독특한 용인술은 연구 대상이다. 많은 사람들이 박정희의 용인술을 단지 박정희가 대단한 인물이었다는 걸 음미하기 위한 용도로만 말하고 있지만, 그건 그 이상의 중요한 의미가 있다고 보아야 할 것이다. 각 나라마다 지도자의 용인술은 각기 다를 것이다. 역사와 문화가 다르기 때문이다. 그런 의미에서 박정희의 용인술 연구는 곧 '한국인 탐구'일 수 있는 것이다.

박정희는 쿠데타로 정권을 집권했다. 또 쿠데타가 일어나지 말란 법 없지 않은가. 박정희는 늘 그걸 두려워했다. 박정희는 5·16 이후 4년간 무려 일곱 차례의 반혁명 유형의 사건을 겪었기 때문에[49] 군부 관리에 자신의 정치생명을 걸다시피 했다. 바로 이 이유 때문에도 박정희에겐

---

49) 박보균, 『청와대 비서실 3』(중앙일보사, 1994), 111쪽.

많은 정치자금이 필요했다. 사람을 만날 때마다 감격할 만큼의 큰 돈을 쥐어줘 복종케 하는 동시에 실력자들을 자신에 대한 '충성 경쟁'으로 몰아넣어 상호 견제케 했다.

널리 알려져 있다시피, 박정희는 5·16 쿠데타 주체 세력인 육사 제5기를 육사 제8기로 제압케 했으며, 8기파가 비대해지자 다시 영남 인맥으로 구성된 제11기를 이용했다.[50] 박정희는 늘 군부에 예민한 촉각을 곤두세우면서 영관급이라도 리더십이 있는 장교들을 주목하고 그들을 포섭하기 위해 애를 썼다.

박정희는 1972년 5월 보안사령관 강창성에게 "만일 군이 경거망동해 쿠데타를 일으킬 가능성이 있다면 어느 기관이 그런 짓을 할 수 있을 것인지, 그 순서와 이유를 한번 연구해서 보고"하라는 지시를 내렸다.[51] 중국 임표의 1년 전 비행기 추락 사고가 반(反)모택동 쿠데타 음모의 일부라는 외신 기사를 보고서 느낀 바 있어 그런 지시를 내렸는지도 모른다.[52]

'청와대 밖에 있는 대통령'?

박정희가 키운 육사 8기의 선두주자는 누구였던가? 단연 수도경비사령관인 소장 윤필용이었다. 육군 대장이 윤필용에게 세배를 갈 정도로 그의 세도는 막강하였다.[53] 심지어 '청와대 밖에 있는 대통령'이라는 말까지 떠돌았다.[54] 윤필용 자신은 후일 억울하다며 다음과 같이 주장했다. 이 주장은 당시 권력의 부패와 그런 체제하에서 성공하기 위한 처세

---

50) 대한민국재향군인회 호국정신선양운동본부, 『12·12/5·18 실록』(1997), 28쪽.
51) 노가원, 『청와대 경호실: 군사 정권 30년 비사』(월간 말, 1994), 190쪽.
52) 노가원, 위의 책, 198쪽.
53) 한용원, 『한국의 군부정치』(대왕사, 1993), 317쪽.
54) 노가원, 위의 책, 172쪽.

술을 잘 보여 준다는 점에서 중요한 의미가 있겠다.

"나한테 세도라고 한다면 세도라고 할 수 있는 점이 있었지요. 뒤에 알고 보니 박 대통령이 나를 의심하기도 한 모양입니다만, 내가 느끼기로도 대단한 신임을 받은 것 같습니다. 방첩부대장, 맹호사단장을 거쳐 수경사령관이 되었더니 주변에서 부추기는 사람이 많았습니다. 내 집에 선배 장성들이 세배 오는 것을 왜 막지 못하고 군인이 요정 출입을 했느냐고 따지면 할 말은 없어요. 그러나 내가 술을 좋아한다는 것을 알고 내로라는 기업인, 정치인과 장차관들이 술을 사겠다고 줄을 섰고 점심, 저녁 먹자고 매달려요. 참모들이 걱정도 해주고 해서 내 나름대로 조심도 했습니다. 군 진급이나 보직심사 때는 일부러 지방출장을 가기도 했고요. 그렇지만 진급 심사위원들에게 누군가가 아무개 대령은 윤 장군이 특별히 관심을 갖고 있다고 말하면 그가 별을 달게 돼요. 선배 장성들이 불필요하게 내 눈치를 보았고, 사실 장관들 중에서도 비굴할 정도로 접근하는 사람이 있었습니다. 재벌들은 또 어떠했는지 알아요? 나한테 돈을 못 주어 안달이었어요. 방첩부대장 시절 아무개 기업의 김모 사장은 내 사무실에 왔다가 돌아가면서 봉투를 놓고 갔는데, 뜯어보니 자그만치 1천만 원이더라고요. 지금 돈으로 따지면 2억 원 정도 넘을 겁니다. 기업인들에게 용돈이야 가끔 받아 썼지만 이건 너무 많다 싶어 돌려보냈지요."[55]

박정희가 윤필용의 그런 위세를 모를 리 없었다. 손을 볼 때만 기다렸던 건지도 모르겠다. 호탕한 성품의 윤필용은 말을 거침없이 하고 다녔다. 그러나 여기서 한 가지 조심해야 할 것은 이후 나온 윤필용에 관한 이야기는 윤필용을 폄하하는 쪽으로 채색되었을 가능성이 높을 것이라는 점이다. 윤필용은 박정희가 제거한 패배자이기 때문이다. 즉, 윤필용

---

55) 노가원, 『청와대 경호실: 군사 정권 30년 비사』(월간 말, 1994), 195-196쪽에서 재인용.

이 박 정권의 실정(失政)과 타락상을 지적하는 고언을 해도 그 의미는 실종되고 윤필용이 쿠데타를 꿈꾸었다는 쪽으로 해석될 가능성이 높지 않았겠느냐는 것이다.

그간 박정희는 윤필용에 대해 인내해 왔다. 자신의 실정에 대해 제법 입 바른 소리를 하는, 즉 자신에 대한 윤필용의 불충(不忠) 발언을 전해 듣고도 여러 차례 침묵했다. 언젠간 박정희가 춘천에서 육사 8기 출신 사단장들과 술을 함께 마신 뒤 "너희들이 윤필용이 동기생들이구먼. 겁나는 것은 김대중이가 아니야. 윤필용이가 겁이 나"라고 말한 적도 있었다.[56]

박정희의 윤필용 제거

결국 박정희가 칼을 빼든 건 1973년 3월이었다. 박정희가 보안사에 수사하도록 지시한 사건의 내용은 윤필용이 5-6명의 측근 인사들과 요정 술자리에서 "박정희 대통령이 노쇠해져 노망기가 들었으므로 이젠 물러나야 하고 후임자를 물색해야 한다"라는 등의 발언을 했다는 것이었다.[57] 윤필용이 박정희의 퇴진은 물론 이후락의 승계 발언까지 했다는 주장도 있다.[58]

말이 좋아 수사지, 그건 박정희가 윤필용과 육사 8기 동기인 보안사령관 강창성에게 '윤 사령관을 손보라'고 지시를 내린 것이었다. 당시 윤필용은 중앙정보부장 이후락과 밀월 관계를 누리고 있었으므로 그걸 깨려는 생각도 있었을 것이다.

윤필용이 보안사 서빙고 분실로 연행된 것은 3월 7일이었고, 정식으

56) 노가원, 『청와대 경호실: 군사 정권 30년 비사』(월간 말, 1994), 216쪽.
57) 백동림, 『멍청한 군상들: 전 보안사 베테랑 수사관의 자전적 수사 실화』(도서출판 답게, 1995), 70-71쪽.
58) 한용원, 『한국의 군부정치』(대왕사, 1993), 321쪽.

로 구속된 것은 3월 26일이었다. 비공개 재판 끝에 육군보통군법회의에서 선고가 내려진 것은 4월 28일이었는데, 이때 비로소 언론에도 보도되었다.

"취재 소스는 판결문과 국방부 장관 담화문이었는데, 내용은 윤필용 등의 부정부패와 월권 행위, 사생활, 군내 사조직 운영 등 비행 사례들로 가득 메워졌다. 판결문은 법률적 판단을 한 내용이 아니라 '유신과업수행에 앞장 서야 될 자들이 그 실에 있어서는 독소적 존재', '치부와 엽색행각에 치달음으로써 반유신적 죄악을 자행', '민족의 이름으로 단죄된 국민방위군 사건 관계자들 못지 않게 호유방탕한 생활을 했다' 는 등 인신공격적인 규탄문과 다름없었다."[59]

전 중앙정보부장 김형욱도 한 마디 거든다.

"1973년 4월 28일자 『동아일보』는 제1면, 제2면, 제3면, 제7면을 윤필용 모반 사건으로 가득 채우고 있었다. 윤필용이 박정희를 제거하려 했다는 기사는 단 한 줄도 보이지 않았다. 그 내용을 밝히면 박정희의 통수력에 지장이 온다는 배려에서 이를 완전히 제외하고 오직 윤필용을 부정부패한 군인의 상징으로 몰아 별의별 지저분한 이야기를 폭로하고 있었다. 재판의 판결문이란 것도 막연하고 추상적인 단어로 가득 차 있었으며 『동아일보』의 사설이라는 것도 박정희의 방침에 양같이 순종하고 있었다."[60]

4월 28일 육군보통군법회의는 윤필용을 비롯한 장성 3명, 영관급 장교 5명 및 위관급 장교 2명 등 모두 10명에 대해 횡령, 수뢰, 직권남용, 근무이탈죄 등으로 징역 15년에서 2년까지 선고하였다. 그리고 31명의 장교가 군복을 벗었다. 윤필용과 가까웠던 한양대 총장 김연준은 수재의연금 횡

59) 노가원, 『청와대 경호실: 군사 정권 30년 비사』(월간 말, 1994), 227쪽.
60) 김경재, 『혁명과 우상: 김형욱 회고록 3』(전예원, 1991), 167쪽.

령죄로 구속되고 그의 『대한일보』는 5월 16일에 폐간되었다. 15년을 선고 받은 윤필용은 2년간 복역한 뒤 1975년 형 집행정지로 석방되었다.

'하나회의 진짜 대부'는 박정희

그러나 이 사건은 그게 전부가 아니었다. 이후락은 박정희에게 용서를 빌어 살아났다는 말도 있지만 얼마 후 중앙정보부장 자리에서 물러나게 된다. 이 사건에 등장하는 또 하나의 주인공이 바로 전두환이다. 당시 '하나회의 대부'로 알려져 있던 윤필용과 '하나회의 실권자'였던 전두환은 가까운 사이였기 때문에 전두환도 윤필용 제거 작전에서 완전히 자유로울 수는 없었던 것이다.

이때에 전두환은 박정희를 직접 찾아가 호소해서 살아났다는 말도 있고 윤필용을 배신했다는 말도 있다.[61] 그러나 하나회의 진짜 대부는 박정희였다는 주장이 더 설득력을 얻고 있다.[62] 이 사건을 수사했던 보안사 수사관 백동림은 "윤 장군은 하나회의 꼭두각시로 이용의 대상에 불과했"고, "전두환 회장 중심의 하나회가 후원 세력으로 윤 장군을 이용했"으며, "윤 장군은 자기와 별개의 사조직 하나회가 있다는 사실조차 모르고 있었다"라고 말한다.[63]

도대체 하나회란 무엇인가? 하나회 회원은 이때 이미 장성에서 중위까지 2백20여 명에 달했다. 5·16 때부터 대위였던 전두환이 육사생도 지지 데모를 이끌어낸 걸 높이 평가했던 박정희는 전두환을 비롯하여 5·16을 지지한 영남 출신들을 의도적으로 키워 나갔다.[64] 1963년 2월

61) 박보균, 『청와대 비서실 3』(중앙일보사, 1994), 22쪽.
62) 박보균, 위의 책, 25쪽.
63) 우종창, 〈보안사령관실에 사우나 만들고 마사지 걸 채용": 전 합수본부 수사국장 백동림 씨의 '보안사 30년' 회고〉, 『주간조선』, 1995년 3월 30일, 55면.
64) 박보균, 위의 책, 105쪽.

18일 최고회의 의장 박정희가 민정 불참 선언을 한 직후 원대복귀를 만류키 위해 전두환, 노태우, 권익현, 손영길, 박갑룡 등이 의장공관을 찾아갔을 때, 박정희는 그들에게 앞으로 자신을 도와달라며 사실상 조직 결성을 지시하였다.[65]

1973년 1월 전두환의 장군 진급시엔 박정희가 축하 파티를 열어 주고 고급 승용차를 선물로 주었다. 그런 총애 때문에 심지어 '전 장군은 박 대통령의 양아들' 이라는 소문까지 떠돌았다.[66] 박정희라는 든든한 배경을 가진 전두환은 선배 장성들에게도 함부로 대하곤 했다. 언젠가 보안사령관 강창성이 야단을 치자 전두환은 "난 박대통령 각하 말고는 대한민국에서 무서운 사람 없습니다. 왜 강 사령관님은 절 미워하십니까. 그럴 필요 없는데……"라고 오히려 능청을 떨었다는 것이다.[67]

육사를 장악한 하나회

육사 11기는 강한 자부심을 갖고 있었다. 그럴 만한 이유가 있었다. 10기가 소위로 임관할 무렵 6·25가 터져 초급 장교의 보충이 급해지자 4년제 육사를 폐교하고 육군종합학교가 설립되었다. 여기에 기존의 갑종 간부학교를 합쳐 1950년 10월부터 10개월간 32기생까지 7천여 명의 육군 소위가 배출되었다. 그 후 1951년 10월 육사가 진해에서 다시 개교해 4년제 11기를 배출할 때까지 10기와 5년간의 격차가 있고 그것을 메운 것이 종합학교 출신 장교들이다.

11기생들은 종합학교 출신들의 단기 교육을 얕잡아 보았고, 종합학교 출신들은 11기생들이 6·25 전투 경험이 없는 것을 얕잡아 보는 등 상호

65) 한용원, 『한국의 군부정치』(대왕사, 1993), 323쪽.
66) 김충식, 『정치공작사령부 남산의 부장들 1』(동아일보사, 1992), 413-414쪽.
67) 김진, 『청와대 비서실 1』(중앙일보사, 1992), 48쪽.

갈등이 많았다.[68] 또 11기에서부터 13기까지 피난지였던 진해와 부산에서 교육이 실시되었기 때문에 영남 출신이 많이 입교했다는 점도 이후 한국 역사에서 매우 중요한 의미가 있다.[69]

박정희의 지시를 받는 하나회는 1964년에 결성되었다. 하나회는 하나로 뭉치고 단결한다는 뜻과 동시에 '태양(대통령)을 위하고 조국을 위하는 하나 같은 마음'이란 뜻을 내세웠다. 처음엔 정규 육사 동창회인 북극성회를 전두환이 장악하는 걸 돕기 위해 만들어진 모임이었다. 전두환은 대구공고 출신이라 학연이 약했고 공부는 못하고 축구만 잘해 북극성회에서 리더십을 행사하기가 어려웠다. 그래서 후배들을 먼저 공략해 우두머리 노릇을 한 후에 11기를 장악하겠다는 전략으로 선회한 것이다.[70] 그래서 하나회는 각 기수별로 회원을 뽑았는데, 이에 대해 박보균은 다음과 같이 말한다.

"북극성회는 점점 양분되기 시작했다. 11기 우등생들은 대체로 육사 교수부에 배속됐고 이들을 중심으로 청죽회가 발족됐다. 청죽회원은 생도 시절부터 동기·선후배들 간에 모범생들로 이름이 났고 근무처가 서울이라는 이점이 있었다. 반면 전두환·노태우·권익현·정호용·김복동·최성택·박갑용 등은 대부분 성적이 중하위권이라 야전에 배치됐다. 두 그룹간에는 생리적인 이질감이 있었다. 청죽회는 하나회 멤버가 생도 시절 공부는 시원찮고 주로 축구·럭비 등 운동을 했다 하여 '볼 보이'라고 얕잡아 봤고, 하나회는 청죽회를 군인이 야전을 기피하고 육사 교수부나 지원한다 하여 '뺀질이'라고 험담했다. 또 하나회는 경상도 출신이 대부분이었던데 비해 청죽회는 서울·이북 출신이 주축이었다."[71]

68) 박보균, 『청와대 비서실 3』(중앙일보사, 1994), 163쪽.
69) 한용원, 『한국의 군부정치』(대왕사, 1993), 319쪽.
70) 박보균, 위의 책, 104쪽.
71) 박보균, 위의 책, 120-121쪽.

'마피아 조직'과 흡사한 하나회

청죽회는 박정희의 하나회 우대에 밀리다가 나중엔 사라지고 말았다. 하나회의 강한 경쟁력은 이 조직이 일종의 '이권집단화'에서 나오는 것이기도 했다. 강창성의 조사 결과, 하나회에 대해 다음과 같은 것들이 밝혀졌다

"하나회는 ① 정규 육사 출신을 매기별로 정원제를 유지하여 가입시키되, 약 5% 수준인 10여 명 내외로 하고, ② 회원의 다수는 영남 출신이 점하고, 여타 지역 출신은 상징적으로 가입시키며, ③ 비밀 점조직 방식으로 조직하되, 가입시 조직에 신명을 바쳐 충성할 것을 맹세케 하고, ④ 고위층으로부터 활동비를 지급받거나 재벌로부터 자금을 수령하며, ⑤ 회원이 누릴 수 있는 가장 큰 혜택은 진급 및 보직상의 특혜라고 하는데, 당시 육군에는 인사 정체가 심화되어 정규 육사 출신들은 의무복무 기간 5년이 끝나고 장기복무에 들어가게 되면 매기별 현역 총원의 1/2씩만 상위계급으로 승진할 수 있었기 때문에 하나회에의 가입은 군부 내에서의 출세가 보장된 것이나 다름없었다."[72]

당시 보안사 수사관이었던 백동림은 "나는 평소 육사 출신이야말로 우리 사회에서 가장 모범적이고 귀감이 되는 사람들로서, 그 언행에 있어 정정당당하고, 정직하고, 정의롭고, 명예롭다는 신조를 갖고 이를 큰 긍지로 삼고 있었다"라고 밝힌 뒤 하나회에 대해 다음과 같이 말한다.

"그런데 군율이 엄하고 지휘체제가 일사불란해야 하고 군기가 생명이라는 군대 내에 마치 간첩 조직같이 서로 차단된 점조직으로 구성된 불법적인 조직이 존재하고 있다는 데에 아연실색하지 않을 수 없었다. 더구나 이 조직은 조직 방법과, 조직 목적, 그리고 행동강령이라고 할 수

---

72) 한용원, 『한국의 군부정치』(대왕사, 1993), 321쪽.

있는 선서 내용과 그 구성원의 행태가 그 유명한 범죄 조직인 마피아 조직과 너무나 흡사하여 개탄하지 않을 수 없었다.……특히 이들 조직원은 회장인 전두환 대령 앞에서 오른손을 들고 '만일 서약을 어겼을 때는 인간 이하의 대우를 받는다' 는 선서를 했다.……이들은 자기들끼리 계획적으로 진급과 요직을 독차지하기 위하여 진급 담당 요직을 점거하고 심지어 돈을 받고 진급시키기도 하면서 서로 보호할 수 있는 환경을 만들어 부정을 거침없이 자행하여 조사관들 모두가 분개하지 않을 수 없었다."[73]

박정희의 군부 관리술

박정희의 깊은 뜻을 모르는 강창성은 하나회 소탕으로까지 나아가려고 했다. 그러나 그건 박정희의 뜻이 아니었다. 박정희는 더 이상 안 되겠다 싶어 강창성의 하나회 수사에 제동을 걸고 강창성을 3관구 사령관으로 좌천시켜 버렸다. 1973년 8월 10일 강창성을 만난 자리에서 "강 장군 때문에 경상도 장교들 씨가 마르겠다고들 그래"라는 말과 함께.[74] 박정희는 나중엔 강창성이 '일을 엄청나게 키워 놓고 말았' 다는 불평을 하기도 했다.[75]

이 하나회 사건은 박정희의 군부 관리술에 대해 많은 것을 말해 준다. 이와 관련, 영남대 교수 김태일은 "박정희는 군부를 개인적 연줄망을 통해 관리"하면서 "그 개인들로 하여금 충성 경쟁을 유도하고 서로를 견제하도록 했다"면서 다음과 같이 말한다.

"박정희와 개인적 연줄망을 가진 인사들은 군부 내의 주요 보직을 차지하였다. 그들은 대개 정치화된 부서에 근무한 경력을 가지고 있었다.

---

73) 백동림, 『멍청한 군상들: 전 보안사 베테랑 수사관의 자전적 수사 실화』(도서출판 답게, 1995), 76-77쪽.
74) 김충식, 『정치공작사령부 남산의 부장들 1』(동아일보사, 1992), 423쪽.
75) 한용원, 『한국의 군부정치』(대왕사, 1993), 324쪽.

후일 군부 내에서 문제가 된 '하나회'라는 사조직도 박정희의 개인적 연줄망으로 만들어진 것이었다. 박정희에게 개인적 연줄망을 형성하고 충성을 한 군부 인사들은 민간영역에서도 일할 기회를 얻었다. 그들은 군부를 떠난 후 국가 공공기관과 국영기업체의 간부, 유정회 의원 등으로 일하면서 박정희의 근위병으로 활약했다. 유정회 의원 1기 73명 중에서 군 출신이 15명에 달했다. 이와 같이 개인적 연줄망에 의한 적절한 보상과 경쟁으로 박정희는 군부를 통제했다."[76]

---

76) 김태일, 〈유신체제를 어떻게 볼 것인가〉, 『역사비평』, 제30호(1995년 가을), 83-84쪽.

언론인의 정관계 진출

정부 부처 대변인으로 변신한 언론인

정권안보와 여론관리 차원에서 박 정권은 1973년부터 언론인을 정관계에 적극 진출시켰다. 4월 23일 박 정권은 11개 정부 부처에 대변인직(이사관 또는 부이사관급)을 신설하여 전원을 언론계에서 기용하였다. 『중앙일보』 논설위원 서기원은 기획원 대변인으로, 편집국장대리 이광표가 상공부 대변인으로 가는 등 직책에 어울리지 않는 전직을 해 언론계에 적잖은 충격을 안겨 주었다.[77] 이는 자유롭지 못한 언론 상황으로 인해 언론의 가치가 그만큼 떨어졌다는 걸 의미하는 것이기도 했다.

또 9대 국회에서는 유정회 의원 8명을 포함, 19명의 전직 언론인이 여당의 공천을 받아 국회의원으로 당선되었고 6명의 언론인이 비서실장으로 변신했으며, 그에 앞서 11명의 언론인이 통일주체국민회의 대의원이

---

77) 동아일보사 노동조합, 「동아 자유언론실천운동 백서」(동아일보사, 1989), 34-35쪽.

되기도 했다.[78] 유정회 1기로 원내에 진출한 언론인들은 문태갑(동양통신), 이종식(『조선일보』), 이진희(『서울신문』), 임삼(『한국일보』), 정재호(『경향신문』), 최영철(『동아일보』), 주영관(합동통신) 등이었는데, 이들에 대해 사회학자 김해식은 다음과 같이 말한다.

"이들은 유신 이전에 청와대를 오랫동안 출입했고 정치부장으로 재직 중에 들어간 것이 공통된 특징이었다. 당시 3개의 방송을 제외하면 각 언론매체별로 한 사람씩 선발된 셈이었다. 이러한 각사별 배분 방식은 뒤에 민정당에서 전국구와 지역구 의원을 언론계에서 기용하는 데에도 원용되었다. 유신국회에 언론인을 각사별로 안배하여 진출시킨 것은 유신을 성공적으로 정착시키는 데 언론의 역할이 컸기 때문에 이에 대한 논공행상의 하나로 취해진 조치가 아니냐는 분석도 있다."[79]

정관계와 언론 사이의 회전문

어찌 그런 이유뿐이었겠는가. 원내에 진출한 이후 각자 자기 출신 언론사를 맡아 보도를 통제하는 동시에 정권 홍보에 적극 앞장 서 달라는 뜻이었을 게고, 그런 '출세'의 본보기를 보여 줌으로써 언론인들을 '정치화' 시켜 스스로 알아서 굴종하게 만들기 위한 고단수 수법이었다고 보아야 할 것이다. 애초에 박 정권에게 그런 의도가 있었든 없었든 간에 이는 그 이후의 역사가 입증하는 것이다.

같은 맥락에서 정부 대변인인 문화공보부 장관도 혁명 주체였던 초대 장관 홍종철(1964년 9월-1969년 4월)을 빼곤 이후 70년대 내내 언론인 출신이 도맡았다. 2대 신범식(1969년 4월-1971년 6월), 3대 윤주영(1971

78) 동아일보사 노동조합, 『동아 자유언론실천운동 백서』(동아일보사, 1989), 34-35쪽.
79) 김해식, 『한국언론의 사회학』(나남, 1994), 141쪽.

년 6월-1974년 9월), 4대 이원경(1974년 9월-1975년 12월), 5대 김성진
(1975년 12월-1979년 12월), 6대 이규현(1979년 12월-1980년 5월) 등이
바로 그들이다.[80]

이렇게 정권 홍보의 전위대로 차출된 언론인들 가운데엔 나중에 다시
언론사로 복직한 경우도 많았으니, 이는 언론이 정권 홍보의 도구로 전
락한 당시 상황을 잘 말해 주는 것이라 하겠다. 박 정권 기간 내내 정관
계에 진출했다가 언론사로 복직한 언론인의 수는 국회 충원 언론인 14명
과 행정부 충원 언론인 41명을 합해 모두 55명이었으며, 이는 정관계로
진출한 전체 언론인의 36.4%에 해당되는 것이었다.[81]

정치부 기자의 추락, 군 출입기자의 득세

행정 만능의 시대에 국회의 위상이 추락하면서 덩달아 정치부 기자의
위상도 격하되고, 일하는 재미도 크게 떨어졌다. 박현태는 "유신시대의
정치부는 참으로 재미없는 부서였다"면서 다음과 같이 말한다.

"야당은 정부 여당의 눈치 보기에 바쁘고, 여당과 유신정우회 소속 의
원들은 좋은 일이든 나쁜 일이든 신문에 자기 이름이 나는 날은 밥줄 떨
어지는 날이라고 알고 숨을 죽이고 있었다. 신문은 이름을 내고 싶은 사
람이 많아야 재미가 있는 법이다. 그렇지가 않으니 활기도 없고 재미도
있을 수가 없다."[82]

그 대신 행정보다 더.막강한 힘을 자랑하는 군을 출입하는 기자가 득
세하고 각광을 받게 되었다. 최규장은 다음과 같이 말한다.

"유신이 선포되자 정론이 마른 자리에 유비 통신만 무성했다. 글쟁이

80) 주동황 · 김해식 · 박용규, 『한국언론사의 이해』(전국언론노동조합연맹, 1997), 134쪽; 김강석, 『언론인의
    권력이동: 조선말 개화기부터 제16대 국회까지』(새로운사람들, 2001), 275쪽.
81) 주동황 · 김해식 · 박용규, 위의 책, 134쪽.
82) 박현태, 『하이에나 저널리즘: 박현태의 사람과 언론학』(동방미디어, 1996), 222쪽.

들은 스스로 자기 검열의 빗장을 걸고 취재를 포기했다. 더러는 하릴없는 정보 거간꾼이 되기도 했다. 수집된 정보가 기사화되지 않고 브리핑용으로 소비되는 것이다.……군이 이토록 무서운 때라 군 출입기자는 회사 최고 경영층의 부름을 받기 일쑤였다. 편집국장도 바이패스였다. 정변이 일어날 때마다 알토란 같은 재산 한 귀퉁이를 떼주어야 했던 재벌 오너로서는 촉각을 곤두세우지 않을 수 없었으리라."[83]

---

83) 최규장, 『언론인의 사계』(을유문화사, 1998), 102쪽.

용광로의 불은 타오르고

'조국 근대화'의 상징, 포항제철

박정희는 1968년 "조국의 근대화를 위해서는 기필코 제철소를 가져야 한다"라고 역설하였다.[84] 그러나 그걸 지을 돈이 있을 리 만무했다. 일본에 간청하다시피 해서 돈을 얻어내기로 했다. 경제부총리 김학렬은 1969년 8월 동경에서 열린 한일 정기각료회의에서 "북한에는 연산 1백 50만 톤의 철강 제철소가 있지만 한국에는 없다. 북한의 경제 도발에 대항하기 위해서는 경제 건설의 심벌로서 제철소의 건설이 반드시 필요하다"라고 호소하였다. 그는 비공식적인 자리에선 "포항종합제철소의 건설은 일본 철강업계의 사업계획의 일환으로 생각해달라"라고 읍소할 정도로 열의를 보였다.[85]

---

84) 김인영, 『박태준보다 나은 사람이 되시오』(자작나무, 1995), 113쪽.
85) 林建彦(하야시 다께히꼬), 최현 옮김, 『한국현대사』(삼민사, 1986), 281-282쪽.

1973년 6월 8일, 공사를 시작한 지 3년여 만에 포항제철의 첫 화입식(火入式)을 가진 박정희.

그로부터 수 개월 후인 1969년 12월 3일 경제기획원 회의실에서 포항 종합제철공장 건설 자금 조달을 위한 한일간 기본 협약이 체결되었다. 일본의 지원 자금은 총 1억2천3백70만 달러로 이 가운데 청구권 자금이 7천3백70만 달러, 일본 수출입 은행의 연불 융자가 5천만 달러였다.

박 정권은 포항제철 건설을 위해 1970년 1월 1일 철강공업육성법을 제정하였다. 이는 특별법이 아닌 일반법이면서도 사실상 포항제철을 육 성하기 위한 법이었다.[86] 포항제철의 기공식은 1970년 4월 1일에 거행되 었다. 그로부터 3년 2개월 만인 1973년 6월 8일 첫 화입식(火入式)을 가 졌고, 7월 3일에 준공식을 거행하였다.[87] 여의도 3배에 이르는 넓은 부

---

86) 류상영, 〈한국의 국가자본주의와 국가 · 기업의 관계〉, 한흥수 편, 『한국정치동태론』(오름, 1996), 603쪽.
87) 주태산, 『경제 못살리면 감방간대이: 한국의 경제부총리, 그 인물과 정책』(중앙 M&B, 1998), 78쪽.

지에 연간 1백3만 톤 규모의 생산 능력을 갖춘데다 준공하자마자 생산 규모 확장에 들어간 포항종합제철은 9개월 전 준공된 울산석유화학 공업단지와 함께 박정희의 개발독재가 이룬 놀라운 업적으로 평가되었다.

박정희의 경제수석 비서관을 지낸 오원철은 "종합제철을 건설하기 위해 정부는 모든 지원조치를 취했는데 이렇게 적극적인 지원은 전무후무한 일이었다"라고 말한다.[88] 그래서였는지 포철은 준공 첫 해부터 40억 원의 흑자를 냈다.

정치자금 면제 특혜?

박정희가 포항제철 완공을 위해 기울인 관심과 지원은 박정희의 개발독재의 일면을 잘 보여 준다. 박정희와 포항제철 사장 박태준 사이에 있었던 다음과 같은 에피소드가 시사하는 건 과연 무엇일까?

"포항제철은 박정희가 만들어 준 '종이마패' 덕분에 정치자금으로 돈을 뜯기지 않았다. 포철이 설비구매에 한창이던 70년 3월 박정희는 박 사장을 청와대로 불러 '힘든 일 없나' 하고 챙겼다. 당시 실력자 SK · HR(김성곤 · 이후락) 등이 외국업체들로부터 커미션을 받곤 그 업체와 구매 계약하라고 박 사장에게 압력을 넣는 통에 포철 건설 자체가 부실화될 위기에 처해 있었다. 박 사장은 자신이 구매 계약의 전권을 행사하도록 해달라고 요청했다. 박정희는 '필요한 내용을 메모해봐' 라고 한 뒤 즉석에서 건의서 왼쪽 위 여백에 사인을 해주었다. '일일이 나 만나러 오기 힘들 때 필요할 것 같아서 사인해 주는 거야.' 이후 포철은 실력자들의 외압에서 벗어났다. 포철 성공의 신화 속엔 '포철에서만은 정치자금

---

88) 오원철, 『한국형 경제건설 7: 내가 전쟁을 하자는 것도 아니지 않느냐』(한국형경제정책연구소, 1999), 140쪽.

을 빼돌리지 말라' 는 박정희의 뜻이 담겨 있는 셈이다."[89]

김성곤과 이후락은 박정희의 지시 아래 정치자금을 거두어들였고, 박정희는 그런 정치자금 명세서에 직접 서명까지 하곤 했다. 정치자금을 빼내기 때문에 포철 건설이 부실화될 수 있다면, 박정희의 지시 아래 정치자금을 빼낸 모든 주요 건설 공사들도 다 부실화의 위험을 안고 있었던 게 아닐까. 그러니까 박정희는 정권유지를 위해 그걸 알면서도 정치자금을 거두어들였지만, 포철의 경우엔 특별한 애정이 있기 때문에 정치자금 면제 조치를 취해 주었던 게 아니냐는 것이다.

대일(對日) 의존도의 심화

거시적 관점에서 보자면, 포항제철의 건설은 한-미-일 관계의 구조적 변화와 밀접한 관계를 맺고 있는 것이었다. 한국전쟁 이후 17년에 걸친 미국의 대한(對韓) 무상원조는 1970년에 끊기고, 잉여 농산물 원조도 1972년에 종결[90]되었다. 이제 한국은 미국 대신 일본에 의존해야 할 상황에 직면하게 되었던 것이다. 이와 관련, 일본의 저널리스트 하야시 다께히꼬는 다음과 같이 말한다.

"포항종합제철소의 건설은 한일 경제협력의 전기를 상징하고, 한국 경제의 대일 의존도가 급격히 높아지는 것을 그대로 말해 주고 있었다. '멀어지는 워싱턴' 을 대신하여 '일본의 재등장' 을 결정짓는 장면이었다.······1970년 7월, 서울에서 열린 제4회 (한일) 각료회의는 진행을 능률적으로 한다는 이유로, 벽두에 있는 김학렬 장관의 연설을 제외하고 거의 일본어로 진행되었다. 그것은 '마치 일본 국내의 회의와 같은 인상

---

89) 특별취재팀, 〈실록 박정희 시대·독특한 용인술: 가사엔 '엄격' …정치엔 '여유'〉, 『중앙일보』, 1997년 12월 15일, 19면.
90) 林建彦(하야시 다께히꼬), 최현 옮김, 『한국현대사』(삼민사, 1986), 282-283쪽.

을 주었다.' (『조선일보』, 7월 22일)"[91]

『한겨레21』 2001년 8월 23일자가 보도한 비밀 해제된 닉슨 행정부의 비밀 문서에 따르면, 1972년 사토 이후 총리가 된 다나카는 포항제철에 대한 일본의 자금 및 기술 지원에 대해, 포항제철이 건설되면 남한은 북한보다 더 우월한 철강 생산 능력을 갖게 될 수 있으며 일본의 1차적 의도는 남한 내의 저항 세력이 북한의 이익에 따르지 않도록 여건을 조성하는 것이라고 말한 것으로 되어 있다.[92]

그렇다면 일본의 2차적 의도는 무엇이었을까?

"일본자본이 침투하면서 한국의 대일 의존도는 깊어지고 일본은 동아시아에서 누렸던 미국의 지위를 점차 대신해 나갔다. 한국의 공장들은 주요한 설비재뿐만 아니라 원자재·중간재와 기술을 일본에서 계속 도입하지 않고서는 하루도 가동할 수 없었다. 한국은 일본에서 반도체·통신장비·기계 같은 자본재·내구소비재·중간재를 수입하고 이를 텔레비전·자동차·철강재로 만들어 미국에 되팔았다. 한·미·일 무역구조는 일본이 미국과의 무역마찰을 줄이는 데 이용되었다."[93]

아닌게아니라 1973년을 기점으로 하여 일본은 한국 경제에 미국보다 더 중요한 나라로 부상했다. 1973년 일본은 미국을 앞질러 수출입이 모두 한국 제1위 상대국이 되었다. 일본은 1973년도 대한(對韓) 외국인 투자의 94%를 차지했다. 이 1년 동안의 투자액만 해도 그때까지 누적액 1위를 달리던 미국을 앞질렀다. 일본의 투자 건수 6백95건은 전 외국인 투자 건수의 82%, 일본의 투자액 4억 3천6백만 달러는 전 외국인 투자액의 67%를 차지했다. 한국의 1974년 수출액 가운데 대(對) 일본 수출이 차지하는 비중은 30%를 넘었으며, 수출용 원자재의 60%를 일본에 의존

91) 林建彦(하야시 다께히꼬), 최현 옮김, 『한국현대사』(삼민사, 1986), 282쪽.
92) 팀 셔록, 〈베트남전, 한-미-일 동맹 짰다〉, 『한겨레21』, 2001년 8월 23일, 73면.
93) 역사학연구소, 『강좌 한국근현대사』(풀빛, 1995), 338쪽.

했다.[94]

60년대 중반 경제기획원 장관이었던 장기영이 1975년 12월 한일협력위원회 회원들 앞에서 한 다음과 같은 내용의 연설은 한국의 대일(對日) 의존도는 물론 그 의존의 성격도 매우 심각하다는 걸 잘 말해 주고 있다.

"일본은 한국이 일본으로부터 수입한 상품의 대금으로 지불한 달러를 한국에게 빌려 준다. 이 차관은 한 가닥의 끈을 가지고 일본의 상품에 대한 한국의 구매를 묶어 놓고 있다. 일본은 공장 설비와 반제품을 한국에 수출하고 있다. 이 설비를 유지하기 위해서는 한국은 계속적으로 부품을 수입해야 한다."[95]

---

94) 林建彦(하야시 다께히꼬), 최현 옮김, 『한국현대사』(삼민사, 1986), 339쪽.
95) 서중석, 『비극의 현대 지도자: 그들은 민족주의자인가 반민족주의자인가』(성균관대학교 출판부, 2002), 256쪽에서 재인용.

일본인 기생 관광 붐

한일간 육체의 융합 현상

해방된 한국은 일제 치하에서 대규모로 수입된 매매춘 문화에 대해 속수무책이었으며 그 상태로 60년대까지 보내게 되었다. 그러나 70년대 들어 달라졌다. 그것도 전혀 바람직스럽지 않은 방향으로. 박종성은 다음과 같이 말한다.

"정부나 공공권력이 매춘을 방지하기 위해 노력하지 않고 도리어 자극하고 권장하는 관망 세력으로 돌아서는 것이다. 그 이유야 다 번듯한 논리들로 무장되어 있었지만 결국 내막은 왜곡된 외화 수입 극대화 전략의 일환이었을 뿐, 다른 것은 있을 수 없었다. 그것도 매춘 주체인 수많은 여인들의 수중으로 돌아가는 돈은 거의 뜯기고 거덜난 뒤 초라한 액수였을 뿐, 착취의 대가는 눈물과 한으로 얼룩진 빈 가슴 이외에 아무것도 없었다."[96]

이걸 잘 보여 주는 것이 70년대 초반의 한국을 휩쓸었던 이른바 일본인 기생 관광 붐이었다. 한국 관광 역사에 있어서 70년대 초반은 일대 도약기였다. 그때부터 외국 관광객이 급증하였기 때문이다. 1962년에 약 1만 5천 명에 불과했던 외국 관광객은 1972년에 이르러 37만 명을 넘어섰다. 이에 따라 호텔 시설의 근대화와 대형화가 필요하게 되었음은 두 말 할 나위가 없다.[97] 조선일보사가 박정희 정권의 특혜에 힘입어 코리아나호텔을 완공한 것도 때마침 1972년이었다.

1972년은 1971년에 비해 외국 관광객 수가 두 배 이상 늘어난 해이다. 그런데 왜 하필 1972년에 외국 관광객이 그렇게 급증하였을까? 바로 그 해에 일본이 중국과 외교 정상화를 하면서 대만과 유대를 단절한 것에 주목할 필요가 있다. 당시 대만은 일본인들의 주요 섹스 관광지였는데, 대만과 유대 단절로 일본인들의 섹스 관광지가 대만에서 한국으로 바뀐 것이다.[98]

1970년 6월 7일 한국의 부산과 일본의 시모노세끼(下關)을 연결시키는 부관(釜關) 페리호의 취항이 있은 지 딱 한 달 후 경부고속도로가 개통된 것도 한국 관광의 매력을 더하게 했다. 이후 서울에서도 일본 번호판을 단 일본차를 볼 수 있게 되었다. 리영희는 부관 연락선 정기 항로 개통을 "한일경제의 융합 현상을 상징"하는 것으로 평가했다.[99] 경부고속도로로 연결되는 부관 연락선 정기 항로 개통은 한일간 경제의 융합 현상뿐만 아니라 육체의 융합 현상을 상징하는 것이기도 했다. 늘 '일본은 남자, 한국은 여자'라는 일방성은 있었지만 말이다.

---

96) 박종성, 『한국의 매춘: 매춘의 정치사회학』(인간사랑, 1994), 112쪽.
97) 김병하, 『재벌의 형성과 기업가 활동: 한국재벌경영사연구』(한국능률협회, 1991), 96쪽.
98) 캐서린 H. S. 문, 이정주 옮김, 『동맹 속의 섹스』(삼인, 2002), 76~77쪽.
99) 리영희, 〈한·미 안보체제의 역사와 전망〉, 『전환시대의 논리-아시아·중국·한국: 리영희 평론집』(창작과비평사, 1974, 11쇄 1979), 435쪽.

문교부 장관의 매매춘 장려 발언

한국을 찾는 일본인 관광객의 수는 1971년 9만 6천여 명에서 1972년 21만 7천여 명으로 급증하였고, 1973년에 43만 6천여 명으로 또 한번 급증하였던 것도 바로 위에서 언급한 변화에 기인한 것이었다.[100]

일본인 관광객의 수는 1979년엔 약 65만 명에 이르렀다. 물론 이 수가 모두 섹스 관광을 위해 한국을 찾았다고 볼 수는 없을 것이나, 한국을 찾는 일본인 관광객들의 85%가 아내나 여자 친구 없이 여행하였으며, 1978년 한국이 매매춘을 통해 일본인에게서 벌어들인 수입은 7백억 원인 것으로 추산되었다.[101]

"세계적으로 특출난 명소가 있는 것도 아닌데, 우리 나라에 매일 수천 명씩 일본인 관광객이 몰려오는 이유는 무엇인가.……이들의 대부분이…… '색정단(色情團)'이란 표현은 그다지 과장된 것이 아니다.……한국 여행사는 관광 일정 중에 필수적으로 기생 파티를 넣어 별 투자없이 막대한 이익을 취한다. 이러한 여행사와 관광 요정 그리고 호텔이 연출해내는 기생 관광은 결국 일본이 경제적 침략으로 한국 노동자의 노동력을 착취하여 벌어들인 돈의 일부를 한국 여성들의 성적 유린의 대가로 쥐어 주고 있는 것이다.……경제구조의 취약성에 기인한 무역적자의 폭을 한국 여성의 정조와 바꿔치기 하도록 정책적 묵인, 또는 조장하는 한국정부의 반민족적 행위와 맞물려져서 기생 관광은 날로 번창하게 되는 것이다."[102]

---

100) 캐서린 H. S. 문, 이정주 옮김, 『동맹 속의 섹스』(삼인, 2002), 76-77쪽. 한국교회여성연합회의 1973년 매춘 관광 실태조사에 따르면, 1973년 약 70만 명의 관광객이 한국을 방문하였는데, 그 중 80%가 일본인이었다는 통계도 있다. 이효재, 『한국의 여성운동: 어제와 오늘』(정우사, 1989, 증보판 1996), 251쪽.
101) 캐서린 H. S. 문, 이정주 옮김, 위의 책, 76-77쪽.
102) 등에 편집부 편, 『사랑의 품앗이 그 왜곡된 성』(등에, 1989), 106-108쪽; 박종성, 『한국의 매춘: 매춘의 정치사회학』(인간사랑, 1994), 117쪽에서 재인용.

1973년은 외화벌이를 위해 매매춘의 국책 사업화가 본격적으로 시행된 해였다. 박정희 정권은 1973년부터 관광 기생들에게 허가증을 주어 호텔 출입을 자유롭게 했고, 통행금지에 관계없이 영업을 할 수 있도록 했다. 또한 박 정권은 여행사들을 통해 '기생 관광'을 해외 선전했을 뿐만 아니라 문교부 장관은 1973년 6월 매매춘을 여성들의 애국적 행위로 장려하는 발언을 하였다.[103]

한국의 그런 과감한 정책에 장단을 맞추기라도 하듯, "일본인 관광객 내한(來韓)이 피크에 달했던……73년도에 일본의 국제여행 알선업체에서는 관광단 모집 명칭을 아예 '한국기생파티관광단모집'이라는 간판을 걸고 나왔을 정도다."[104]

'수출정책'의 일환으로서의 매매춘

일국의 정신문화를 책임지는 자리라고 볼 수 있는 문교부 장관이 감히 매매춘을 애국적 행위로 장려하는 발언을 공개적으로 할 수 있었다는 건 당시의 대한민국이 목적을 위해선 수단과 방법을 가리지 않는 '병영국가' 체제라는 걸 웅변해 주는 것이었는지도 모른다.

실제로 박 정권은 매매춘 여성들에게 안보 교육을 포함하여 자신들이 국가 경제를 위해 얼마나 중요한 일을 하는가에 대한 교양 교육을 실시하여 외국인에게 최대한 서비스를 하도록 독려하였다. 그 교육 내용은 "일제시대 정신대를 독려하였던 독려사와 너무 흡사하여 '신판 정신대 결단식' 같았다."[105]

물론 박 정권의 그러한 매매춘 장려정책은 '수출정책'의 일환이었다.

---

103) 이효재, 『한국의 여성운동: 어제와 오늘』(정우사, 1989, 증보판 1996), 182 · 251쪽.
104) 오경환, 〈르뽀 관광한국〉, 『신동아』, 1976년 7월, 167쪽.
105) 민경자, 〈한국 매춘여성운동사: '성 사고 팔기'의 정치사, 1970~98〉, 한국여성의전화연합 엮음, 『한국여성인권운동사』(한울아카데미, 1999), 245쪽.

박종성은 "정부는 외채의 압박을 줄이고 무역적자 폭을 해소시키기 위한 정책자원을 국내에서 발견하는 데 성공"했다면서 다음과 같이 말한다.

"그것은 바로 관광 산업의 개발이었으며, 이를 핑계로 외화 획득의 원천은 이제 기생 관광의 루트를 통해 부분 해소되기 시작했다. 다시 말해서 관광 산업의 정책적 육성은 짧은 시일에 보다 많은 외화를 벌어들일 수 있는 가장 용이한 방법으로 통용될 수 있었고, 많은 관광 산업 유형 가운데에서도 기생 관광은 자금의 회전과 비축이 가장 손쉬운 수단으로 파급되기 시작했던 것이다. 때아닌 기생문화의 복원……1970년대 한국 관광 산업의 본질은 바로 이렇게 사라진 전통문화 가운데 성을 수단으로 하는 '원색의 소재'를 통해 그 치부를 드러내고 있었다. 그것도 하필 일본인을 주고객으로 하는 신종 매춘으로 관광 기생업이란 명칭이 보편화된 것이다."[106]

정부의 역할을 좀더 구체적으로 살펴보자. 박종성은 다음과 같이 말한다.

"유신 직후, 한국 정부는 관광진흥정책에 입각하여 관광진흥법에 근거를 두었던 국제관광협회(현재의 한국관광협회)에 '요정과'를 설치하고 관광 기생들과 관광 요정 문제에 관한 본격적 실무에 착수한다. '(매춘)방지법'(1961. 11. 9) 제정 10여 년 만의 일이었다. 일본 제국군대의 필요에 따라 만들어진 공창제도를 미국 군정이 폐지하고 한국의 군사정부가 새로운 법으로 이를 대체한 지 10여 년 만에 정부는 그들 스스로의 손으로 떠난 자들을 다시 불러들여 유린의 대가를 긁어 모으려는 '악의 논리'와 공모·타협하기 시작했다. '요정과'의 업무 방향은 사실상의 '매춘 허가증'과 다름없는 '접객원 증명서'를 발부하고 교양 교육을 실시하면서 전국 관광 기생들의 행정적 존재 근거를 합법화하는 데 맞춰졌다."[107]

---

106) 박종성, 『한국의 매춘: 매춘의 정치사회학』(인간사랑, 1994), 116쪽.
107) 박종성, 위의 책, 117쪽.

'접객원 증명서'를 발부받기 위해선 주민등록등본과 신원보증서까지 필요했다. 그 증명서는 어떤 경우에 필요했던 걸까?

"관광객을 실은 버스가 요정에서 떠나면 그 날 밤 동침키로 된 아가씨들은 영업용 자가용차나 콜택시에 4명씩 타고 뒤따른다. 호텔에 도착한 아가씨들은 자신들의 파트너가 묵고 있는 방을 찾을 때 곤란에 처하기도 한다. 호텔측이 이런저런 이유로 기생 아가씨들의 출입을 막는 일이 흔하다. 여기에서 호텔 통과증이자 외국인에게 몸을 팔아도 법에 안 걸리는 허가증이 될 수 있는 '접객원 증명서'가 필요하다."[108]

화대 착취 구조를 묵인한 정부

일본인들을 대상으로 한 매매춘 여성들을 애국자라고 치켜세웠으면 이왕 매매춘의 국책 사업화를 시도한 김에 그들이 큰돈이라도 벌 수 있게끔 보호 장치까지 만들어 주었어야 했을 게 아닌가. 그러나 그게 전혀 그렇지 않았다.

"이렇게 결코 쉽지 않은 과정을 거치면서 일본 남성을 상대로 갖은 수모와 모욕을 당하면서 번 수입임에도 불구하고 관광 기생에게 돌아오는 수입, '화대'는 여행사 커미션, 호텔 통과세, 밴드 악사비, 요정종업원 팁, 버스운전사 급료, 요정지배인 몫, 접대 화대, 마담에 대한 사례, 호텔 객실 담당의 팁, 교통비 등의 무수한 중간 착취자에 의해 거의 착취당하고 손에 쥐는 것은 생계비도 될까말까한 정도에 불과하다."[109]

대부분의 경우 총수입의 80%를 중간 착취당했으며, 정부는 화대 착취구조를 묵인했다. 왜 그랬을까? 그 이유에 대해 박종성은 다음과 같이

---

108) 윤일웅, 『매춘: 전국 사창가와 창녀 실태』(동광출판사, 1987), 175-176쪽; 박종성, 『한국의 매춘: 매춘의 정치사회학』(인간사랑, 1994), 117-118쪽에서 재인용.
109) 등에 편집부 편, 『사랑의 품앗이 그 왜곡된 성』(등에, 1989), 111쪽; 박종성, 위의 책, 119쪽에서 재인용.

말한다.

"70년대 국가가 이렇게 해서까지 정책의 전환을 의도했던 이유는 어디까지나 국내에서 외국인들이 많은 돈을 쓰고 가게 하자는 기묘한 이기심에서 비롯된 것이었을 뿐, 진정으로 기존의 매춘 여성들이나 빈곤 여성들을 끌어안아 인간다운 삶의 조건을 범사회적으로 조성해 주기 위한 것은 아니었다. 70년대 한국 관광 기생문화를 즐긴 주 고객들이 일본인들이었다는 역사의 아이러니는 해방공간 속에서마저 단절되지 않고 존속된 과거 일제 공창문화의 잔재와 이를 스스로 척결하지 못했던 우리 자신들의 사회의식적·실천적 한계를 반증하는 것이었다. 전도된 성 문화를 강화시키고 기생의 사회적 수요를 팽창시킨 한국의 관광정책은 결국 관광 기생을 일본에 역수출하는 새로운 현상까지 야기시킨다."[110]

한국인의 경제동물화

일본인 기생 관광은 국내적으로도 큰 영향을 미쳤다. 수출 산업은 국제 경쟁력 강화를 위해 내수 시장이라는 기반이 필요한 것처럼, 관광 매매춘 산업은 국내 매매춘 시장을 확대시키는 효과를 낳았기 때문이다. 리영희는 『여성동아』 1973년 7월호에 쓴 〈외화와 일본인〉이라는 글에서 다음과 같이 말한다.

"이 나라가 해마다 수십, 수백만 명의 외국인을 끌어들이려는 목표로 관광한국을 자랑하는 동안, 말하기는 다소 쑥스러운 일이지만 일본인에 의한 밤의 수요(需要)가 느는 바람에 농촌의 소녀는 서울 외곽으로 몰려들고, 외곽의 여성은 중심가로, 중앙지대의 여성은 호텔로 모인다는 호텔 사람들의 설명이다. 그러는 동안에 그 공급이 딸려서 인간상품의 값

---

110) 박종성, 『한국의 매춘: 매춘의 정치사회학』(인간사랑, 1994), 120~121쪽.

도……변두리에서 호텔을 지향하는 앙등 추세라는 말도 들린다."[111]

또한 박 정권의 노골적인 매매춘 장려정책은 국민을 '경제동물화' 하여 정치적 저항을 무력화시키는 효과를 얻을 수 있는 것이었다. 이는 50여 년 전 일제의 식민정책과 유사한 구조였다. 박종성은 일제의 매매춘 정책에 대해 다음과 같이 말한다.

"중요한 사실은 그들이 매매춘을 조선 식민정책의 일환으로 인식했으되 시장 구조를 전국 규모로 체계화하여 정치적 반항이나 반일 감정의 무마·전환 수단으로 악용하려 했다는 것이다. 특히 지식인들 보편의 비관주의를 더욱 증폭시키고 정치적 강압에 대한 현실 도피의 발판으로 매매춘 문화를 선별·심화하려 했던 식민당국에게 매매춘을 권하는 사회적 무드의 조성은 무엇보다 긴요한 전제가 된다."[112]

박 정권이 그런 정치적 의도가 있었는가 하는 건 중요치 않다. 중요한 건 매매춘의 국책 사업화가 당시의 한국 사회에 미친 정신적인 상처일 것이다.

일본인들의 기생 관광 행태

일본의 남부에서 북부까지 단체 관광 여행을 해도 1인당 5-7만 엔이 드는데 비해 한국의 기생 관광은 3-5만 엔이면 충분했다.[113] 일본인 기생 관광객들은 '싼 맛'에 한국을 찾는 사람들이었기 때문에 그들의 기생 관광 행태는 은밀하다기보다는 과시적인 것이었다. 60대의 한 일본 관광객은 접대부가 팁을 달라고 하자 대뜸 "총독부로 가자. 일러바쳐야겠

---

111) 리영희, 〈외화와 일본인〉, 『전환시대의 논리-아시아·중국·한국: 리영희 평론집』(창작과비평사, 1974, 11쇄 1979), 181쪽.
112) 박종성, 『권력과 매춘』(인간사랑, 1996), 61-62쪽.
113) 리영희, 위의 글, 181쪽.

다"라고 으름장을 놓는 일도 있었다.[114]

또한 리영희는 서울의 어느 호텔에 묵은 한 외국인 친구가 간밤에 한 잠도 자지 못했다고 투덜거린 이야기를 다음과 같이 소개하고 있다.

"그의 설명인즉 오밤중에 요란한 소리에 놀라 화제인가 싶어서 방을 뛰어나와 보니 반나체의 몇 일본 사나이가 한 여인을 이리 쫓고 저리 찾으면서 '밤의 여인'의 쟁탈전을 벌이고 있더라는 것이다.……소란은 새벽까지 계속되고 호텔측도 호텔의 풍기를 잡으려 하는 기색이 전혀 보이지 않더라는 불평이었다."[115]

리영희는 이어 서울의 호텔이란 호텔은 이 동양의 벼락부자들로 술렁거리고 있으며 "수십 명이 떼거리를 지어 깃발을 앞세우고 길거리를 누비고 있는 꼴이란 가관"이라면서 자신의 경험담을 다음과 같이 소개하고 있다.

"엘리베이터를 타면서 구두를 벗어드는 친구가 있는가 하면 같이 타고 있는 사람들의 생각이야 아랑곳없이 왁자지껄 떠들어대는 데는 오히려 이쪽이 압도되고 만다. 엘리베이터의 단추를 닥치는 대로 눌러보던 한 친구가 '고레 고쇼오데스까?(이거 고장이요?)' 하고 다짜고짜 일본말로 묻는 데는 당황하지 않을 수 없었다. 일본인이 한국 속에 있는 것인지 내가 일본엘 와 있는 것인지 순간 착각을 일으킬 지경이었다. 이 친구가 엘리베이터를 내려서자 기다리고 있는 듯 보이는 한국인 남녀들이 연상 허리를 굽신거리면서 '아리가도오 고자이마쓰(고맙습니다)'를 수없이 되풀이하는 것이었다. 상전을 맞이하는 졸개들의 얼굴에서 발견할 수 있는 그런 비굴한 웃음들이었다.……며칠을 두고 이런 광경을 수없이 보고 겪고 나니 '아, 언제부터 이 나라가 다시 이렇게 되어버렸는가……' 하는

114) 정영일, 〈한국 속의 일본〉, 『신동아』, 1972년 2월, 92쪽.
115) 리영희, 〈외화와 일본인〉, 『전환시대의 논리-아시아·중국·한국: 리영희 평론집』(창작과비평사, 1974, 11쇄 1979), 179쪽.

생각에 한숨이 절로 나왔다."[116]

'4 · 19의 4월' 에서 '관광의 4월' 로

수치스럽게 생각해야 할 기생 관광을 하면서도 한없이 당당한 일본인
들! 그래서 서울 시내 한복판에서 나이 든 일본인 관광객들이 젊은 한국
여성을 껴안고 가는 걸 보다 못해 폭력을 휘두른 젊은이들의 '저항' 이
심심치 않게 일어나곤 했다.

그러나 그러한 저항은 '울분의 폭발' 이었을 뿐, 한국인은 점점 더 '경
제동물' 이 되고 있었다. 한동안 한국인들은 일본인들을 가리켜 '경제동
물' 이라고 욕했지만, 내심 그들의 경제력을 부러워했던 것인지도 모른
다. 물론 '경제동물' 이 되지 않고선 박 정권의 폭압적인 통치 체제하에
서 자신의 안전을 지키는 것조차 어려웠다는 점도 간과해선 안 될 것이
다. 리영희는 다음과 같이 개탄한다.

"정부나 국가가 그 여성 국민에게 통행금지 면책특권을 주면서까지
외국인 사나이들을 끌어들이는 정책은, 딸을 바치고 그 대가로 부자가
되는 아비와 얼마나 도덕적 차이가 있는지 잘 모르겠다. 그 돈으로 국민
이 얼마나 부해지며, 국가가 얼마나 경제발전을 이룩할 수 있는지도 모
를 일이다. 사회와 국민의 도덕적 타락, 비인간화를 돈벌이의 수단으로
삼지 않고서는 경제발전을 못 한다는 말일까. 그렇게 해서까지 외국인을
끌어들이고 외화를 벌어야 하는 것일까.……이 통에 10여 년을 지켜내려
오던 '4 · 19의 4월' 이었던 달이 금년에는 갑자기 '관광의 4월' 로 탈바
꿈했다. 어제도 오늘도 신문에는 일본의 무슨 재벌, 무슨 사장이 서울과

---

116) 리영희, 〈외화와 일본인〉, 『전환시대의 논리-아시아 · 중국 · 한국: 리영희 평론집』(창작과비평사, 1974,
11쇄 1979), 180쪽.

지방의 어디어디에 몇 층의 호텔 건설을 약속했다는 기사가 자랑스럽게 보도되는 것을 읽으면서 나는 우울해지는 것이다."[117]

여성계의 반대 투쟁

박 정권의 적극적인 매매춘 국책 사업화에 대해 집단적으로 들고 일어난 건 오직 여성계뿐이었다. 1973년 7월 2일부터 5일까지 서울에서 열린 한일교회협의회에서 한국교회여성연합회 대표 이우정은 기생 관광 문제를 거론하면서 기생 관광 반대운동을 전개하기 시작했다. 11월 30일엔 '관광객과 윤락 여성 문제에 대한 세미나'를 통해 대응 방안을 토론하였고, 12월 3일엔 교통부 장관과 보건사회부 장관에게 섹스 관광의 시정과 건전한 관광사업책의 강구를 요구하는 건의문을 발송하였다. 또 『매춘 관광의 실태와 여론』이라는 소책자를 만들어 배포하기도 했다.[118]

이러한 운동은 대학생들에게도 영향을 미쳐 이화여대, 한신대, 서울대 학생들의 섹스 관광 반대 시위로 이어졌다. 이화여대생들은 김포 공항에 도착하는 일본 관광객들을 상대로 '섹스 애니멀 고 홈'이라고 적힌 플래카드를 들고 반대 시위를 벌이기도 했다.[119] 이에 호응하여 일본에서도 22개 여성단체가 연합하여 일본인의 한국 내 섹스 관광 반대운동을 전개하였다.[120] 특히 일본 여성단체가 하네다 공항에서 벌인 대대적인 피켓팅 시위는 세계의 이목을 집중시켰다.[121]

117) 리영희, 〈외화와 일본인〉, 『전환시대의 논리-아시아 · 중국 · 한국: 리영희 평론집』(창작과비평사, 1974, 11쇄 1979), 182쪽.
118) 민경자, 〈한국 매춘여성운동사: '성 사고 팔기'의 정치사, 1970-98〉, 한국여성의전화연합 엮음, 『한국여성인권운동사』(한울아카데미, 1999), 251쪽.
119) 여성신문사 편집부 엮음, 〈이우정: 기생 관광이 애국이면 선생 딸부터 관광 기생 만드시오〉, 『이야기 여성사 1』(여성신문사, 2000), 103-104쪽.
120) 민경자, 위의 글, 251쪽.
121) 이승희, 〈인간해방 · 여성해방을 향한 80년대 여성운동〉, 조희연 엮음, 『한국사회운동사: 한국변혁운동의 역사와 80년대의 전개 과정』(한울, 1990, 재판 2쇄 1997), 287쪽.

1974년 2월 26일 이우정은 여성단체들이 공동으로 개최한 기생 관광 반대 강연회에서 정부의 퇴폐적인 관광정책을 신랄하게 비판해 이후 당국의 감시와 협박에 시달렸으며, '유신과업 수행을 가로막은 반정부 행위'로 간주되어 연행당하기도 했다.[122]

중앙정보부는 반대운동을 하지 않겠다는 각서를 받아내려고 이우정과 몇몇 대표자들을 잡아들인 적도 있었으나, 이우정은 "난 절대 못쓴다. 가난해도 좋다. 세탁기 안 쓰고 손으로 빨아도 좋다. 우리 나라 딸들을 팔아서 부자되는 것 원치 않는다"고 말하면서 끝내 각서를 쓰지 않았다.[123]

박 정권은 그러한 강압책과 더불어 회유책을 쓰기도 했다. 문공부 총무국장이 여성계 회장, 초교파 교회여성연합회 회장 등을 음식점에 초대해 협조를 요청한 것도 바로 그런 회유책의 일환이었다. 이에 대해 이우정은 다음과 같이 말한다.

"아주 사정을 하더라구. '우리는 지금 외화가 필요하다. 외화가 있어야 비료도 사오고 물건 만들어 수출도 할 수 있다. 기생 관광도 일종의 애국이다'며 설득을 하는 거야. 더 심한 말도 했어. 우리 나라 기생은 하룻밤에 100달러 받는데 태국이나 필리핀 기생은 50달러 내지 20달러밖에 못 받는다는 거야. 그 말을 들으니 얼마나 화가 나던지. '선생이 생각하기에 그게 그렇게 애국적인 일이면 선생 딸부터 관광 기생 만드시오. 그럼 우리도 반대 안 할 테니' 그랬다니까. 그 국장 얼굴이 벌게지더구만."[124]

---

122) 민경자, 〈한국 매춘여성운동사: '성 사고 팔기'의 정치사, 1970-98〉, 한국여성의전화연합 엮음, 『한국여성인권운동사』(한울아카데미, 1999), 251쪽.
123) 여성신문사 편집부 엮음, 〈이우정: 기생 관광이 애국이면 선생 딸부터 관광 기생 만드시오〉, 『이야기 여성사 1』(여성신문사, 2000), 103쪽.
124) 여성신문사 편집부 엮음, 위의 글, 103쪽.

그러나 기생 관광 반대운동은 큰 성과를 거두지는 못했다. 이승희는 이 운동이 "지속성을 갖고 계속되지 못했고 구체적으로 얻은 성과는 없었으나, 정부의 기생 관광정책에 대한 폭로와 함께 그 실상을 알리는 계기가 되었으며, 심각한 여성 문제로 제기되던 매춘 문제를 최초로 여성운동 이슈화한 것이었다"라는 평가를 내리고 있다.[125]

일본에 진출한 한국인 호스트 1만여 명?

일본인 기생 관광은 '현지처' 라는 신조어를 낳았다. '현지처' 가 되는 건 기생 관광업에 종사하는 여성들의 꿈이었다. 그래서 돈깨나 있는 일본인의 한국 현지처가 되어 팔자 고친 여자들의 성공담은 그들의 부러움을 사기도 했다. 『신동아』 1976년 7월호에 실린 〈르뽀 관광한국〉이라는 제하의 기사는 다음과 같이 말한다.

"일본인 관광객들이 '기생 파티'에서 번호표로 짝을 맞춘 파트너와 '한국에서 하룻밤을' 보낸다는 것은 조금도 신기한 얘기가 아니다. 요즈음엔 한술 더 떠 수시로 한국을 드나드는 관광객이나 일본상사 주재원 또는 장기 체류자 중에는 일정 기간 계약 동거를 하거나 소위 '현지처'라는 이름으로 아예 살림을 차리고 있는 일본인이 많아졌다는 것도 H맨숀, Y아파트 등에 그런 쌍들이 살고 있다는 소문과 함께 널리 알려져 있다."[126]

앞서 지적했듯이, 기생 관광은 수출 산업이었다. 그래서 이것 역시 군사작전식으로 진행되었다. 70년대 말까지 계속된 이 군사작전에 대해 『신동아』 1979년 2월호에 실린 〈르뽀 100만 명 돌파의 '관광한국' 〉이라

125) 이승희, 〈인간해방·여성해방을 향한 80년대 여성운동〉, 조희연 엮음, 『한국사회운동사: 한국변혁운동의 역사와 80년대의 전개 과정』(한울, 1990, 재판 2쇄 1997), 288쪽.
126) 오경환, 〈르뽀 관광한국〉, 『신동아』, 1976년 7월, 167-168쪽.

는 제하의 기사는 다음과 같이 말한다.

"수출 목표가 있듯이 관광진흥에도 연초가 되면 목표액과 머리 수가 있다. 78년은 1백5만 명에 4억 2천만 달러였고 금년은 1백20만 명에 5억 달러. 당국은 상부에 보고하고 장담해 놓은 이 목표를 달성하기 위해 25개 국제여행 알선업체를 불러 규모 및 전년도 실적에 따라 달성해야 할 목표를 정해 준다. 그러면 어떤 수단을 써서라도 이들 여행 알선업체들은 목표를 달성해야지 그렇지 않은 경우 갖가지 혜택이 없어지는 것은 물론 허가취소까지도 위협받게 된다. 그래서 탈선 관광이 극히 당연하게 당국의 묵인 아래 이루어진다."[127]

당시로서는 이 정도도 엄청난 '폭로 기사'라는 걸 염두에 두고 읽어야 할 것이다.

'현지처 문화'는 새로운 문화 양상에 자리를 내주게 된다. 그건 아예 일본으로 진출해 버리는 것이었다. 한동안 한국의 수많은 젊은 여성들이 일본 유흥업계로 진출하더니 이젠 호스트(남자 접대부)의 진출도 만만치 않은 수준에 이르렀다. 호스트들의 경우, 90년대 초반부터 일본으로 건너가기 시작해 최근엔 1만여 명에 육박한다는 보고도 있다. 이들의 주 고객은 90%가 일본에 진출한 한국 호스티스라는 주장도 있으니,[128] 끈끈한 동포애의 미담(美談)으로 여겨야 하는 것인지 판단을 내리기가 곤혹스럽다.

---

127) 심송무, 〈르뽀 100만 명 돌파의 '관광한국'〉, 『신동아』, 1979년 2월, 246쪽.
128) 안창환, 〈남자 접대부도 '일본 수출'〉, 『일요시사』, 2002년 8월 11일, 29면.

'가장 더러운 여자들'과
'외화를 버는 애국자들'

'국방정책'으로서의 매매춘

매매춘의 국책 사업화는 비단 일본인 관광객들만을 대상으로 한 게 아니었다. 70년대부터 주한미군이 그러한 국책사업의 주요 고객으로 등장했다. 60년대만 하더라도 박 정권은 기지촌에 큰 신경을 쓰지 않았으나, 70년대 초에 주한미군 철수를 포함하고 있는 이른바 '닉슨 독트린'의 발표 이후엔 주한미군을 붙잡아 두기 위한 적극적인 정책으로 전환하였다.

그러한 적극적인 정책은 주로 미군의 기지촌 환경 개선 요구에 적극 응하는 것으로 나타났다. 주한미군과 박 정권은 1971년부터 1976년까지 합동으로 '군기지 정화운동'을 실시하였는데, 이 운동은 사실상 박 정권이 전담하다시피해서 추진되었다. 박 정권은 "안보와 교환된 '안락한 섹스'"[129]를 위해 기지촌마다 성병 진료소를 만들고 기지촌 여성을 대상으로 매주 정기적으로 성병 검사를 실시하였다. 또 기지촌 여성을 대상으로 '민들레회'와 같은 관제 자치기구를 조직하였다.[130] 이에 대해 여성학자 정희진은 다음과 같이 말한다.

"정부가 매매춘을 불법으로 규정하고 있으면서도 한편으로는 미군의 건강을 위해 기지촌 여성들을 관리, 통제하는 것은 매매춘에 대한 이중 정책을 그대로 드러내는 것이다. 기지촌 여성들을 '가장 더러운 여자들'로 낙인찍으면서도 동시에 '외화를 버는 애국자들', 심지어 '민간 외교관'이라고 칭송(?)하기도 하였다."[131]

실제로 기지촌 여성들을 대상으로 매월 실시하는 교양 강좌에선 시장, 지역의 공보관, 경관 등이 인사말을 하면서 "미군을 만족시키는 여러분 모두가 애국자들이다. 여러분 모두는 우리 조국을 위해 외화를 벌려고 일하는 민족주의자들이다"라고 말하곤 했다.[132]

'우리는 신발이 아니라 인간이다'

그러나 기지촌 여성들은 한국인 또는 인간으로 대접받지 못했다. 그들을 대상으로 한 미군 범죄도 '국가안보'와 '우방국과의 우호 관계'라는 명분 아래 은폐되고 축소되었다.[133] 미군 범죄를 자유롭게 보도할 수 있을 정도의 민주화가 된 이후에도 그들은 미군에게 살해되거나 하는 식으로 '민족주의적' 사건의 희생자가 될 때에 한해서만 한국인 또는 인간으로 승격되었을 뿐이다.[134]

129) 김소희, 〈안보와 교환된 '안락한 섹스'〉, 『한겨레21』, 2002년 7월 25일, 79면.
130) 정희진, 〈죽어야 사는 여성들의 인권: 한국 기지촌 여성운동사, 1986-98〉, 한국여성의전화연합 엮음, 『한국여성인권운동사』(한울아카데미, 1999), 307-308쪽.
131) 정희진, 위의 글, 308쪽.
132) 캐서린 H. S. 문, 이정주 옮김, 『동맹 속의 섹스』(삼인, 2002), 156쪽에서 재인용.
133) 이상록, 〈천대받던 '양공주'에서 순결한 '민족의 딸'로: 1992년 케네스 이병의 윤금이 살해 사건〉, 여성사 연구모임 길밖세상, 『20세기 여성 사건사: 근대 여성교육의 시작에서 사이버 페미니즘까지』(여성신문사, 2001), 268쪽.
134) 김은실 외, 〈국가의 안보가 개인의 안보는 아니다: 미국의 군사주의와 기지촌 여성〉, 『당대비평』, 제18호(2002년 봄), 95쪽.

기지촌 여성들에게 '애국자'와 '민족주의자'라는 감투를 씌우는 건 사실상 그들을 병영국가 체제 내로 흡수해 도구화했다는 걸 의미하는 것이었다. 박 정권의 기지촌 관리는 기지촌 여성들에겐 재앙으로 작용한 면이 있는 것도 바로 그런 이유 때문이었다. 미국 웨슬리대학 정치학 교수 캐서린 H. S. 문은 다음과 같이 말한다.

"내가 만난 몇몇 전직 매춘 여성은 1960년대를 그들이 '가장 자유로웠던' 때로 회상했다. 그때만 해도 미군들과 공개적으로 술을 마시며 싸우고 멋대로 나돌아다녔다고 한다. 또 과격한 말다툼을 벌이기도 했고 서로를 맹렬히 저주하며 머리통에다 유리병을 내려치기도 했다. 그들은 뻔뻔스러웠고 권위에도 아랑곳하지 않았다. 어떤 이들은 경찰조차 자신들을 무서워하여 내버려둘 정도였다고 자랑했다. 1960년대 초에는 그 여성들이 두려워할 정부의 권위라는 게 거의 없었는데, 한국 정부가 여성들의 활동을 비롯해 기지촌에서 일어나는 사건들에 방임주의 정책을 적용했기 때문이었다."[135]

그러나 박 정권이 기지촌에 적극 개입한 후 기지촌 여성들의 권익 옹호를 위한 활동은 국가안보의 문제로 다루어졌다. 이와 관련, 한국 최초의 '현장' 출신 기지촌 여성운동가인 김연자의 활동에 대해 정희진은 다음과 같이 말한다.

"1971년 송탄에서 미군들이 화대와 기지촌 물가가 비싸다며 '신발'과 쇼트타임(short time) 화대를 5불로, 롱타임(long time) 화대를 10불로 인하할 것을 요구하는 유인물을 배포한 적이 있었다. 그녀는 미군들의 화대 떼먹기와 화대 인하 요구에 대항하였다. 천 명이 넘은 동료 매춘 여성들을 조직하여 '우리는 신발이 아니라 인간이다(We are not shoes! We are human beings!)'를 외치며 미군 부대 앞에서 데모를 벌였다. 살

---

135) 캐서린 H. S. 문, 이정주 옮김, 『동맹 속의 섹스』(삼인, 2002), 85쪽.

벌했던 유신 시절, 기지촌 여성들의 작은 권익을 찾기 위한 노력조차 '북한과의 연계'로 몰려 그녀는 경찰서에 끌려갔다. 이때 당한 협박, 구타, 고문의 경험은 그녀에게 더욱 큰 좌절과 울분을 안겨 주었다. 그녀는 오랜 기간 자치회 활동을 하면서 포주와 미군들의 잔인한 폭력, 살인 사건이 아무런 처벌 없이 지나가는 것을 직접 지켜 보았다."[136]

외교정책으로서의 매매춘

박 정권은 기지촌 여성들의 권익 옹호를 위한 활동을 강력하게 탄압하였을 뿐만 아니라, 주한미군 철수를 막기 위한 노력이라는 이유를 내세워 주한미군 장교들에게 매춘 및 선물 공세를 퍼부었다. 이에 대해 전직 주한미군 정보장교는 다음과 같이 증언했다.

"미군에게 아부하여 이들로 하여금 부대 철수에 반대하고 일반적으로 친한국적인 발언을 하도록 하기 위해 한국 정부측은 계획적인 노력을 펼쳤다. 한국 정부 안에는 '우리가 그들을 잘 대하지 않았기 때문에 미국(7사단)이 떠났다'는 생각이 퍼져 있었다. 내가 이제까지 여기에서 근무하면서 1970년대 초만큼 기생 파티가 많았던 때를 보지 못했다. 실제적으로 매일 밤마다 미 장군들을 모아놓고 기생 파티를 열었다. 사무국 사람들은 왜 한국인들이 우리를 여기저기 기생 파티에 데려가려 하는지 묻곤 했다. 한국 정부는 충분한 돈을 가지고 있지 않았는데도 그렇게 했다. 그것은 대접이었다. 미 군대는 그것을 무척 좋아했다. 사무국은 그것을 한국인들과 서로 비위를 맞춘다는 뜻에서 '한국인과의 동침'이라 불렀다. 한국인과 동침하는 장군들도 많았는데 그들조차 그것을 알지 못했다. 한

136) 정희진, 〈죽어야 사는 여성들의 인권: 한국 기지촌 여성운동사, 1986-98〉, 한국여성의전화연합 엮음, 『한국여성인권운동사』(한울아카데미, 1999), 310-311쪽.

국인들은 4성 장군을 만나려고 끊임없이 애를 썼다.……1970년대 후반까지 일부 미 장군들은 박 대통령이 독재자였다는 사실을 전혀 알지 못했다. 장군들은 한국인들로부터 믿기 어려운 선물을 받았다."[137]

한국을 방문하는 미국의 의원들도 기생 파티 대접을 받았다. 이는 '외교정책으로서의 매매춘'이라고 해야 할까? 재미 언론인 문명자는 다음과 같이 말한다.

"박 정권은 미국 국회의원들이 이런저런 일로 한국을 방문하면 한국 매춘 여성들을 대주기 일쑤였다. 더구나 그들은 유엔 외교를 위해서라면서 미국 국회의원들뿐 아니라 전 세계의 각종 인종들을 한국에 불러들여 이런 짓을 했다."[138]

주미 대사관 공보관으로 있다가 1973년 6월 미국에 망명한 이재현도 자신이 미국 학계와 언론계를 상대로 벌였던 로비에 대해 1977년 프레이저 청문회에서 다음과 같이 증언했다.

"미국 언론의 반유신 기사를 막고 친유신 기사가 실리게 하기 위해 미국 기자들에게 접근해 서울 방문을 권유했습니다. 그렇게 모집한 기자들이 서울에 도착하면 고급 양복점에 데리고 가서 양복을 맞춰 주고 기생관광도 시켜 주었습니다."[139]

가족법 개정운동

일본인 관광객들과 주한미군을 상대로 한 매매춘의 국책 사업화를 오늘의 잣대로 평가하는 건 부당한 일일까? 그러나 한 가지 이해하기 어려운 것은 그때나 지금이나 여성의 권리 향상에 대해 반대의 목소리를 내

---

137) 캐서린 H. S. 문, 이정주 옮김, 『동맹 속의 섹스』(삼인, 2002), 180쪽에서 재인용.
138) 문명자, 『내가 본 박정희와 김대중』(월간 말, 1999), 262쪽.
139) 문명자, 위의 책, 268쪽에서 재인용.

는 유림 등 국내 보수 세력의 이중 잣대일 것이다.

60년대부터 시작된 여성계의 가족법 개정운동은 1973년에 활기를 띠게 되었다. 4월엔 YWCA와 이태영의 가정법률상담소가 가족법은 개정되어야 한다는 주제로 강연회를 열었고, 6월 28일엔 범여성적인 연대로 확대되어 61개 여성단체가 연합하여 '범여성가족법개정촉진회'를 결성하는 성과를 보기에 이르렀다. 그때엔 유신 이후 모든 법률들을 손질하는데다 한국 정치사상 처음으로 10명의 여성 의원이 국회에 진출해 있어 상황이 유리하다고 판단한 촉진회는 그 해 7월 다음과 같은 10개 항목을 개정하자는 건의문을 의원들에게 보냈다.

"① 호주제도의 폐지, ② 친족 범위 결정에 있어서의 남녀평등, ③ 동성동본 불혼제도의 폐지, ④ 소유불분명한 부부 재산에 대한 부부의 공유, ⑤ 이혼 배우자의 재산분배 청구권, ⑥ 협의이혼 제도의 합리화, ⑦ 부모의 친권 공동 행사, ⑧ 직모서자 관계와 계모자 관계의 시정, ⑨ 상속제도의 합리화, ⑩ 유류분(遺留分) 제도."[140]

이렇게 단체의 이름으로 건의서를 보내는 정도나마의 성과를 보기까지 최초의 여성 변호사인 이태영을 비롯한 여성단체 대표들은 '노처녀 과부집단'이니 '패륜녀'니 하는 비난에 시달려야 했다.[141] 어디 그뿐인가. 1972년부터 본격화된 보수 진영의 반대운동은 마치 무슨 독립운동을 하기라도 하는 것처럼 필사적으로 전개되었다. 전국유림대표자회의는 1972년 8월 25일 '500만 유림의 총의'로 가족법 개정을 반대하는 결의를 표명하였다. 10월 5일엔 유도회 주관으로 가족법 개정 반대에 34만명의 서명 날인을 받은 원본을 국회사무처에 제출하였고, 뒤이어 가족법

---

140) 이태영, 『'정의의 변호사' 되라 하셨네: 이태영 선생 유고변론집』(한국가정법률상담소, 1999), 178쪽. '유류분'은 상속물 중에서 상속받은 사람이 마음대로 처리하지 못하고, 일정한 상속인을 위하여 법률상 반드시 유류(遺留)하여 두어야 할 유산의 일정한 부분을 의미한다.

141) 소현숙, 〈호주제, 식민주의와 가부장제의 공모: 가족법 개정운동〉, 여성사 연구모임 길밖세상, 『20세기 여성 사건사: 근대 여성교육의 시작에서 사이버 페미니즘까지』(여성신문사, 2001), 162쪽.

개정안에 대한 반대 건의서를 제출하였다.[142]

보수 세력의 두 얼굴

그러나 그들은 매매춘의 국책 사업화에 대해선 그 어떤 반대의 목소리도 내지 않았다. 여성을 남성보다 열등한 존재로 간주한다면, 그렇기 때문에 더욱 여성을 보호해야 하는 게 아닌가? 그러나 그것도 아니었다. 만약 그들이 진실로 매매춘 여성들을 '애국자'로 간주해 그에 합당한 대우를 하는 데에 앞장 서 왔다면 또 모르겠다. 오직 남성우월주의적 기득권만을 지키려는 이들의 이런 이중 잣대는 조선조를 지배했던 이른바 '열녀(烈女) 이데올로기'의 변형이 아니었을까?

임진왜란과 병자호란은 여성의 정조 문제를 심각한 사회 문제로 대두시켰다. 이른바 환향녀(還鄕女)는 왕조가 나라를 지키지 못해 발생한 시대의 희생자였음에도 불구하고 왕조와 집권 사대부는 그들에게 사죄하기는커녕 모든 책임을 그들에게 떠넘겨 자살을 강요했다. 물론 자기들의 안전과 이익을 지키기 위해서였다.[143]

이러한 '피해자 탓하기'는 일제시대의 '위안부'들에게도 적용되었고, 50년대에는 6·25의 결과로 생겨난 55만여 명의 이른바 '전쟁 미망인'들에게도 어느 정도 적용된 이데올로기였다.[144] 박 정권 치하에서 벌어진, 아니 지금도 계속되고 있는 매매춘의 국책 사업화에 그런 '환향녀 이데올로기'의 망령이 살아 있는 건 아닐까?

실제로 박 정권은 한국의 경제발전을 위해 희생당했다고 해도 좋을

---

142) 이효재, 『한국의 여성운동: 어제와 오늘』(정우사, 1989, 증보판 1996), 255-256쪽.
143) 최문정, 『임진록 연구: 한일역사군담소설연구 1』(박이정, 2001), 141-143쪽.
144) 이상록, 〈위험한 여성, '전쟁 미망인'의 타락을 막아라: 1950년대 전쟁 미망인의 출현〉, 여성사 연구모임 길밖세상, 『20세기 여성 사건사: 근대 여성교육의 시작에서 사이버 페미니즘까지』(여성신문사, 2001), 122-134쪽을 참고하기 바랍니다.

정도로 음지에서 또는 낮은 곳에서 큰 기여를 한 사람들에 대해 적절한 사회적 보상이 돌아가게끔 애쓰기보다는 오히려 그들을 탄압하는 데에 앞장 섰다. 물론 정권의 영광과 안보를 위해서였을 것이다.

매매춘 관광과 기지촌 매매춘은 여전하다. 한국 사회가 많이 민주화되어 이에 대한 문제 의식이 높아진 건 사실이다. 그러나 매매춘의 '다국적화'[145)와 그에 따른 한국의 '인신매매 경유국화'[146)는 그러한 문제 의식의 변화를 초래해 무관심이나 호기심 쪽으로 흐르게 만들고 있다.

정유진이 잘 지적한 바와 같이, 기존의 문제 의식마저도 '인권을 수단화하는 문화'에 갇혀 있다. 그래서 '개인이 당한 폭력'을 '민족의 유린'으로 환원하고, 범죄의 피해조차 '고통'보다는 '수치'의 문제로 접근하려는 경향이 강하다.[147) 또한 여성의 고통과 지위의 문제를 계급의 문제로 환원시켜 그 특수성을 외면하게 되는 일도 벌어지고 있다.

---

145) 예컨대, 김연자는 다음과 같이 말한다. "필리핀, 러시아, 방글라데시 등 외국 여성들이 기지촌 무대를 차지하면서 기존의 한국 여성들은 밀려나다시피 됐어요. 현재 남아 있는 여성들은 댄서나 늙은 여자들이에요. 그러다 보니까 동두천을 제외한 다른 기지촌 지역에서는 이들을 위해 활동하던 단체들이 거의 손을 털다시피 하고 또 있다 하더라도 전문적인 활동은 못하고 있어요." 김연자·캐서린 문, 〈좌담·기지촌 여성의 어제 오늘 그리고 내일: "기지촌은 아시아 문제이자 국제 문제"〉, 『여성신문』, 2002년 7월 12일, 3면.

146) 김소희, 〈동맹 속의 인신매매〉, 『한겨레21』, 2002년 7월 25일, 76면.

147) 정유진, 〈'민족'의 이름으로 순결해진 딸들?: 주한미군 범죄와 여성〉, 『당대비평』, 제11호(2000년 여름), 231-232쪽.

5일 만에 귀환한 김대중

김대중의 반(反)유신투쟁

1972년 '10월 유신'이 선포되었을 때, 1970년 대통령 선거 당시 그걸 예견했던 김대중은 신병 치료차 일본에 머무르고 있었다. 김대중은 그 다음 날 동경에서 기자회견을 열고 박정희 비상계엄령에 항의하는 성명을 발표하였다.

"박 대통령의 이번 조치는 통일을 말하면서 자신의 독재적인 영구집권을 목표로 하는 놀랄 만한 반민주적 조치이다. 박 대통령의 이와 같은 행위는 이승만 독재 정권을 타도한 위대한 한국민의 손에 의해 반드시 실패하리라고 확신한다."[148]

그 해 11월 10일 김대중은 동경 외신기자 클럽에서 행한 연설에서 박정희의 유신체제에 대한 반대투쟁을 전개하겠다고 밝혔다. 그 후 김대중

---

148) 김옥두, 『고난의 한길에도 희망은 있다』(인동, 1999), 111쪽.

1973년 8월 중앙정보부에 의해 납치되었다가 극적으로 살아 돌아온 김대중.

은 미국으로 건너가 반유신투쟁을 벌였다. 김대중은 반(反)유신투쟁을 위해 미국과 동경을 왔다갔다했다. 동경에 있을 때인 1973년 3월 김대중은 박 정권과 가까운 일본 자민당 소속 한 중진의원에게서 "만약 김 선생이 귀국하면 남북조절위원회 위원장이나 부통령제를 신설하여 부통령을 시켜드리겠다고 합니다"라는 제의를 받았다.[149]

그걸 뿌리치고 다시 미국으로 건너간 김대중은 7월 6일 워싱턴에서 '한국민주회복통일촉진국민회의(한민통)' 발기인대회를 열었다. 그는 4일 후 한민통 동경본부를 결성하기 위해 다시 일본으로 날아갔다. 일본에 입국한 7월 10일에서 채 한 달이 되지 않은 8월 8일, 김대중은 동경에

---

149) 노가원, 『청와대 경호실: 군사 정권 30년 비사』(월간 말, 1994), 262쪽.

있는 그랜드 팔레스호텔에서 납치되었다. 결국 김대중은 미국의 개입으로 납치된 지 5일 만인 8월 13일 살아서 서울 동교동 자택으로 돌아올 수 있었다.

일본에 사과하고 4억 엔이나 바친 박정희

중앙정보부장 이후락은 기자회견을 통해 정보부는 이 사건과 관련이 없다고 밝혔지만, 일본 정부는 "김대중 사건에 한국대사관 김동운 1등 서기관이 관련됐다"라고 발표했으며, 일본의 『요미우리(讀賣)』 신문은 "한국의 모 기관이 관련됐다"라고 보도했다. 박 정권은 이 보도를 문제삼아 8월 24일 『요미우리』 신문의 서울지국 폐쇄 조치를 내렸다.[150] 그러나 중앙정보부 소속인 김동운이 그랜드 팔레스호텔에 지문을 남겼고, 일본 경찰이 그걸 확보한 이상 박 정권이 손바닥으로 하늘을 가리는 데에는 한계가 있었다.

이 사건으로 수세에 몰린 박 정권은 무임소 장관 이병희를 일본에 진사 사절로 보냈고, 김동운을 면직 조치하였으며, 11월 2일엔 국무총리 김종필이 박정희의 친서를 가지고 가는 것을 끝으로 이 사건을 해결하였다. 박정희의 친서는 '사과'와 '재발 방지'를 약속했다.[151]

이 사건의 해결을 위해 박정희가 일본 정계에 인맥이 있는 한국의 모 재벌 총수를 시켜 매수 공작을 했다는 주장도 있다. 재미 언론인 문명자는 일본의 시사주간지 『주간 포스트』 1977년 3월 11일자에 〈다나카, 오사노 겐지, 조중훈의 하코네 회담에 의혹 있다〉, 3월 18일자에 〈김대중 사건 무마 공작자금 3억과 밀약 내용을 폭로한다〉는 제목의 기사들을 기

---

150) 조선일보 70년사 편찬위원회, 『조선일보 70년사 제2권』(조선일보사, 1990), 1034쪽.
151) 이병천·이광일 편, 『20세기 한국의 야만 2』(일빛, 2001), 95쪽.

고하였다.[152]

일본의 『문예춘추』 2001년 2월호엔 박정희가 다나카에게 4억 엔이나 바쳤다는 글이 게재되었다. 필자는 다나카의 핵심 측근이었던 기무라 히로야스이거니와 그 내용이 너무도 세밀해 믿지 않기도 어렵게 되었다.[153] 이 글의 내용 가운데 4억 엔이라는 돈 못지 않게 기가 막힌 건 중간에 다리를 놓은 다나카의 측근을 접대하기 위해 서울에서 기생 5명을 공수해 갔다는 것이다.[154]

주범은 이후락인가, 박정희인가?

1973년 12월 3일 박정희는 10부 장관을 경질하는 개각을 단행하면서 중앙정보부장 이후락의 사표를 수리하고 그 자리에 법무부 장관 신직수를 앉혔다. 표면적인 이유는 김대중 납치 사건에 대한 문책 인사인 것으로 알려졌지만, "최대의 이유는 윤필용 사건과 관련된 것"이었다는 시각도 있다.[155]

김대중 납치 사건은 중앙정보부장 이후락이 윤필용 사건으로 잃은 신임을 만회하기 위해 저지른 무리수 또는 '과잉 충성'에 따른 단독 작품이라는 주장도 있지만, 그간 김대중은 여러 차례 박정희가 직접 지시한 것이라고 주장해왔다.[156]

1998년에 밝혀진 〈KT 공작요원 실태조사보고〉라는 중정의 극비문서에 따르면, 이 사건은 이후락의 지휘하에 총 46명이 9개조로 나뉘어 조

152) 문명자, 『내가 본 박정희와 김대중』(월간 말, 1999), 188쪽.
153) 기무라 히로야스, 〈"박정희, 다나카 총리에게 4억 엔 바쳤다": '문예춘추 전문입수' 27년 만에 드러난 김대중 납치 사건 한·일 유착 현장〉, 『신동아』, 2001년 2월, 138-150쪽.
154) 정동선, 〈'기쁨조' 5명 한국서 공수 '선물'도 듬뿍: 박정희, 다나카 진영 돈과 여자로 구워 삶았다〉, 『일요신문』, 2001년 1월 21일, 10-11면.
155) 이상우, 『박 정권 18년: 그 권력의 내막』(동아일보사, 1986), 207쪽.
156) 노가원, 『청와대 경호실: 군사 정권 30년 비사』(월간 말, 1994), 249-250쪽.

직적으로 저지른 범행이었다.[157] 이후락의 단독 작품으로 보기엔 석연치 않은 점이 많다. 박정희는 납치 요원들의 생활과 명예까지 책임지는 문서에 직접 서명하였기 때문이다.[158] 또 당시 중정 정보차장보였던 이철희도 1998년 인터뷰에서 김대중 납치에 대해 이후락에게 반대 의견을 냈으나, 이후락이 "나는 하고 싶어서 하는 줄 알아"라고 말했다고 증언하고 있다.[159]

---

157) 특별취재반, 〈'김대중 납치' 중정 조직적 범행: 본보, 안기부 극비자료 'KT 공작' 단독 입수〉, 『동아일보』, 1998년 2월 19일, 1면.
158) 특별취재반, 〈박 대통령 납치 요원 사후 관리〉, 『동아일보』, 1998년 2월 20일, 1면.
159) 특별취재반, 〈이후락 "무조건 김대중 데려와": 73년 당시 중정 차장보 이철희 씨 드디어 입열다〉, 『동아일보』, 1998년 2월 19일, 23면.

남북한의 동상이몽(同床異夢)

코페르니쿠스적 전환?

유신 이후 남북조절위는 1973년 3월 14일 평양에서 제2차 회의를 열었으나 아무런 공동성명이 없이 끝나고 말았다. 3월 21일 평양에서 열린 적십자회담 제5차 회의, 뒤이어 서울에서 열린 제6차 회의도 아무런 진전 없이 끝났다. 상황이 이렇게 되자 박정희는 "뒷걸음질치는 북한측에 쐐기라도 박으려는 듯"[160] 6월 23일 평화통일 외교정책에 관한 특별성명을 발표하였다. 후일 '6·23 선언'으로 불리는 이 특별성명은 7개 항목의 정책 지표를 제시하였다.

"① 평화통일의 노력을 계속 경주한다. ② 남북간에 서로 내정에 간섭치 않으며, 침략을 하지 않는다. ③ 남북 공동성명의 정신에 입각, 성실과 인내로 대화를 계속한다. ④ 긴장 완화와 국제 협조에 도움이 된다면

---

160) 김성진, 『한국 정치 100년을 말한다: 우리들이 꼭 알아야 할 한국 정치의 실상』(두산동아, 1999), 356쪽.

남북이 국제기구에 동시 가입한다. ⑤ 국제연합에의 동시 가입에도 반대하지 않는다. ⑥ 우리는 호혜평등의 원칙하에 모든 국가에 문호를 개방하며, 우리와 이념과 체제가 다른 국가에게도 우리에게 문호 개방을 촉구한다. ⑦ 우리의 기존의 유대 관계는 계속 공고히 해 나간다."[161]

박정희의 비서실장을 지낸 김정렴은 "종래의 '1민족 1국가 1정부' 론에서, 북한을 국가로는 인정하지 않으나 북한에 정부가 존재하고 있다는 현실을 인정하는 '1민족 1국가 2정부' 론으로 코페르니쿠스적 일대 전환을 도모한 것"이라는 평가를 내리고 있다.[162]

'남조선 깡패들과는 대화할 수 없다'

그러나 북한은 6 · 23 선언을 반기지 않았다. 그리고 8월에 김대중 납치 사건이 일어났다. 남북조절위 북측 공동대표 김영주는 8월 23일 성명을 통해 김대중 납치 사건과 6 · 23 평화통일 외교정책 성명을 이유로 남북조절위의 회담을 일방적으로 중단해 버렸다.

김영주는 "평화통일을 주장하는 애국적 민주 인사를 탄압하고 있기 때문에, 우리는 이후락을 비롯한 남조선 깡패들과는 마주 앉아 국가 대사를 논의할 수 없다"라고 주장했다. 또 6 · 23 선언에 대해서는 "2개 조선 노선의 공개적 선포"라고 단정짓고, 남한이 "남북대화의 간판으로 인민을 기만하고 민족분열을 고정화하여 2개의 조선을 조작하려 한다"라고 비난했다. 그렇게 함으로써 남한이 "남북공동성명을 완전히 뒤집어 엎었다"라는 것이었다.[163]

---

161) 김성진, 「한국 정치 100년을 말한다: 우리들이 꼭 알아야 할 한국 정치의 실상」(두산동아, 1999), 356쪽.
162) 김정렴, 「아, 박정희: 김정렴 정치회고록」(중앙 M&B, 1997), 208쪽.
163) 이상우, 「박 정권 18년: 그 권력의 내막」(동아일보사, 1986), 236쪽.

김성진의 주장

이에 대해 당시 청와대 대변인이었던 김성진은 다음과 같이 말한다.

"북한측이 남북대화를 거부하게 된 가장 큰 이유는……남북대화 그 자체가 그들이 기도했던 대로의 성과나 효과가 나타나지 않고 오히려 역기능만 초래한다고 판단한 데 있었다. 그들은 이른바 평화통일 3대 원칙을 남쪽에서 수용한 이상 미군 철수가 촉진될 것으로 기대했던 것이다. 그러나 그것이 불가능할 뿐만 아니라 오히려 남쪽의 자유로운 공개 사회의 생활 양식이 북쪽 대표들에게 확인되고 감화를 주게 되는 부작용이 생겨났기 때문에 이것을 차단하기 위해서라도 남북대화는 더 이상 필요가 없었던 것이다."[164]

이상우의 주장

그런가 하면 언론인 이상우는 북한의 '현실에 대한 판단 착오'가 남북대화 중단의 가장 큰 이유였다며 다음과 같이 말한다.

"북한은 서울을 몇 차례 와서 보고 남한 사회의 본질이 예상과는 분명히 다르다는 사실을 인식했다. 상부구조가 미제의 앞잡이들로 구성된 것도 아니고, 또 반정부적인 비판이 곧바로 공산주의에 직결하지 않는다는 것도 느꼈다. 반정부 세력이 오히려 공산주의 사상과 체제에 더욱 비판적이라는 사실도 파악했다. 그리고 남한에는 거지와 못먹어 굶주리는 사람들로 우글거리고 있다는 생각이 빗나갔음을 눈으로 보고 파악했다. 결국 북한 사람들은 서울을 직접 보고 난 다음, 오판에서 깨어났으며 대화

---

164) 김성진, 『한국 정치 100년을 말한다: 우리들이 꼭 알아야 할 한국 정치의 실상』(두산동아, 1999), 357-358쪽.

를 통해서는 통일전선전략을 성취할 수 없다는 결론 아래 조절위 회담을 깨뜨리고 만 것이었다."[165]

또 이상우는 "한국 대표들도 평양에 들어가 눈으로 보고서 새삼스러이 느낀 점이 많았다"라며 다음과 같이 말한다.

"그 중의 하나가 북한 사회의 빈틈없는 강력한 통치체제였다. 이 강력한 체제 속에서 북한 인민들은 김일성을 위대한 영도자로서 믿고 순종하고 있었다. 여기에는 반체제의 여지가 있을 수 없었다. 좀 극단적으로 이야기하자면 남한 당국자들은 북한의 질서정연한 사회·정치체제를 보고 소스라치게 놀랐다. 북쪽 사람들이 서울에 직접 와서 보고, 그게 아니었구나 하고 정신차린 것처럼 서울측도 평양에 가 보고서 느낀 점이 많았다. 특히 체제와 관련해서였다."[166]

김학준의 주장

김학준은 남한은 동·서독 관계를 염두에 둔 '2개의 코리아'론을 제창한 반면, 북한은 이에 반대하면서 '조선은 하나다'라는 구호를 외쳤는데, 바로 여기에서 근본적인 갈등이 잉태되었다면서 다음과 같이 말한다.

"이처럼 이해 관계가 날카롭게 대립된 상황에서도 북한이 남북대화를 깨뜨리지는 못했다. '대화를 통한 통일'이라는 민족의 염원을 저버렸다는 비난을 받고 싶지 않았기 때문이다."[167]

그런데 때마침 김대중 납치 사건의 책임자로 지목된 이후락이 남북조절위원회 서울측 공동위원장을 맡고 있는 걸 문제삼아 남북대화 단절을

---

165) 이상우, 『박 정권 18년: 그 권력의 내막』(동아일보사, 1986), 237쪽.
166) 이상우, 위의 책, 238쪽.
167) 김학준, 『북한 50년사: 우리가 떠안아야 할 반쪽의 우리 역사』(동아출판사, 1995), 279쪽.

선언하게 되었다는 것이다.[168]

김대중의 주장

당사자인 김대중은 1974년 4월 자신의 집을 방문한 미국 하버드대학의 교수 제름 크엔에게 다음과 같이 말했다.

"남북 쌍방의 정권이 대화를 간판으로 자기들이 원하는 것을 손에 넣은 지금, 대화에 진전은 없을 것이다.……한국의 박 정권은 통일을 간판으로 정권 강화를 시도하고, 북의 김일성 정권은 통일을 간판으로 국제 사회에서 남과 대등한 지위를 획득한 지금에 와서는 이 이상 대화를 진전시킬 필요가 없게 되었다."[169]

168) 김학준, 「북한 50년사: 우리가 떠안아야 할 반쪽의 우리 역사」(동아출판사, 1995), 279쪽.
169) 林建彦(하야시 다께히꼬), 최현 옮김, 「한국현대사」(삼민사, 1986), 331-332쪽에서 재인용.

10·2 시위와 언론자유수호선언

'주여, 어리석은 왕을 불쌍히 여기소서'

유신 이후 민주화운동 진영은 때만 기다리면서 조용히 숨죽이고 있었다. 대학가에서 음성적인 지하 유인물 투쟁은 있었지만 표면으론 나설수 없었다. 그 기간이 6개월이나 되었다. '반(反)유신투쟁이 표면에 드러난 최초의 사건'[170]은 1973년 4월 22일 새벽 5시 남산 야외음악당에서 있었던 부활절 연합예배에서 일어났다.

목사 박형규 등이 중심이 되어 부활절 기도회 행사가 끝날 무렵 "주여, 어리석은 왕을 불쌍히 여기소서" 등의 문구가 적힌 전단을 행사장 한쪽에서 살포한 것이다. 그로부터 70여 일이 지난 후, 그 전단의 제작 살포에 관련된 목사 박형규, 전도사 권호경 등이 내란 예비음모 혐의로 구속되었다.[171] 박 정권의 대응은 한 마디로 코미디를 방불케 했다. 구속자

---

170) 서중석, 〈3선 개헌 반대, 민청학련투쟁, 반유신투쟁〉, 『역사비평』, 창간호(1988년 여름), 80쪽.

들의 변호인을 맡았던 한승헌이 그걸 날카롭게 지적했다.

"찬송가와 성경을 들고 모이는 부녀자 중심의 신자들이 폭력으로 방송국과 정부 청사를 점령하고 정부 전복을 하려 했다는 것이니, '각본' 치고는 수준 이하였다. 그런데도 1심 재판부는 두 사람에게 징역 2년의 실형을 선고해서 놀라게 했고, 이틀 후에 피고인들을 보석으로 풀어 주어서 다시 한번 어리둥절하게 했다."[172]

반유신투쟁을 전개한 지하 신문

유신 이후 대학가의 지하 유인물 투쟁은 그 투쟁의 속성상 널리 알려지기 어려웠고 그래서 정당한 평가를 받지 못하고 있다. 대표적인 지하 신문 투쟁으론 10월 유신 직후 전남대에서 김남주와 이강 등이 중심이 되어 제작·배포한 『함성』을 들 수 있다. 이들은 『함성』을 제작해 전남대와 조선대 및 광주 시내에 소재해 있는 5개의 고등학교에 배포했는데, 당시 『함성』은 전국 최초의 반유신투쟁 지하 신문이었다. 이들은 1973년 2월에는 전국적인 규모의 반(反)유신투쟁을 전개하기 위해 다시 지하 신문인 『고발』을 제작하다 그 해 3월 김남주·이강·박석무 등 10여 명이 체포, 구속되었다.[173]

서울에서 일어난 유신 이후 첫 번째 지하 신문 투쟁은 1973년 5월 24일 중앙정보부가 발표한 'NH회 그룹 학원침투 간첩단 사건'이었다. 이는 사실은 고려대에서 유신체제의 허구성을 폭로한 『민우』라는 지하 신문

---

171) 한승헌, 『불행한 조국의 임상노트: 정치재판의 현장』(일요신문사, 1997), 128쪽.
172) 한승헌, 위의 책, 130쪽. 이 사건의 결말에 대해 한승헌은 다음과 같이 말한다. "박 정권도 사라지고 5공이 저물도록 열리지 않던 항소심이 1987년 6월항쟁 다음해 5월 27일에야 선고공판을 열었다. 판결 주문은 무죄였다. 재판 시효인 15년이 거의 다 될 무렵에, 그것도 민주화의 열기가 넘치던 시점에서 얻어낸 '승리'였다."
173) 〈김남주〉, 강준만 외, 『시사인물사전 6』(인물과사상사, 2000), 13-14쪽.

박정희 유신체제 이후 '반유신투쟁'의 신호탄이 된 서울대 10·2 시위.

에 대한 탄압이었지만,[174] 박 정권은 시국 사건에 대해선 자유로운 창작의 자유를 발휘해 웬만하면 '간첩단 사건'으로 몰았고 또 그렇게 하기 위해 살인적인 고문을 밥먹듯이 저지르게 되었다. 6월 22일 『기자협회보』에 "차라리 이런 신문은 하나도 남김없이 없애는 것이 좋다"라는 내용을 포함, 글을 실었던 한 언론학 교수가 이로 인해 투옥되었고, 『기자협회보』는 주간에서 월간으로 전환하도록 강요당했다.[175]

서울문리대 10·2 시위

'반유신투쟁의 첫 번째 큰 봉화'라 할 수 있는 사건은 10·2 시위였

---

174) 정발기, 〈NH와 '민우지' 사건〉, 엄혜정 외, 『시험: 나의 20세기 공모 당선작』(선인, 2000), 191~239쪽.
175) 한국기독교교회협의회 인권위원회, 『1970년대 민주화운동 (I)』(한국기독교교회협의회, 1987), 289~290쪽.

다.[176] 10월 유신 1주년이 가까워 오던 10월 2일 서울대 문리대생들 5-6백여 명이 집결하여 유신헌법 철폐를 주장하며 유신 이후 최초의 시위를 벌인 것이다. 10 · 2 시위는 8월의 김대중 납치 사건의 영향을 받은 바 컸다. 당시 구호 중엔 '김대중 씨 납치 진상을 밝혀라' 도 들어 있었다.[177] 박 정권은 1백80명을 경찰서로 연행하여 20명 구속, 23명 제명, 18명 자퇴, 56명 무기정학 처분을 내렸다. 그러면 10 · 2 시위는 어떠했는가?

"1973년 10월 2일 오전 11시, 서울문리대 각 강의실 복도에서 '도서관에 불이 났다' 고 외치는 소리가 들렸다. 이 소리를 듣고 강의실에서 학생들이 몰려나오기 시작했다. 그러나 그 어디에도 불은 나 있지 않았다. 이는 학생회 간부들이 학생들을 긴급하게 소집하기 위해 외친 소리에 불과했다. 상황은 차분히 준비된 집회를 허용하지 않고 있었던 것이다. 학생들이 몰려나오자 학생회는 이들을 교내에 있는 4 · 19 기념탑 앞으로 인도하였다. 여기에서 그들은 준비된 비상총회를 열었다. 그리고 더 이상 좌시하고 침묵을 지킬 수 없는 상황을 직시하고 자유민주체제 확립 등을 요구하는 선언문을 낭독하였다."[178]

이 시위는 언론에 보도되지 않았다. 이 시위는 검열관에게 보도 불가 판정을 받았고, 『동아일보』는 시위 기사 부분을 백지로 발간하였다. 5일 후인 10월 7일 『동아일보』 기자 50여 명은 '보도 가치가 있는 기사를 지면에서 다룰 것' 을 요구하며 편집국에서 철야농성을 벌였는데, 이 농성 덕분에 그 기사는 10월 8일에서야 아주 작게나마 보도될 수 있었다. 또한 10월 19일 『경향신문』 견습 기자들은 외부 압력 배제 · 사실 보도 충실 · 인사쇄신 · 급료인상 등을 요구하였다.

---

176) 서중석, 〈3선 개헌 반대, 민청학련투쟁, 반유신투쟁〉, 『역사비평』, 창간호(1988년 여름), 80쪽.
177) 김충식, 『정치공작사령부 남산의 부장들 2』(동아일보사, 1992), 84-85쪽.
178) 한국기독교교회협의회 인권위원회, 『1970년대 민주화운동 (I)』(한국기독교교회협의회, 1987), 274쪽.

제2, 제3 언론자유수호선언

11월 5일 오전 11시, 각계의 저명 인사 11명이 서울 YMCA 회관에서 시국 선언을 하였다. 강기철, 계훈제, 김승경, 김재준, 김지하, 박삼세, 법정, 이재오, 이호철, 정수일, 조향록, 지학순, 천관우, 함석헌, 홍남순 등이 바로 그들이다. 또 이 날엔 경북대생 시위 사건이 있었고 서울사대생들이 동맹휴학을 결정하였다.

11월 5일 경북대생의 시위 사건과 서울 YMCA에서 있었던 시국 선언 낭독 사건이 보도되지 않자, 『동아일보』 기자들은 또 철야농성에 돌입하였으며 그 결과 이 사건은 다음 날 1단 기사로 보도되었다.

11월 15일 고려대생 2천여 명이 안암동 로타리에서 경찰과 충돌하여 투석과 최루탄전을 벌였으며, 한국신학대 학장 김정준 등 교수 10명은 학생들의 주장을 지지하는 의미에서 삭발을 단행하였다.[179] 11월 20일 『동아일보』 기자들은 언론자유수호 제2선언문을 채택하였으며 이는 『한국일보』, 기독교방송, 『조선일보』, 문화방송, 『중앙일보』, 『신아일보』 등 다른 언론사로 확산되었다.

이에 대응하여 박 정권은 11월 중순부터 신문 발행인과 편집국장을 대상으로 서명 공작을 시작하였는데, 그건 '국내외의 여러 가지 어려운 사정을 인식하고 유신체제나 안보에 위해되는 기사는 싣지 않는다' 는 것을 주요 내용으로 하는 '자율지침' 이었다. 상당수의 발행인이 서명한 것으로 알려지자 『동아일보』 기자들은 12월 3일 발행인 김상만에게 서명하지 말 것을 촉구하는 언론자유수호 제3선언문을 채택하였다.

---

179) 이재오, 『해방 후 한국학생운동사』(형성사, 1984), 326쪽.

고등학생들도 참여한 시위

시위가 계속되자 박 정권은 각 대학으로 하여금 11월 27일부터 12월 1일에 걸쳐 조기방학을 실시하도록 지시했는데, 12월의 시위 상황에 대해 이재오는 다음과 같이 말한다.

"12월에 들어서자 1일 경북대생 1천여 명이 경찰과 투석전을 벌였고, 영남대, 부산대생 1천여 명도 경찰과 대치, 투석전을 벌여 지방 대학생들이 더욱 강렬하게 싸우게 되었다. 이 날 서울에서도 상명여사대, 동덕여대, 경희대, 서울법대생들이 성토대회와 가두시위를 벌였다. 3일은 이화여대생 1천여 명이 검은 리본을 달고 시청 앞에 모여 애국가와 함께, '우리의 소원은 자유, 꿈에도 소원은 자유' 라는 노래를 부르며 시위를 하였고, 전남대, 가톨릭대, 명지대, 항공대, 국제대생들이 성토대회와 가두시위를 하였다. 4일에는 효성여대가 시위에 나섰으며 5일에는, 10월 유신 이후 고등학생으로서는 처음으로 광주일고생들이 시위를 하였다.……광주일고의 시위에 이어 서울 각 고등학교에서도 시위의 분위기가 번지자 에너지 파동을 이유로 12월 4일부터 조기방학에 들어가 버렸다."[180]

언론계와 대학가의 이와 같은 민주화 열기는 12월 24일 개헌 청원 100만인 서명운동의 선언으로 이어졌다.

---

180) 이재오, 『해방 후 한국학생운동사』(형성사, 1984), 327쪽.

서울법대 교수 최종길 의문사

중앙정보부의 엉터리 발표

1973년 10월 16일 서울법대 교수 최종길은 수사중인 간첩 사건에 대해 협조해 달라는 요청을 받고 중앙정보부에 자진 출두했다. 그로부터 9일 후인 10월 25일 중앙정보부는 다음과 같이 발표했다.

"서울법대 최종길 교수는 19일 새벽 1시 30분경 중정 남산분청 7층에서 유럽거점 간첩단 사건 관련 수사를 받던 중 동베를린에 갔다온 사실이 밝혀지자 양심의 가책을 못 이겨 화장실 창문을 통해 투신 자살했다."

그러나 투신 자살했다는 장소의 현장 사진 한 장 없었으며, 최종길이 간첩이었음을 입증할 구속영장이나 자술서 하나 제시되지 않은 발표였다. 사망한 지 6일 뒤에 가족들은 검시에도 참여하지 못하고 장례마저도 소리없이 비밀리에 치러야 했다.[181] 중앙정보부는 그와 동시에 '유럽거

---

181) 임창룡, 〈민주열사 열전 ③ 최종길 서울법대 교수: "유신 사죄" 외친 참지식인〉, 『서울신문』, 1998년 8월 20일, 6면.

점 대규모 간첩단 적발' 이라는 발표를 함으로써 언론의 관심을 그 쪽으로 돌렸다. 의문사에 대한 항의와 진상규명 요구가 빗발쳤지만 박 정권은 묵살했다.[182]

입에 재갈이 물린 언론이 굳게 침묵하고 있는 상황에서 눈 하나 깜짝할 박 정권이 아니었다. 그 날조된 사실을 발표하던 기자회견은 중앙정보부 차장 김치열이 주관했는데, 이 기자회견에 참석한 기자들에겐 "현금 신권으로 20만 원"이 든 중앙정보부의 흰 봉투 촌지가 하나씩 뿌려졌다.[183]

지하 유인물과 미국의 반발

중앙정보부의 발표가 나오기 전, 최종길이 숨진 이틀 후 중앙정보부가 그의 죽음을 추락사로 위장·은폐하고 있다는 내용의 지하 유인물이 재야를 중심으로 배포되었다. '1973년 10월 21일자'로 발행일이 인쇄된 이 A4 용지 크기의 유인물의 제목은 '타도'인데, 이는 70년대 유신 치하에서 재야 운동가들을 중심으로 비정기 유인물로 1천여 장씩 뿌려지곤했다. 『타도』지는 "격렬한 용어와 폭로적 내용으로 70년대 당시 재야 운동가들에게도 신선한 충격이었다."[184]

유인물은 〈한국 중앙정보부 서울법대 최종길 교수를 무참히 죽였다〉라는 제목의 필사본으로 "중정은 최 교수를 빨갱이로 몰아 5국 지하실 유치장 옆 살인 고문실에서 무참히 죽여 놓고 시체를 승강기에 싣고 5국 5층 화장실에 끌고 가서 창문 밖으로 던져 자살로 가장한 천인공노할 만행을 자행했다"라고 말하고 있다.

182) 김희경 외, 『어처구니없는 한국현대사』(지성사, 1996), 159-160쪽.
183) 최종선, 『산자여 말하라: 나의 형 최종길 교수는 이렇게 죽었다』(공동선, 2001), 160쪽.
184) 민주화운동기념사업회 사무처장 문국주가 2002년에 회고한 말. 김남권, 〈최종길 교수 의문사 폭로 유인물 발견〉, 『내일신문』, 2002년 2월 15일, 23면에서 재인용.

또 '살인 고문 시간 19일 오후 1시-2시', '시체 던진 시간 19일 밤 10시 40분', '시체 던진 장소 5국 지하 유치장 입구 계단 옆' 등 세부적인 내용도 담겨 있어, 이를 『타도』에 알려준 내부 고발자가 있었던 것으로 보인다.[185] 사건의 진상을 알고 있던 미국의 반발도 만만치 않았다. 미국 『워싱턴 포스트』의 기자를 지낸 돈 오버도퍼는 다음과 같이 말한다.

"미 CIA 서울지부 책임자였던 도널드 그레그는 최종길 교수 의문사에 대해서 거세게 항의하고 더 이상 이후락과 함께 일하지 않을 것이라고 청와대에 통보했다. 그로부터 한 주 후 박 대통령은 이후락을 경질했고 신직수 법무부 장관을 그 자리에 앉혀 중앙정보부의 개혁을 도모했다."[186]

이후락은 12월 3일에 경질되었다. 그 날 10부 장관이 동시에 바뀌었다. 물론 후일의 역사가 입증하지만, 그건 '개혁'이 아니었다. 무자비한 인권유린에 관한 한, 신직수의 중앙정보부나 이후락의 중앙정보부나 난형난제(難兄難弟)였기 때문이다.

동생 최종선의 '양심 선언' 수기 작성

최종길은 왜 그런 억울한 죽음을 당해야 했던 걸까? 최종길은 당시 유신독재를 공공연히 비판하는 양심적인 지식인이었다. 그는 10·2 학생 시위 이후 서울법대생들이 시위를 벌이고 동맹휴교를 하고 있는 것과 관련하여 모이게 된 법대 간부교수 6인 협의회에서도 "이번에는 교수도 마땅히 학생들 편에 서야 하며, 학생들을 처벌할 수는 없다"라고 주장하기도 했다.[187] 또 그는 연행된 학생들이 혹독한 고문을 받는 것에 대해 서울

---

185) 김남권, 〈최종길 교수 의문사 폭로 유인물 발견〉, 『내일신문』, 2002년 2월 15일, 23면.
186) Don Oberdorfer, 이종길 옮김, 『두개의 한국』(길산, 2002), 81~82쪽.
187) 한국기독교교회협의회 인권위원회, 『1970년대 민주화운동 (I)』(한국기독교교회협의회, 1987), 279쪽.

대 총장이 대통령에게 항의해야 한다고 주장해 서울대 담당 중앙정보부원과 격렬한 언쟁을 벌인 적도 있었다.[188]

당시 중앙정보부 감찰실 직원으로 있던 최종길의 동생 최종선(미국 거주)은 형의 죽음에 대한 진상을 알게 되었지만, 감히 발설할 수가 없었다. 당시 상황에선 얼마든지 쥐도 새도 모르게 살해당할 위험이 있었을 뿐만 아니라, 최종선까지 간첩으로 조작될 수 있었기 때문이다. 그런 세상이었다. 그런 위험을 감지한 최종선은 사건 후 중앙정보부의 감시를 피하기 위해 친구가 있던 세브란스병원 정신병동에 약 1주일간 입원해 먼 훗날에 공개할 걸 염두에 두고 사건의 진상을 기록한 수기를 썼다. 그리고 의심받지 않기 위해 계속 중앙정보부에 근무했다. 최종선은 자신의 '양심 선언' 수기에서 당시 상황에 대해 다음과 같이 말했다.

"내가 달려가 호소할 곳이라곤 이 넓은 천지에 단 한 곳도 없는 것이었다. 여론이 조성되어야, 국민이 알아야 여론이 조성되고, 여론이 조성되어야 그 여론의 보호를 받으며 싸울 수 있지 않겠는가? 그야말로 그들 말대로, 섣불리 경솔히 굴다간 여론이 조성되기도 전에 우리만 오욕 속에 개죽음 할 뿐인 것이다. 이 나라 이 시대를 사는 사람이면 그 누구도 나와 같은 상황에서는 마찬가지일 수밖에 없을 것. 이것이 바로 우리가 살고 있는 시대이며 현실인 것이다. 아니 저명한 교수의 현실이, 정보부원의 현실이 이 정도인데 하물며 평범한 시민의 경우에서이랴."[189]

천주교정의구현전국사제단의 추모 미사

사건 발생 후 14개월이 지난 1974년 12월 18일, 명동성당에선 천주교

---

188) 최종선, 『산자여 말하라: 나의 형 최종길 교수는 이렇게 죽었다』(공동선, 2001), 112쪽.
189) 최종선, 위의 책, 44쪽.

정의구현전국사제단이 주최한 '최종길 교수와 떠난 모든 형제를 위한 추모 미사'가 열렸다. 이 미사에서 천주교정의구현전국사제단은 최종길이 전기고문 도중 조작 실수로 심장파열을 일으켜 사망했을 것이라는 의혹을 강력히 제기하였다.[190]

이는 "그 얼마 전, 고 최 교수의 하버드 법대 교환교수 시절 친구이며 동료로서 당시 미국 대통령 카터의 인권 자문역이었던 하버드 법대의 제롬 코헨 교수가 『워싱턴 포스트』에 최 교수 죽음 1주기를 즈음하여 '한국의 우울한 일주년'이라는 제하의 특별기고를 통하여 최 교수 사건에 대한 의혹을 강력히 제기하며 박정희 군사독재의 인권유린상을 강도 높게 비판하는 기사가 대서특필됨으로써 사제단은 이 기사를 접하고" 그런 추모 미사를 준비하게 된 것이었다.[191]

그러나 당시 광기(狂氣)에 사로잡힌 박정희의 철권통치 체제하에선 그런 의혹 제기는 큰 반향을 불러일으킬 수 없었다. 사흘 뒤 『뉴욕타임스』가 '의문의 죽음'을 보도하는 것으로 그칠 수밖에 없었다.[192] 최종선은 추모 미사가 끝난 직후 명동성당의 천주교정의구현전국사제단을 찾아가 '양심 선언'이라고 밝히고 자신의 기록을 넘겨 주었다.[193]

의문사진상규명위원회가 밝힌 진상

사제단은 사건 발생 후 15년 만인 1988년 10월 6일 서울지검 검사장 앞으로 최종길 사인 진상규명을 위한 고발장을 제출하였다. 사제단은 "최 교수 사인을 은폐하는 과정에서 간첩 누명이 씌워졌다"면서 당시 사

---

190) 임창룡, 〈민주열사 열전 ③ 최종길 서울법대 교수: "유신 사죄" 외친 참지식인〉, 『서울신문』, 1998년 8월 20일, 6면.
191) 최종선, 『산자여 말하라: 나의 형 최종길 교수는 이렇게 죽었다』(공동선, 2001), 265쪽.
192) 김충식, 『정치공작사령부 남산의 부장들 2』(동아일보사, 1992), 60쪽.
193) 김충식, 위의 책, 60쪽.

건 관련자로 중앙정보부장 이후락 등 22명을 고발하였다. 고발은 15년 전 최종선이 쓴 양심 선언 수기가 바탕이 되었다. 최종선의 수기는 『평화신문』 1988년 10월 15일자에 최초로 공개 보도되었다.

그러나 검찰은 공소 시효 만료일인 10월 18일 "최 교수가 타살됐다는 증거도 자살했다는 증거도 찾지 못했다"라고 매듭지었으며, 간첩 혐의에 대해선 "구체적인 증거가 없다"라는 정도만 밝혔다.[194] 김대중 정권 들어 구성된 의문사진상규명위원회는 2002년 4월 30일 최종길의 사망 경위를 중앙정보부가 조직적으로 은폐 조작했고, 중정이 유족을 찾아가 3천만 원의 보상금 등을 제안하며 가족을 회유하기도 했다고 밝혔다.[195]

의문사진상규명위원회는 한 달 후인 5월 29일엔 당시 중앙정보부가 최종길이 연루되었다고 주장했던 '유럽거점 대규모 간첩단 사건'은 중앙정보부가 조작한 사건이라고 밝혔다.[196] 이 날 최종길의 아들 최광준(경희대 법대 교수)은 "중정이 아버지를 숨지게 한 뒤 대규모 유럽간첩단 사건의 조직원으로 발표해 막대한 물적·정신적 피해를 입었다"라며 국가와 당시 중정 수사관을 상대로 10억 원의 손해배상 청구소송을 서울지법에 냈다.[197]

---

194) 임창룡, 〈민주열사 열전 ③ 최종길 서울법대 교수: "유신 사죄" 외친 참지식인〉, 『서울신문』, 1998년 8월 20일, 6면.
195) 신윤동욱, 〈"최종길 교수 사망 경위 중앙정보부서 사후 조작"〉, 『한겨레』, 2002년 5월 1일, 14면.
196) 최혜정, 〈최종길 교수 죽음 부른 '유럽거점 간첩단 사건': "간첩도 연루자도 없었다"〉, 『한겨레』, 2002년 5월 30일, 19면.
197) 류이근, 〈최종길 교수 유족 10억 소송〉, 『한겨레』, 2002년 5월 30일, 19면.

오일 쇼크

갑자기 어두워진 밤거리

1973년 10월 6일 이스라엘과 이집트 사이에 터진 제4차 중동전쟁의 여파는 기름 한 방울 나지 않는 한국에 가공할 공포로 다가왔다. 원유값이 폭등했기 때문이다. 10월 16일 원유값은 70%나 올랐고, 12월 23일에는 다시 128% 인상되었다. 국제 원자재가도 덩달아 뛰었다.

배럴당 1달러 75센트 하던 원유값은 2년도 못 되는 사이 배럴당 10달러까지 다섯 배 이상 치솟았으니 기름 한 방울 안 나는 나라에서 그 충격이 얼마나 컸겠는가. 정부는 유류 공급을 17%로 줄이고 제한적으로 송전 조치를 단행하였다. 공장들은 일제히 조업 단축에 들어갔다. 11월 8일자 신문들에 실린 대형 기사의 제목들은 당시 상황을 잘 말해 주고 있다. 〈차량, 난방 유류 5% 절감〉, 〈걷기운동〉, 〈대낮 소등 생활화〉, 〈광고 네온사인 규제〉, 〈목욕탕 신규허가 억제〉, 〈관광, 레저여행도 규제〉, 〈계속 악화되면 택시 풀제 등 2단계 조치 실시〉.[198]

기름을 기다리는 긴 행렬. 1973년 10월에 제4차 중동전쟁이 터지며 원유값이 폭등하자, 기름 한 방울 나지 않던 한국에는 일대 혼란이 일었다.

　거리엔 가로등이 꺼졌고, 상점의 네온사인도 꺼졌다. 밤거리는 어두워져 사람들은 서둘러 귀가했으며 가정에서도 전등을 한 등씩만 켰다.[199] 연탄파동까지 일어났다. 정부는 대전에서 상당한 효과를 보았다는 보고

198) 오원철, 「에너지 정책과 중동진출」(기아경제연구소, 1997), 334쪽에서 재인용.
199) 홍하상, 「카리스마 vs 카리스마 이병철 · 정주영」(한국경제신문, 2001), 186쪽.

를 받고 구멍이 10개 뚫린 10공탄의 중량을 줄이라고 전국적으로 지시를 내렸던 것이다. 그러나 곧 항의가 빗발쳤다. 하루에 연탄 3개면 되던 것이 연탄의 중량이 줄어들면서 4개씩 들어가게 되었다는 것이다.[200]

'쓰레기통에 휴지가 없다'

이듬해 3월 석유수출국기구(OPEC)가 원유가를 3개월간 동결하겠다고 발표해 한숨 돌리긴 했으나, 그 파동의 영향은 1974년에 물가가 42.1%나 인상되는 최악의 결과로 나타났다.[201] 이와 관련, 『세계일보』 논설위원 주태산은 다음과 같이 말한다.

"옛 경제관료들은 '1974년 말'은 한국경제 성장사에 가장 아찔했던 기억이라고 말한다. 이즈음 한국은 사실상 부도 직전이었다. 그 해 수출에만 의존하던 한국경제가 오일 쇼크로 휘청한 후 국제수지는 최대의 적자였다. 물가는 미친 듯 뛰어 60년대 이후 최고였는데, 급기야 외환보유고마저 바닥을 드러내고 있었다."[202]

『한국일보』 1974년 4월 11일자에 실린 〈쓰레기통에 휴지가 없다〉는 제목의 기사는 울적한 표정을 짓고 있는 재건대원(넝마주이)의 사진과 함께 다음과 같이 말하고 있는데, 이게 당시의 위기 상황을 더 실감나게 말해 주는 것인지도 모르겠다.

"쓰레기통에 휴지가 귀해졌다. '에너지' 파동 이후 각 가정의 알뜰 살림 작전과 관공서, 회사 등의 종이 절약운동이 빚은 결과이다. 휴지 수집으로 생계를 이어가는 재건대원들의 수집량은 작년 가을보다 절반 가량으로 줄었으며 일반 고물상은 그만큼 휴지 매수량이 늘었다. (중략) 관공

---

200) 주태산, 『경제 못살리면 감방간대이: 한국의 경제부총리, 그 인물과 정책』(중앙 M&B, 1998), 104쪽.
201) 주태산, 위의 책, 105쪽.
202) 주태산, 위의 책, 121~122쪽.

서에서는 심지어 비밀문서까지도 소각 처분하는 대신에 절단기로 잘게 썰어 제지공장으로 보낸다는 이야기다. 재건대원들은 자기들말고 휴지를 줍는 사람을 '자작꾼'으로 부른다. 청소인부뿐만 아니라 휴지를 전문으로 하는 '자작꾼'이 무척이나 늘었다는 것이다."[203]

신문과 방송에 미친 영향

오일 쇼크는 방송에도 적잖은 변화를 일으켰다. 1973년 11월 26일부터 TV 방송 시간이 단축 실시되었으며, 12월 3일에는 일요일을 제외한 모든 요일의 아침 방송이 전면 중지되었다. 또 새마을정신을 강조하는 이른바 '새마을 방송'이 대폭 강화되었다.[204] 오일 쇼크는 궁극적으로 신문들에 부정적으로만 작용한 건 아니었다. 오일 쇼크로 수출에 큰 타격을 입게 된 기업들이 내수 시장에 눈을 돌리면서 치열한 광고 경쟁이 전개되었고, 이는 신문들의 수입을 늘려주는 효과를 가져 왔기 때문이다.

1969년의 10대 광고주가 대부분 제약회사였음에 비해 1974년에는 소비재 산업 부분의 기업으로 변화된 것도 그런 사정과 무관치 않다고 볼 수 있을 것이다. 물론 광고비도 크게 늘었다. GNP 대비 광고비 비율로 따져 볼 때 1970년에서 1973년까지는 0.4%선에 머물렀으나, 1974년에 0.63%로 크게 뛰었다(1975년 0.71%, 1976년 0.77%, 1977년 0.77%, 1978년 0.81%).[205]

---

203) 이승호, 『옛날 신문을 읽었다 1950-2002』(다우, 2002), 61-63쪽에서 재인용.
204) 임영태, 『대한민국 50년사 2』(들녘, 1998), 109-110쪽.
205) 문종대, 〈1970년대 신문산업의 자본축적 과정〉, 김왕석 외, 『한국언론의 정치경제학』(아침, 1990), 205-206쪽.

TV 일일연속극 붐

수신기 대중화, 내용의 통속화

60년대 말부터 전자 산업의 육성과 3개 방송사 체제의 상호 치열한 경쟁으로 TV 수신기는 급속히 늘기 시작했다. TV 수신기는 1966년 4만 3천여 대, 1967년 7만 3천여 대, 1968년 11만 8천여 대, 1969년 22만 3천여 대, 1970년 37만 9천여 대에 머물러 있던 것이 1972-73년에 1백만 대를 돌파하였으며, 1975-76년에 2백만 대, 1977-78년에 4백만 대, 1983-84년에 8백만 대를 돌파하는 기록을 세우게 된다.

TV가 점점 대중화되면서 그 내용도 변화의 길을 걷게 되었다. 부유층만이 TV 수신기를 보유할 수 있었을 때엔 아무래도 중상층 취향을 고려해야 했으나 점점 더 그럴 필요가 없게 되었다. 수신기 대중화에 따른 내용의 통속화가 시도된 것이다. 그런 변화를 단적으로 보여 준 것이 1973년에 나타난 일일연속극 붐이었다.

한국 최초의 일일연속극은 1964년에 방영된 TBC의 『눈이 나리는데』

였다. 이는 기술적 한계 때문에 스튜디오에서 사전에 녹화한 것이 아닌 생방송으로 제작되었다. 제작 여건상 무리를 범한 것으로 25회로 막을 내릴 수밖에 없었다. 1969년 1월 표준녹화기의 도입으로 기술적인 어려움이 해결되자, 1969년 5월 KBS의 『신부 1년생』이 태어났고, 1969년 8월 8일에 개국한 MBC TV는 개국하면서 집중적으로 일일극을 편성하기 시작했다.

TBC 『아씨』의 인기

TBC의 『아씨』(임희재 극본, 고성원 연출)는 1970년 3월 2일부터 1971년 1월 9일까지 253회 방영되었는데, 당시로선 엄청난 인기를 누렸다. 1930년대부터 1950년대에 이르는 30년 동안을 시대적 배경으로 삼은 『아씨』는 지체가 높고 체통을 내세우는 양반댁으로 시집 온 아씨(김희준 분)가 남편의 무절제한 외도와 냉대 속에서 기막힌 운명의 시련을 겪으면서도 인내와 순종으로 시부모를 봉양하고 지아비를 섬기는 내용이었다.

"당시 『아씨』가 TV 드라마 사상 굉장한 인기를 모을 수 있었던 것은 주인공 아씨가 자기 희생을 일관해 온 전형적인 한국 여성의 운명에 대한 깊은 동정과 공감 때문이었으리라.……『아씨』가 방영되는 동안 드라마가 시작되기 전에 문단속을 잘 하여 도둑을 조심하고 수도꼭지가 꼭 잠겼는지 다시 한번 점검한 뒤에 이 프로그램을 시청해 달라는 내용의 이색 스포트가 방송된 것은 방송사상 그 유례를 찾아볼 수 없는 일이었다. 한편 아씨의 남편(김세윤 분)이 한창 외도를 하며 아씨를 냉대하는 장면들이 속출되고 있을 무렵 부인들이 떼를 지어 방송국으로 몰려와 남편을 작품에서 죽여 주든가 개심시켜 달라고 사뭇 협박조의 간청을 하던 일도 『아씨』를 화제 머리에 올릴 때는 빼놓을 수 없는 토막 얘기가 될 것이다."[206]

『아씨』의 인기가 어찌나 대단했던지 『아씨』가 방송되는 중임에도 불구하고 각 영화사들이 경쟁적으로 영화화를 시도하여 드라마가 끝나기도 전에 이미 2편의 영화가 상영되었으며 주제가도 히트를 쳐 많은 사람들의 애창곡이 되었다.[207]

『아씨』의 대성공에 힘입어 1971년 일일연속극은 전년에 비해 9편에서 13편으로 늘었고 주간극은 12편에서 9편으로 줄었다. 20분을 주축으로 한 일일극이 오후 7시에서 10시에 이르는 주시청 시간대에 편성되어 '기간전략품목'으로 정착되었다.[208] 당연히 방송사들의 일일연속극 경쟁도 매우 치열했는데, 이에 대해 정순일은 이렇게 말한다.

"71년도의 TV 기본 편성표를 보면, KBS가 오후 8시 20분과 9시 30분, TBC가 오후 7시와 8시 30분과 10시 정각, MBC가 오후 7시 50분과 9시 10분과 9시 40분에 각각 20분 일일극을 월요일부터 금요일까지 편성해놓고 팽팽히 맞서 나갔으니, 참 대단한 싸움이었다. 반면 사회 교양 프로그램은 점점 줄어들고, 오락 프로그램 전성시대가 온 것이다."[209]

KBS 『여로』의 인기

KBS TV가 1972년 4월 2일부터 211회 방영한 『여로(旅路)』(이남섭 극본, 연출)의 인기도 대단했다.

"태현실의 바보 남편역인 장욱제의 연기는 인기도 올랐지만 어린이

---

206) 한국방송공사, 『한국방송사』(한국방송공사, 1977), 823-825쪽.
207) 고성원, 〈아씨와 작가 임희재〉, 한국TV방송50년위원회, 『한국의 방송인: 체험적 현장기록 한국방송 1956-2001』(커뮤니케이션북스, 2001), 440쪽.
208) 조항제, 〈1970년대 한국 텔레비전의 구조적 성격에 관한 연구: 국가정책과 텔레비전 자본간의 관계를 중심으로〉, 서울대학교 대학원 신문학과 박사학위 논문, 1994년 2월, 169쪽.
209) 정순일, 『한국방송의 어제와 오늘: 체험적 방송 현대사』(나남, 1991), 185-186쪽.

사이에 바보 흉내를 유행시켜 비난을 받기도 하였다. '여로'란 이름의 과자가 나오고 다방이 생겼다는 것도 이 드라마의 영향이 얼마나 컸던가를 보여 주는 한 단면이기도 하다."[210]

정순일은 『여로』의 인기에 대해 자신의 경험담을 다음과 같이 말하고 있다.

"덜 떨어진 바보 남편, 장욱제와 태현실 내외의 연기는 전국의 시청자를 매일 밤 7시 30분만 되면 웃고 또 울리고 했는데 수상기가 100만 대 가까이는 보급되었어도 그리 흔치는 않던 시절이라 극장에서도 이 시간이 되면 관객들이 영화를 보다 말고 휴게실로 몰려 가서 텔레비전을 보고 돌아오는 바람에 아예 20분간은 영화 상영을 중단했다는 얘기도 있었고, 저녁 시장은 텅텅 비고 상인들과 손님들이 모두 근처 다방으로 모였다느니, 이 시간에 도둑 맞는 집과 밥 태우는 집이 많았다느니 하는, 에피소드도 저으기나 많았다. 특히 고생 끝에 부산까지 내려오는데 성공한 태현실이 장욱제를 만날 날이 점점 가까워 오자, '오늘 만난다', '아니 내일이다' 하는 논쟁이 심심치 않게 벌어졌고, 국무회의가 열리기 전에 장관들이 한담을 나누는 자리에서도 자주 화제가 되었다는 소문이 들릴 정도였다. 작가가 시청자의 애간장을 태울 만큼 태우다 드디어 두 사람을 만나게 해준 날 저녁 필자는 고려대학 경영대학원 강의실에 있었는데 7시가 좀 지나면서 수강생이 한둘씩 휴게실로 빠져 나가더니 방송 시간이 다 되어서는 그만 강의실이 거의 텅 비어 버리던 광경이 지금도 눈에 선하다."[211]

MBC TV는 『여로』에 대항해 일일극 『새엄마』를 편성했는데, 『새엄마』는 1972년 8월 30일부터 1973년 12월 28일까지 방영되어 "우리 나

---

210) 한국방송공사, 『한국방송사』(한국방송공사, 1977), 582쪽.
211) 정순일, 『한국방송의 어제와 오늘: 체험적 방송 현대사』(나남, 1991), 196~197쪽.

라 일일극 사상 최장수를 기록"했으며, "이른바 '김수현 드라마' 시대를 알리는 드라마이기도 했다."[212]

일일극 홍수 사태

『여로』와 『새엄마』의 인기는 1973-74년에 일일극 홍수 사태라고 해도 좋을 정도로 많은 일일극을 낳게 했다. 3개 채널을 합해 하루 15편 안팎의 텔레비전 드라마가 방영되는 기현상을 빚기까지 했다. 이에 대해 조항제는 다음과 같이 말한다.

"당시 일일극은 '만들면 본다' 라는 불문율에 지배되어 상대사와의 경쟁은 제작 차원이 아닌 편성 차원에서 치열하게 전개되었다. '5분 앞당겨 편성하기' 나 드라마와 드라마 사이에 5분짜리 미니프로 편성 발상까지 실로 5분 단위의 경합 양상은 두 민방에서 치열하게 가열되었다."[213]

당시 시청자들은 왜 그렇게 일일극에 매료되었던 걸까? 또 방송사들은 왜 그렇게 일일극 제작에 집착했던 걸까? 조항제는 다음과 같이 말한다.

"이러한 일일연속극 성공의 저변에는 이전의……라디오 드라마 전성시대가 일반 수용층 특히 여성층에게 심어 놓은 '연속 드라마' 에 대한 애착과 습성이 있었다. 그러한 성향이 궤도 수정이 고려되지 않은 채 텔레비전에 적용됨으로써 한국의 텔레비전 드라마의 성격이나 방향을 결정짓고 만 것이다. 그러나 일일극의 붐 조성의 이유에는 일일극이 가진 대중성 외에 그 특유의 수익성이 존재했다. 즉 일일극은 5-6편을 하루에 녹화할 수 있어 단회로 끝나는 드라마에 비해 제작비 단가가 훨씬 싸

212) 최창봉 · 강현두, 『우리 방송 100년』(현암사, 2001), 222쪽.
213) 조항제, 〈1970년대 한국 텔레비전의 구조적 성격에 관한 연구: 국가정책과 텔레비전 자본간의 관계를 중심으로〉, 서울대학교 대학원 신문학과 박사학위 논문, 1994년 2월, 183쪽.

며 작가와 스튜디오 및 제작진의 부족을 최대한으로 커버할 수 있는 장점을 가지고 있었던 것이다. 그리고 제작비에 비해 시청자와의 접촉도가 높다는 이점 때문에 광고주의 환영을 받아서 너도나도 일일극의 스폰서가 되고 싶다고 나선 것, 시간이 짧아(20분 단위) 앞뒤의 프로그램 광고, 또 사이에 스포트 광고를 넣을 수 있었던 점도 중요한 이유가 되었다. 이처럼 일일극의 제작 동인은 철저하게 대중성과 수익성이었다."[214]

---

214) 조항제, 〈1970년대 한국 텔레비전의 구조적 성격에 관한 연구: 국가정책과 텔레비전 자본간의 관계를 중심으로〉, 서울대학교 대학원 신문학과 박사학위 논문, 1994년 2월, 182-183쪽.

장발과 미니스커트 단속

장발은 '외래·퇴폐 풍조'의 상징

1973년 3월 10일 미니스커트와 장발을 단속하는 개정 경범죄 처벌법이 발효되었다. 그러나 이 법이 발효되기 이전부터 미니스커트와 장발을 단속해왔으며, 장발의 경우엔 수년 전부터 단속 대상이었다.

장발은 70년대 내내 거의 매년 한 번씩 집중 단속령이 떨어지곤 했다. 치안국은 1973년 9월 14일, 1974년 3월, 1975년 4월 14일 연례행사식으로 장발족 일제 단속령을 시달했고, 박정희가 텔레비전을 시청하다가 장발에 대해 한 마디 툭 던지면 또 그것이 일제 단속령으로 둔갑하곤 했다. 일제 군인정신에 충만했던 박정희는 장발에 대해 강한 혐오감을 갖고 있었던 것이다. 정순일은 1971년에 일어난 한 가지 사례를 소개하고 있다.

"우선 장발을 누구보다도 싫어했고 그의 생일날을 축하하러 온 조카를 호되게 매질을 하며 꾸짖었다는 일화를 가진 박정희 대통령은 이 해 1월 22일 히피족을 절대 방송에 출연시키지 말라는 준엄한 지시를 내렸다. 이것이 시작이긴 하다. 그러나 71년 6월 16일의 문공부 장관 담화만큼 방송이 집중적인 비난을 받은 적은 방송사상 일찍이 없었다. 6월 3일에 출범한 김종필 내각의 문공 행정을 맡은 윤주영 장관은 16일에 가진 취임 후 기자회견에서 방송이 자숙해 주기를 강력히 요망하면서, '방송이 저속한 외래 풍조를 무분별하게 받아들여, 내용의 저속화는 물론 퇴폐 풍조를 확산하고 있다'고 호되게 꾸짖고……."[215]

재미있는 건 '저속한 외래 풍조'와 '퇴폐 풍조'의 상징적이자 대표적인 주범이 바로 장발이었다는 사실이다. 그래서 방송은 늘 '장발과의 전쟁'을 해야만 했다. 10월 유신에 따른 방송사 자율규제 속에도 '장발자의 출연 등을 극력 피할 것'이 들어 있었다.[216] 긴급조치 9호(1975년 5월 13일) 선포 이후, 그 해에만도 두 차례에 걸쳐 방송사에 장발자를 브라운관에서 제거하라는 지시가 내려갔다. 그래서 심지어 텔레비전 외화에 나오는 외국인 장발 출연자까지 삭제해야만 했다.[217]

박정희의 장발에 대한 혐오감

대통령이나 문공 장관의 꾸지람은 때로 TV에 찬바람을 몰고 오기도 했지만, 그건 어디까지나 일과성의 개인적인 '취향의 문제'였을 뿐 박 정권 치하의 TV는 철저하게 오락 중심이었고 그것이 국민의 '정치로부터의 도피'와 무관하다고 말하기는 어려울 것이다. 또 가끔 TV에 대해 찬바람을 일으키는 것이 TV의 그런 기능을 정당화하고 강화하는 데에 도움이 되었다고 보아야 할 것이다.

방송의 그런 이중적인 역할 때문이었는지, 내로라 하는 권력자들이

215) 정순일, 『한국방송의 어제와 오늘: 체험적 방송 현대사』(나남, 1991), 191-192쪽.
216) 문화방송, 『문화방송사사(1961-1982)』(문화방송, 1982), 170쪽.
217) 문화방송, 『문화방송 30년사』(문화방송, 1992), 741-742쪽.

다 박정희가 죽으라면 죽는 시늉까지 하는 세상이었는데도 방송사들은 박정희의 지시를 오랫동안 따르진 않았다. 박정희가 방송에 대해 한 마디 하면 찬바람이 불면서 벌벌 떨긴 했지만, 잠시 그러다가 다시 예전으로 돌아가곤 했다는 것이다.

그래서였는지 박정희는 70년대 내내 자주 장발자의 TV 출연을 금지시키라는 친필 메모를 내려보내곤 했다. 그러면 방송사에 한바탕 소동이 일곤 했다. 심지어 이런 일까지 있었다. 1978년 5월 23일 문화방송 이사회는 장발자의 방송 출연의 책임을 물어 상무 견책, TV 제작국장·심의실장 3개월 감봉 등의 징계를 내리고 전 직원에게 조발령까지 내린데다 각 부서 출입문마다 '장발자 출입금지' 라는 표지까지 부착하였다. 방송윤리위원회는 아예 6월 1일부터 장발자를 출연시킨 방송사와 본인을 처벌하겠다고 경고하였다.[218]

그룹사운드의 비애

장발 단속 기준은 '귀가 완전히 나오고 뒷머리가 와이셔츠 깃에 닿는지' 였는데,[219] 자유로운 생활과 더불어 자기 일에만 몰두하는 대중예술인들이 그 기준을 지키긴 어려운 일이었고 그래서 특히 그룹 활동을 했던 연주인들이 장발 단속의 대표적인 대상이 되곤 했다.

1972년 5월 9일 그룹사운드협회가 발족하면서 이미지 개선을 시도하겠다는 뜻으로 강조한 것도 바로 장발 문제와 관련된 것이었다. 이에 대해 월간 『대중가요』 1972년 6월호는 다음과 같이 보도하였다.

"'장발족은 우리가 아닙니다' 라는 캐치프레이즈를 내걸고 '장발족과

---

218) 조항제, 〈1970년대 한국 텔레비전의 구조적 성격에 관한 연구: 국가정책과 텔레비전 자본간의 관계를 중심으로〉, 서울대학교 대학원 신문학과 박사학위 논문, 1994년 2월, 118쪽.
219) 노재명, 『신중현과 아름다운 강산』(새길, 1994), 117쪽.

퇴폐 풍조 단속에는 반드시 Group Sound들을 들추고 있는 것은 진정 분하기 이를 데 없다'에 의견을 같이 한 국내 27개 보칼구룹단체의 결속을 굳건히 한 발족회가 지난 5월 9일 싸롱 닐바나에서 열려 주위의 시선을 끌었다.……사실상 이제까지는 정부당국은 물론, 일반 대중들도 장발족과 퇴폐 풍조에는 의례히 이들 구룹싸운드들에게 눈길을 돌려 왔다고 해도 과언이 아닐 것이다. 마치 반항아라도 보는 듯한 시선을 느껴왔다는 이들은 국민들의 인식 부족에서 오는 것이지 결코 위를 퇴폐 풍조의 샘플처럼 보는 것은 지독히 못마땅하며 우리 자신은 누구 못지 않은 음악인이며 생활인임을 자부하고 싶다고."[220]

미니스커트 단속 풍경

장발은 대중예술인들 뿐만 아니라 대학생들에게까지 널리 확산되었는데, 유신 이후엔 단속이 더욱 심해져서 아예 가위를 들고 거리로 나서는 경찰들이 많아졌다. 오른손엔 가위, 왼손엔 대자를 들었다. 대자는 미니스커트 단속을 위한 것이었다. 이영미는 다음과 같이 말한다.

"명동 거리에서 경찰들이 가위를 들고 장발을 단속하고, 대자를 들고 처녀들의 스커트 길이를 재면서 '경범죄'로 잡아들이는 우스꽝스러운 풍경까지 만들어냈다. 당시 경범죄 적용 범위는 무릎 위 17센티미터였다. 나는 그때나 지금이나 미니스커트를 입는 것보다, 남자 경찰들이 여자 치마 밑에 머리를 처박고 막대자 눈금을 들여다보고 있는 게 더 미풍양속을 해치는 일처럼 느껴진다."[221]

미니스커트의 경우, 무릎 몇 센티미터가 단속 대상이었는가에 대해

220) 노재명, 『신중현과 아름다운 강산』(새길, 1994), 117-118쪽에서 재인용.
221) 이영미, 『흥남부두의 금순이는 어디로 갔을까』(황금가지, 2002), 180-181쪽.

설이 분분하다. '무릎 위 17센티미터'였다는 주장도 있고, '무릎 위 10센 티미터'였다는 주장도 있지만,[222] 『동아일보』 1997년 12월 27일자는 〈추 억의 사진첩〉에서 "무릎 위 20cm 이상이면 무조건 즉심에 넘겨졌다"라 고 주장하고 있다.[223] 『뉴스플러스』 1999년 4월 1일자 기사도 '무릎 위 20센티미터'를 주장하고 있다.

"유신 정권은 73년 경범죄 처벌법을 만들어 미풍양속을 명분으로 미 니스커트를 단속하기 시작했다. '무릎 위 20cm'가 법이 정한 치마 길이 의 마지노선. 이로 인해 서울 등 대도시에는 자를 든 경찰과 용감한 여성 들이 숨바꼭질을 벌이는 진풍경이 벌어지곤 했다."[224]

그런데 말이야 바른 말이지만, 무릎 위 10센티미터나 20센티미터나 별 차이 없는 것일 수도 있는 일이었다. 단속을 당하는 여성이 배에 힘을 주 고 치마를 밑으로 좀 끌어내리겠다고 들면 몇 센티미터 늘리는 건 간단한 일인데다 대자를 들고 재보겠다고 달려드는 경찰이 무릎의 어느 지점에서 부터 재느냐에 따라 또 몇 센티미터는 왔다갔다할 수 있기 때문이었다.

초등학생들까지 단속 대상

박정희 치하의 한국은 '눈덩이 사태'가 자주 일어나는 사회였다. 박 정희가 한 마디만 하면 그것이 밑으로 전달되면서 '눈덩이 효과'가 일어 나 어이없는 과잉으로 치닫는 일이 자주 발생했다는 말이다. 앞서 절미 (節米)운동도 그런 경우였지만, 장발 단속의 경우에도 초등학교 학생들 까지 단속 대상으로 삼는 일이 벌어지기까지 했다. 『동아일보』 1976년 6월 16일자는 다음과 같이 보도하고 있다.

---

222) 노재명, 『신중현과 아름다운 강산』(새길, 1994), 117쪽.
223) 〈추억의 사진첩: "무릎 위 20cm 이상이면 즉심": 70년대 초 미니스커트 단속 풍경〉, 『동아일보』, 1997 년 12월 27일, 35면.
224) 이강필, 〈'미니스커트 단속' 그때를 아시나요〉, 『뉴스플러스』, 1999년 4월 1일, 70면.

"오전 10시 서울 광화문 네거리. 장발 단속 첫날인 16일 전국 경찰은 가두 삭발 등 대대적인 강제 단속을 펴는 대신 계몽과 권유 위주의 조용한 '장발추방운동' 을 벌였다. 치안본부는 단속에 앞서 15일 무리한 단속을 지양하고 적발된 장발자 가운데 공무원, 직장인, 학생 등 신분이 뚜렷한 사람에 대해서는 소속 기관장에게 통보, 조발토록 종용하고 다만 무직자, 청소년, 부랑아 등 히피성 장발족에 한해 조발을 권유, 조발 후 훈방하는 한편 이에 불응할 때만 즉심에 넘기도록 재차 지시했고 서울시경의 경우 16일 정오 현재까지는 한 건의 장발 단속 보고도 들어오지 않았다. (중략) 명동, 충정로 등 유흥업소가 많은 중부경찰서의 경우는 관내 이발소와 학교, 각 기업체 등에 전 직원과 종업원들을 솔선 조발시키도록 권장하는 전단 8천 장을 찍어 돌렸고 접객업소마다 '장발자는 출입할 수 없습니다' 는 푯말을 문 앞에 걸어놓도록 요망했다. (중략) 한편 단속에 앞서 많은 사람들은 머리가 별로 길지 않은데도 혹시 길 가다 걸려 망신당하기 싫다면서 머리를 짧게 깎기도 했다. 이 날 치안본부의 한 관계자는 이처럼 단속을 완화한 것은 장발 추방령이 내려진 지난 한 달 동안의 계몽 기간 중 장발 풍조가 크게 개선됐기 때문이라고 밝혔다. 한편 문교부는 16일 국민학교 어린이들에 대한 장발 단속을 중지하도록 각 시도 교위에 긴급 지시했다. 문교부의 이 같은 지시는 일부 국민학교에서 어린이들의 머리를 지나치게 짧게 깎도록 하는 등 과잉 단속에 따른 부작용이 많기 때문에 내려진 것이다."[225]

장발 단속의 정치적 의미

박정희의 장발에 대한 혐오감이 오직 미적(美的)이거나 문화적인 이유

---

225) 이승호, 『옛날 신문을 읽었다 1950-2002』(다우, 2002), 29-30쪽에서 재인용.

때문이었을까? 아무래도 그런 것 같지는 않다. 박정희는 장발이 시사하는 자유와 관련된 의미에도 적잖은 반감이 있었다고 봐야 할 것이다. 정치적 의미도 없지 않았다는 것이다. 이와 관련, 윤재걸은 다음과 같이 말한다.

"과거 봉두난발을 연상시키는 장발을 통해 젊은이들은 무한한 자유를 만끽했다. 장발은 가식 없는 자아의 발현과 규제 없는 자기 표현을 뜻했다. 장발자들을 가리켜 인간 상록수라고도 불렀다. 자연으로 회귀하려는 본능과 있는 그대로의 자기를 실현하려는 이러한 장발 풍조는 어느새 저항의 상징으로 반항의 도도한 흐름을 형성, 정치적 억압에 도전하기 시작했다. 박 정권은 장발 단속에 나섰다. 파출소마다 장발자들을 잡아다 머리를 깎는 폭력이 자행됐다. 어떤 이는 제2의 단발령이라고 말했다. 반정부 세력의 주류를 형성하고 있는 학생운동권의 주체들이 대부분 장발족이었다는 사실과 정부의 단속을 무관하지 않게 보는 시각도 그 때문이었다."[226]

---

226) 윤재걸, 〈광복 50년의 말, 말, 말〉, 『월간중앙』, 1995년 1월, 177쪽.

1974년

제5장

긴급조치와 민주화투쟁

헌법개정 백만인 청원운동

개헌청원운동본부의 발족

1973년 12월 24일 김수환, 함석헌, 천관우, 장준하, 김동길, 계훈제, 백기완, 법정, 김재준, 박두진, 이호철, 백낙준, 김윤수, 김찬국, 안병무, 홍남순 등 각계 민주 인사 30명이 발기인이 된 개헌 청원 100만인 서명운동 선언이 터져 나왔다.

그 날 민주 인사들은 서울 YMCA 회관에서 모임을 갖고 '개헌청원운동본부'를 발족하고, 백만인 서명운동을 시작한다는 걸 선포했다. 성명서는 그간 이 일을 주도해 온 장준하가 낭독하였다.

"오늘의 모든 사태는 궁극적으로 민주주의를 완전히 회복하는 문제로 귀착된다. 경제의 파탄, 민심의 혼란, 남북 긴장의 재현이란 상황에서 학원과 교회, 언론계와 가두에서 울부짖는 자유화의 요구 등 모든 것을 종합하면 오늘의 헌법하에서는 살 수가 없다는 것으로 요약된다."[1]

국무총리 김종필은 12월 26일 밤 9시 40분부터 1시간 40분 동안 라디오와 텔레비전을 통한 특별연설에서 개헌운동의 즉각 중지를 요구하면서 강력한 처벌을 하겠다는 담화를 발표하였고, 이는 다음 날 조간신문에 대서특필되었다. 그러나 개헌 청원 서명운동은 그런 정도의 위협으로 주저앉을 성질의 운동이 아니었다.

12월 29일엔 박정희가 직접 나서서 특별담화를 발표하였으며, 거리엔 박정희의 경고를 큰 활자로 박은 신문 호외까지 뿌려졌다.

"나는……유신체제의 불가피성을 누누이 설명하고 절대로 경거망동이 있어서는 안 되겠다는 점을 국민에게 간곡히 호소한 바 있다. 그럼에도 불구하고 이들 일부 불순분자들은 아직도 과대망상증에 사로잡혀서……나는 이들의 황당무계한 행동이 자칫 국가안위에까지 누를 미칠까 염려하여 한번 더 냉철한 반성과 자제를 촉구하는 동시에 이제라도 늦지 않으니 소위 헌법개정 백만인 청원운동을 즉각 중지할 것을 엄중히 경고해 두는 바이다."[2]

긴급조치 1, 2호

일국의 대통령이라는 사람이 국내 최고의 종교인들과 지성인들이 중심이 된 운동에 대해 '불순분자', '과대망상증', '황당무계'와 같은 황당무계한 용어들을 사용해도 되는 것이었을까? 그러나 박정희의 그런 경고도 운동의 열기를 잠재울 수는 없었다. 서명운동 1주일 후인 1974년 1월 1일에 서명자는 5만 명을 넘어섰고 1월 8일엔 10만 명에 육박했다.[3]

개헌 지지 서명자가 계속 늘어가는 상황에서 박 정권을 압박하는 성명과 시위가 이어졌다. 1월 1일 기독교청년협의회 회원 3천여 명은 통일

1) 박경수, 『평전 재야의 빛 장준하』(해돋이, 1995), 415쪽에서 재인용.
2) 이재영, 〈장준하와 헌법개정 백만인 청원운동〉, 『월간말』, 1992년 1월, 200~201쪽에서 재인용.
3) 김재명, 〈유신체제의 버팀목 긴급조치의 남발〉, 『월간중앙』, 1991년 9월, 374쪽.

을 기원하는 예배 후에 가두시위를 벌였고, 5일엔 민주통일당이 개헌청
원운동의 적극적 참여를 정무위원회에서 의결하였다. 1월 7일엔 문학인
61명의 이름으로 개헌 지지 성명이 나왔고, 광주 지역 성직자 41명이 자
유민주체제로의 복귀를 주장하는 시국선언을 발표하였다. 공화당의 초
대 총재이자 당 의장을 역임한 정구영이 전 사무총장 예춘호와 함께 공
화당을 탈당하는 일까지 벌어졌다.[4] 1월 8일에는 제1야당인 신민당이 개
헌을 위한 전력 경주를 다짐하였다.

이에 크게 당황한 박 정권은 1월 8일 긴급조치 1, 2호를 발동했다. 유
신헌법 제53조에 따라 대통령에게는 이른바 긴급조치권이 부여되었는
데, 박정희는 이 긴급조치라는 전가의 보도를 빼든 것이다. 그러나 박정
희가 휘두른 긴급조치라는 칼은 법대로 따지자면 박정희 자신이 선포한
유신헌법에조차 저촉되는 것이었다.

긴급조치 제1호는 유신헌법을 비방 또는 반대하거나 개정을 주장만
해도 군사재판에 넘겨 15년간 징역형을 살린다고 규정했다. 또 긴급조치
를 비방하는 것도 긴급조치 위반이라고 못박아 "유신헌법은 개정 논의의
대상이 될 수 없는 신성불가침의 규정으로 우상화"하겠다는 것이었다.[5]
(2호는 1호에 따른 비상 군사 재판부를 설치한다는 내용이었다.)

한 마디로 말해서 무조건 입 닫으라는 것이었다. 이는 국민을 그저 배
만 부르면 그만인 '경제동물'로 만들겠다는 게 아니고 무엇이랴. 이러한
폭력의 힘은 무서웠다. 이재영은 다음과 같이 말한다.

"서명운동은 삽시에 찬물을 끼얹은 듯했다. 정권이 동원할 수 있는 최
고의 악법을 동원한 것이다. 긴급조치가 발동된 후 장준하는 서둘러 백
기완을 불렀다. 곧 압수·수색이 들어올 것이 분명해진 이상 집에 보관

---

4) 한승헌, 『불행한 조국의 임상노트: 정치재판의 현장』(일요신문사, 1997), 198쪽.
5) 한국기독교교회협의회 인권위원회, 『1970년대 민주화운동 (I)』(한국기독교교회협의회, 1987), 212쪽.

하고 있던 서명자의 명단 처리 문제가 급했던 것이다. 서명자들을 보호할 것인가, 아니면 역사의 기록으로 남길 것인가의 문제를 놓고 둘은 고민했다. 결국 서명자 명단을 태우기로 결정했다. 장준하의 큰아들과 백기완이 서명자 명단을 태우던 날 밤, 장준하의 눈가에는 좀체 볼 수 없던 눈물 방울이 맺혔다."[6]

긴급조치 3호

긴급조치 1, 2호를 내놓은 지 6일 후인 1월 14일에 발표된 긴급조치 3호(해제 1975년 1월 1일)는 박 정권의 정치 공작이 제법 정교한 시나리오에 따라 움직인다는 걸 보여 주었다. 3호는 국민생활 안정을 꾀한다는 명목으로 월 5만 원 이하 소득자에 대한 소득세 면제 등의 내용을 담고 있었다. 아니 그게 굳이 긴급조치로 내세울 정책이었을까.

박정희는 3호를 발표하는 특별담화에서 "새해 들어 경제안정을 위한 다각적인 정책 검토를 해왔으나, 일부 불순분자들의 반(反)유신적 활동으로 이의 제거 조치를 먼저 취해야 했다"라고 주장했다.[7] 저임금을 준 악덕 기업주를 비롯해 몇 사람을 구속하는 '쇼'까지 연출하였다. 이게 '쇼'라는 건 이후 박 정권이 저임금에 항의하는 노동자들을 어떻게 다루었는가를 보면 알게 될 것이다.

긴급조치 3호는 한 마디로 말해서 "긴급조치는 정치안보만을 목적으로 하는 것이 아님을 과시하기 위한 조치"[8]였다. 또는 "긴급조치도 선량한 구석이 있다. 정권안보적 목적으로만 발동되는 게 아니다"라고 선전하는 용도였다.[9]

---

6) 이재영, 〈장준하와 헌법개정 백만인 청원운동〉, 「월간말」, 1992년 1월, 202쪽.
7) 김재명, 〈유신체제의 버팀목 긴급조치의 남발〉, 「월간중앙」, 1991년 9월, 372쪽.
8) 한용원, 「한국의 군부정치」(대왕사, 1993), 315쪽.

'긴급조치'라는 단어에 대한 그런 이미지 조작을 위해 박정희는 특별한 관심을 기울였다. 박정희는 긴급조치 3호의 홍보 효과를 높이기 위해 청와대 경제 제1수석비서관 김용환의 해설을 세 방송사가 동시에 방송하라고 직접 지시하였던 것이다. 그 결과 "김 수석은 사상 최초의 국내 TV 합동방송에서 정부 시책을 해설한 사람으로 기록에 남게 되었다."[10]

'정찰제' 판결과 '문인 간첩단' 사건

긴급조치 3호가 나온 다음 날인 1월 15일 박 정권은 유신헌법에 반대한 장준하와 백기완을 긴급조치 1호 위반으로 구속했고, 1월 21일엔 도시산업선교회의 김경락·김진홍·박윤수·이규상·이해학·인명진 등 교회 목사와 전도사 11명을 구속했다. 이들 11명의 구속 사유는 1월 17일 서울 종로5가 기독교회관에서 긴급조치 철폐를 요구하는 시국선언문을 발표한 혐의였다. 이어 연세대 학생 7명이 대학 강당에서 긴급조치 철폐를 요구하는 토론회를 열다가 구속되었다.[11]

법은 이미 사망한 상태였다. 장준하와 백기완 등 긴급조치 위반자들의 변호를 맡은 한승헌은 다음과 같이 말했다.

1월 31일 결심공판에서 징역 15년 구형, 다음 날인 2월 1일에 떨어진 판결이라는 것도 징역 15년, 단 하룻밤 사이의 일이었다. 구형량에서 한 푼도 깎아주지 않은 정찰제 판결이었다. 나는 그때 말했다. "대한민국의 '정찰제'는 백화점의 상관행이 아닌 군법회의 판결에서 최초로 확립되었다"라고. 그게 '개판'이지 무슨 재판

---

9) 중앙정보부 간부였던 K의 증언; 김충식, 『정치공작사령부 남산의 부장들 2』(동아일보사, 1992), 93쪽에서 재인용.
10) 오원철, 『에너지 정책과 중동진출』(기아경제연구소, 1997), 400쪽.
11) 김재명, 〈유신체제의 버팀목 긴급조치의 남발〉, 『월간중앙』, 1991년 9월, 374-375쪽.

이냐고 분개하는 사람들에게 나는 '군법회의' 니까 문자 그대로 '회의' 에 불과한데 뭘 그러느냐고 달래기도 했다.[12]

개헌 지지 성명을 낸 문인들에 대한 보복도 시작되었다. 1월 26일 이호철, 임헌영, 김우종, 정을병, 장병희 등 5명의 문인이 구속되었다. 박 정권은 그들이 일본에서 발행되는 한국어 잡지 『한양』에 한국 사회를 비방하는 글을 기고하였고, '북괴 지도원' 인 그 잡지사 간부들과 회합하였으며 금품도 받았다고 주장하면서, 이를 '문인 간첩단' 사건으로 불렀다.

그러나 『한양』에는 오래전부터 국내의 유명 문인과 논객들이 많이 기고를 하였거니와 그 가운데에는 박정희 예찬론자들도 많았는데도 불구하고 이 5명만 문제삼은 것은 이호철과 임헌영이 반유신 문학인 선언에 서명했기 때문이라는 것 이외엔 다른 이유를 찾을 수 없었다.[13] 한승헌의 말마따나, "창간호에 '5 · 16 혁명 공약' 을 실었고, 국내에 수입 배포가 허용되었던 그 잡지에 원고를 쓰고 고료를 받은 것을 국가보안법, 반공법으로 다스릴 정도로 당시 정권은 미쳐 있었다."[14]

김동리의 희한한 여론조사

덩달아 미치는 사람들도 나왔다. 젊은 문인들이 민주주의를 살리자고 그런 고초를 겪고 있을 때에 일부 원로 문인들은 유신헌법을 지지하는 데에 앞장 섰던 것이다. '문인 간첩단' 사건에 연루되었던 문학평론가 김우종은 다음과 같이 말한다.

---

12) 한승헌, 『불행한 조국의 임상노트: 정치재판의 현장』(일요신문사, 1997), 133-134쪽.
13) 한승헌, 위의 책, 135-136쪽.
14) 한승헌, 위의 책, 137쪽.

"박정희 대통령이 유신 독재체제를 만들고 민주주의를 영원히 말살해 나가고 있을 때 한국문인협회장 김동리는 전국 문인들에게 왕복엽서 한 장씩을 발송했다. 유신헌법에 대한 찬반의 의사 표명을 분명히 하라는 것이었다. 찬성과 반대의 두 칸 중 하나에 동그라미를 쳐서 엽서를 반송하는 양식이었다. 그리고 '대답이 없으면 찬성으로 간주한다'는 단서가 붙어 있었다. 그런데 박정희는 유신체제에 대한 어떤 비판도 허용하지 않으며 이를 위반하면 징역 15년 형 등의 중형에 처하도록 긴급조치법을 발동해 놓고 일부 학생들은 군대에 의해서 체포 고문당하고 있었다. 이런 체제 속에서 15년 징역과 고문을 무릅쓰고 반대 칸에 동그라미를 쳐서 보내 줄 사람이 어디 있었으랴! 그러니까 몽땅 '찬성'이 된 것이다. 어용기구로 타락한 문인협회의 회장이 실천한 이 여론조사 방법은 다른 어떤 방법보다도 권력에 아부하는 데 가장 효과가 있었을 것이다."[15]

긴급조치 3호 후 문공부 장관 윤주영은 "일본 신문들도 유신을 비방하면 긴급조치로 다스릴 것"이라고 경고했고, 이에 따라 2월 4일 『아사히신문』의 국내 수입 허가가 취소되었다.[16]

15) 김우종, 〈유신과 김동리의 여론조사〉, 『한국대학신문』, 1995년 10월 2일, 11면.
16) 김충식, 『정치공작사령부 남산의 부장들 2』(동아일보사, 1992), 94쪽.

민청학련 사건

비밀이 새나간 '4·3 총궐기' 계획

1974년 1월은 긴급조치 1호로 얼어붙었지만, 봄이 오고 3월 신학기가 되자 민주화운동은 다시 대학에서부터 불붙기 시작했다. 3월 하순 어느 날 서울 원서동 창경궁 앞길에서 이화여대 학생 한 명이 치마 밑에 전단 한 뭉치를 숨기고 가다 그만 아래로 떨어뜨렸는데, 그 전단의 내용은 '4월 3일 전국적으로 대학생 총궐기'였다. 때마침 종로경찰서 정보과 형사 한 명이 발견하고 그 여학생을 붙잡아 추궁한 끝에 '4·3 총궐기' 계획을 파악하였고, 이에 따라 박 정권은 비상태세에 돌입하였다.[17]

그러나 그 여학생이 붙잡히지 않았다 하더라도 박 정권은 이미 그 계획을 입수했을지도 모른다. 당시 중앙정보부원이었던 최종선은 서울대를 담당했던 정보부 요원들의 활동에 대해 다음과 같이 증언한다.

---

17) 김충식, 『정치공작사령부 남산의 부장들 2』(동아일보사, 1992), 94-95쪽.

"이들은 정보를 수집하는 것보다는 정보를 스스로 생산하는 일, 즉 자신들의 프락치를 제거해야 할 목표 대상 학생들, 반독재 반유신 성향의 의식 있는 민주 학생들에게 의도적으로 접근시켜 그들과 함께 서클을 조성하게 하거나 반정부 반유신 데모를 함께 모의하도록 유도하여 조직을 키우다가 거사 바로 직전에 일망타진하는 식의 공작에 주력하고 있었는데, 그 대표적 케이스가 바로 민청학련 사건이고 그때의 공작원은 K.B.S., 그야말로 어떻게 이런 인생을 사는 젊은이가, 어떻게 이런 인생을 사는 서울대생이 있을 수 있을까, 증오스럽기 이전에 가련하다는 생각이 먼저 드는 그런 서울대생이 있었습니다."[18]

4·3 시위와 긴급조치 4호

4·3 시위의 1선 지도부로 활동하던 이철, 정문화, 김병곤, 황인성 등은 비밀이 새나갔으며 상황이 비관적이라는 걸 잘 알고 있었다. 그러나 이미 내친 걸음인지라 결행 이외에 그 어떤 선택도 가능하지 않다는 결론을 내렸다.[19]

4월 3일, 규모는 작았지만 예정대로 서울대, 성균관대, 이화여대, 고려대, 서울여대, 감신대, 명지대 등에서 오전 10시, 11시에 시위가 벌어진 가운데 '전국민주청년학생총연맹(민청학련)'의 명의로 여러 선언문들이 발표되었다. 이들의 '결의문'에는 다음과 같은 6개항의 요구 사항이 제시되어 있었다.

"첫째, 부패특권 족벌의 치부를 위한 경제정책을 시정하고 부정부패 특권의 원흉을 즉각 처단하라. 둘째, 서민의 세금을 대폭 감면하고 국민

---

18) 최종선, 『산자여 말하라: 나의 형 최종길 교수는 이렇게 죽었다』(공동선, 2001), 249-250쪽.
19) 이철, 〈민청학련 사건에서 사형수가 되기까지〉, 천주교인권위원회 엮음, 『사법 살인: 1975년 4월의 학살』(학민사, 2001), 111쪽.

경제의 밑받침인 근로대중의 최저 생활을 보장하라. 셋째, 제 노동악법을 철폐함으로써 노동운동의 자유를 보장하라. 넷째, 국가비상사태, 1·8조치 등으로 구속된 모든 애국 지사들을 즉각 석방하고, 유신체제를 폐기하여 진정한 민주주의 체제를 확립하라. 다섯째, 모든 정보·폭압정치의 원천인 중앙정보부를 즉각 해체하라. 여섯째, 반민족적 대외 의존 경제를 청산하고 자립 경제체제를 확립하라."[20]

4월 3일 밤 10시, 이미 만반의 준비를 해온 박 정권은 긴급조치 4호를 발표했는데, 이는 민청학련 관련자 처벌을 주목적으로 삼은 것이었다. 긴급조치 4호는 문교부 장관에게 학생들이 반체제운동을 계속하면 대학을 폐교시킬 수 있는 권한마저 부여했으며, 심지어 학생의 '정당한 사유 없는 결석이나 시험 거부 행위'에 대해서도 5년 이상의 징역에 최고 사형까지도 선고할 수 있게 되어 있었다.[21]

대학 폐교는 괜히 겁주려는 게 아니었다. 박정희는 그걸 거듭 강조했다. 박정희는 중앙정보부장 신직수에게 호통을 치면서 "오늘 이후 맨 먼저 데모하는 대학부터 본보기로 폐교시켜 버리라"라는 엄명을 내렸다.[22]

도피중인 주모자들에 대한 현상금 액수도 놀라웠다. 이철은 다음과 같이 말한다.

"초기에 나와 유인태, 강구철 등의 현상금은 50만 원이었는데, 그 50만 원이 100만 원으로, 4월 13일에는 유인태와 내 사진이 붙은 전국적 지명수배가 내려지면서 현상금 액수가 200만 원까지 껑충 뛰었다. 현상금이 200만 원이라는 4월 13일자 뉴스는 여정남의 하숙집에서 들었다. 유인태가 라디오를 통해 들은 이 소식을 전했을 때 우리 모두는 설마(!) 했다. 간첩 현상금이 30만 원이던 시절이었으니 실로 상상도 못할 액수였다.

---

20) 지명관, 『한국을 움직인 현대사 61장면』(다섯수레, 1996), 124–125쪽에서 재인용.
21) 한승헌, 『불행한 조국의 임상노트: 정치재판의 현장』(일요신문사, 1997), 138–139쪽.
22) 최종선, 『산자여 말하라: 나의 형 최종길 교수는 이렇게 죽었다』(공동선, 2001), 138쪽.

그리고 내가 붙잡히던 4월 24일 당시에는 현상금이 자그만치 300만 원으로 뛰어 있었다."[23]

박 정권의 인간성 파괴 공작

민청학련 사건에서 가장 가슴 아픈 이야기는 아마도 주모자들이 도피하다가 체포된 경위일 것이다. 사람들을 공포에 질리게 만들어 서로 못 믿게 하고 미워하게까지 만드는 인간성 파괴 공작이야말로 긴급조치, 아니 박 정권이 저지른 최악의 죄가 아닐까? 도피중이었던 유인태가 4월 16일에 겪은 이야기를 들어 보자.

"그 날 밤 유(柳)는 삼선교 한성여고 앞의 안양로가 가정교사를 겸하던 하숙집으로 갔다. 그때만 해도 안(安)은 수배되지 않았다. 갈 데라곤 거기뿐이었다. 하숙집 아주머니는 '양로 학생이 이 앞에 갔으니 들어와요. 기다려요' 라고 마음씨 좋게 말했다. 그리고 '나 잠시 마실 나갔다 올게' 라며 나섰다. 유는 여우굴에 들어선 예감이 들었다. 안이 가르친 학생(경동고)에게 '내가 수배된 걸 아나?' 라고 물었더니 겁에 질린 채 고개를 끄덕였다. 유는 순간 발길을 돌렸다. 10m쯤 걸어가자 벌써 사복형사 인솔하에 '앞에총' 자세로 정복경찰 6명이 나타났다."[24]

이철은 고교생 복장을 하고 경기고 시절의 절친했던 친구 K를 찾아가 돈을 얻기로 마음먹었다.

"K는 이철을 몰라보았다. 그러다 고교생 모자 깊숙이 감춰진 이(李)의 얼굴을 알아보고는 질린 표정으로 뒷걸음질쳤다. '야, 가라 가.' 만나고 신고 안 해도, 감춰주어도 '사형' 까지 한다는 판이므로 K의 심정도 이해

---

23) 이철, 〈민청학련 사건에서 사형수가 되기까지〉, 천주교인권위원회 엮음, 『사법 살인: 1975년 4월의 학살』(학민사, 2001), 114쪽.
24) 김충식, 『정치공작사령부 남산의 부장들 2』(동아일보사, 1992), 102-103쪽.

는 갔다. K는 허둥지둥 대문 안으로 사라져 버렸다. 샛노랗게 질린 K를 본 부모들은 까닭을 물었다. '철이가 고등학생 옷을 입고 집 앞에서 서성거렸다'고 말했다. '이철이 고교생 복장으로 다닌다.' 신직수 정보부는 긴급전통을 전국 수사정보망에 때렸다. K의 부모 제보를 바탕으로 한 것이었다."[25]

이철은 결국 그 제보 때문에 4월 24일 경찰에 체포되고 말았다.

고문으로 조작한 인혁당 재건위 사건

핵심 주동자인 이철이 체포된 다음 날인 4월 25일 중앙정보부장 신직수는 "공산주의자의 배후 조종을 받은 민청학련을 적발하였다"라고 주장했다. 민청학련은 학생들이 유인물에 편의상 붙인 호칭이었는데도, 중앙정보부는 이를 폭력으로 정부 전복을 노린 전국적인 불순 학생조직인 양 거창하게 부풀려서 발표했던 것이다.[26]

박 정권은 민청학련을 배후 조종한 혐의로 인혁당 재건위 사건을 발표했다. 박 정권은 민청학련에 대해 용공 조작이라는 그 낯익은 수법으로 대대적인 탄압을 가한 것이다. 물론 민청학련과 인혁그룹(이것도 중앙정보부가 붙인 이름이었을 뿐이다)을 하나로 묶기 위해 검거한 사람들에겐 모진 고문이 가해졌다. 예컨대, 당시 서울 문리대생 유인태의 증언을 들어 보자.

"밤낮으로 신발을 벗겨 얼굴 머리를 때리거나 몽둥이 찜질, 볼펜을 손가락 사이에 끼우기, 몽둥이를 다리 사이에 끼우고 뭉개는 고문을 했다. 몇 날 며칠이고 잠을 못 자게 하고 흰 벽을 쳐다보게 하는 고문도 있었

25) 김충식, 『정치공작사령부 남산의 부장들 2』(동아일보사, 1992), 108쪽.
26) 한승헌, 『불행한 조국의 임상노트: 정치재판의 현장』(일요신문사, 1997), 138쪽.

다. 물고문도 했다. 발가벗긴 몸을 나무 사이에 묶어 대롱대롱 매달리게 한 뒤 수건을 얼굴에 씌우고 주전자로 물을 붓는 것이었다. 숨이 막혀 발광하면 '너, 군대에 있을 때 이북 갔다 왔지?' 하는 것이었다. 견디다 못해 고개를 끄덕이면 물붓기를 중단하고 진술서를 쓰라고 했다. 거부하면 또 물고문……. 지하실에서 사정없이 로프로 등을 후려갈기기도 했다."[27]

그런가 하면 경북대생 이강철은 "나는 인혁당의 인자도 들어 보지 못했는데 그걸 잘 아는 것을 시인하지 않는다고 검사 입회하에 전기고문을 수 차례나 받았습니다"라고 증언하였다. 과거 독립투사들을 상대로 일제가 저질렀던 모든 잔학한 고문이 박 정권하에서 총동원되었는데 그 주범은 물론 일본군 장교 출신 박정희였다. 박정희는 4월 5일 군포 야산에서 식목일을 기념해 오동나무를 심으면서 이렇게 말했다.

"민청학련 대학생놈들은 보고를 들어 보니 순 빨갱이들이야. 잡히기만 하면 모두 총살이야."[28]

대통령이라는 사람의 인권 의식이 그 모양이었으니 말단 수사관들은 대통령의 뜻을 받들기 위해서라도 모두 고문 전문가가 되지 않으면 안 되는 그런 시절이었던 것이다. 민청학련 사건 관련자들의 대대적인 고문 폭로는 나중에 자세히 살펴보기로 하자.

세 가지 세계 기록을 남긴 민청학련 사건

중앙정보부의 발표에 의하면 민청학련 사건 관련자로서 관계 기관의 조사를 받은 사람만도 1천2백4명에 달했으며, 피고인들 중에는 이철, 유인태, 여정남, 나병식, 윤한봉, 정상복, 안양로, 이근성, 김영일(김지하),

---

27) 김충식, 『정치공작사령부 남산의 부장들 2』(동아일보사, 1992), 110쪽에서 재인용.
28) 김충식, 위의 책, 114쪽.

유근일, 김병곤 등 기독청년 및 학생운동권 핵심 인물들이 망라되어 있었다. 약 3개월 후 군법회의는 1백80명의 피고인 중에서 14명에 사형, 13명에는 무기징역, 그리고 28명에는 15년에서 20년을 구형했다.[29] 당시 선고는 구형한 그대로 떨어졌기 때문에 이를 가리켜 변호사 한승헌은 그러한 재판에 대해서 '자판기 판결' 또는 '정찰제 판결'이라는 이름을 붙였다.[30]

피고인들 중에는 재야 지도자들과 교수들도 포함되어 있었다. 전 대통령 윤보선과 목사 박형규는 학생들의 반정부 데모를 선동, 민중봉기를 일으켜 정권을 장악할 목적으로 학생들을 격려하고 거사자금을 주는 등 내란을 선동했다는 혐의였다. 윤보선은 징역 3년에 5년간 집행유예라는 판결을 받았고, 박형규는 징역 15년 판결을 받았다. 또 연세대 교수 김동길과 김찬국은 학생들을 선동하였다는 혐의로 징역 15년을 선고받았다.[31]

'정찰제 판결'도 세계적인 기록이었겠지만, 이 사건은 "기소자들의 선고형량 합계가 1천6백50년이나 되어 단일 사건으로는 세계 사법사에도 전무후무한 기록적 사건"이라는 점에서 많은 사람들을 경악시켰다.[32]

이 사건은 또 하나의 세계적인 기록을 세웠다. 변호사가 법정에서 변론 도중 끌려나가는 기록을 세운 것이다. 7월 9일, 법을 유린하는 민청학련 재판의 어이없는 작태에 대해 변호인 강신옥은 변론 도중 다음과 같이 말했다.

"나는 오늘 과연 법은 정치나 권력의 시녀가 아닌가 생각한다. 지금 검찰관들은 나라 일을 걱정하는 애국 학생들을 내란죄 국가보안법 반공

---

29) 한승헌, 『불행한 조국의 임상노트: 정치재판의 현장』(일요신문사, 1997), 138-139쪽.
30) 한승헌, 위의 책, 17-18쪽.
31) 한승헌, 〈긴급조치와 긴급인권〉, 천주교인권위원회 엮음, 『사법 살인: 1975년 4월의 학살』(학민사, 2001), 30-31쪽.
32) 김정곤, 〈8명 사형 뒤 수사 검사는 승승장구〉, 『한겨레21』, 1995년 10월 19일, 44면.

법 위반 등을 걸어 빨갱이로 몰고 사형이니 무기니 하는 형을 구형하고 있다. 이것은 법을 악용하는 '사법 살인' 행위가 될 수 있다."[33]

강신옥의 말이 끝나기도 전에 재판장이 제지했고, 법정 안에 있던 중앙정보부 요원들이 강신옥을 끌고 나갔다. 그는 그 날로 풀려났지만 박정희의 지시로 며칠 후인 7월 15일에 법정모독죄 및 긴급조치 4호 위반이라는 이유로 구속되었다. 다른 변호사들에게 본때를 보여야 한다는 게 구속 사유였다고 한다. 그러나 강신옥 구속은 신문에 단 한 줄도 보도되지 않았다. 긴급조치 위반 사실을 허가없이 보도하는 것 자체가 긴급조치 위반이었기 때문이다.[34] 이에 대해 이상우는 다음과 같이 말한다.

"법정에서의 변론이 문제가 되어 변호사가 구속된 일은 사법사상 초유의 일이었다. 이러한 일은 일반적으로 통용되는 변호사의 법정 면책특권에 대한 도전일 뿐만 아니라 '변호인은 재판에 관한 직무상의 행위로 인하여 어떠한 처분도 받지 아니한다'는 군법회의법 제28조의 명문 조항에도 위배된다는 의견이 유력했다."[35]

강신옥은 9월 20일 1심인 비상보통군법회의에서 징역 10년에 자격정지 10년을 선고받았고, 2심인 비상고등군법회의에서 항소 기각 판결을 받았다.[36]

구속자가족협의회 탄생

민청학련 사건이 계기가 되어 9월에는 구속자가족협의회가 탄생하였다. 초대회장에는 전 대통령 윤보선의 부인 공덕귀, 총무에 김한림이 선

---

33) 김충식, 『정치공작사령부 남산의 부장들 2』(동아일보사, 1992), 120쪽.
34) 김충식, 위의 책, 123쪽.
35) 이상우, 『박 정권 18년: 그 권력의 내막』(동아일보사, 1986), 298쪽.
36) 강신옥은 1974년 11월 대법원에 상고했으나, 1975년 2·15 대통령 특별조치로 석방되었을 뿐, 사건 자체는 오랫동안 대법원의 미제(未濟) 사건으로 계류되어 있다가 10여 년 후인 1985년 1월 29일에서야 원심 파기와 고법에의 이송 판결을 받았다. 이상우, 위의 책, 298-299쪽.

출되었다. 이후 공덕귀를 비롯하여 이소선(전태일 모친), 전금성(김지하 모친) 등은 '반유신투쟁의 여걸 3총사'로 불리며 박용길, 이희호, 이종옥, 박영숙 등 구속된 재야 인사들의 부인들과 함께 "때로는 치마부대로 때로는 박수부대로 집회장이나 시위 현장마다 찾아다니며 제 몫을 해냈다."[37]

이 협의회 결성 이후 구속자 가족들의 의식에 큰 변화가 일어났다. 예컨대, 6월 26일에 '구속자 가족 일동'이 낸 〈박정희 대통령께 드리는 진정서〉는 다만 인정에 호소하여 선처를 바라는 내용임에 비하여, 11월 21일에 나온 두 번째 결의문은 "탄압자의 정치도구로 갇힌 자식과 남편들의 뜻을 이어받아 투쟁하는 길"만이 그들을 구할 수 있음을 깨달았다고 밝히고 있다.[38]

12월 6일자 신문은 정부의 '구속자 석방 검토설'을 보도하였는데, 이튿날 즉각 발표된 가족들의 성명서는 "석방이 정부의 은사일 수 없으며 구속자 석방은 민주회복의 선행 과제로서만 의미를 갖는다"라고 전제한 후 무조건 전원 석방을 주장하였다.[39]

---

37) 안철홍, 〈70, 80년대 재야운동 야사 ③ 유신 말기의 민주화운동: 지식인들, 노동자 · 농민과 만나다〉, 『월간말』, 1996년 6월, 189쪽.
38) 한국기독교교회협의회 인권위원회, 『1970년대 민주화운동 (IV)』(한국기독교교회협의회, 1987), 1389-1392쪽.
39) 한국기독교교회협의회 인권위원회, 위의 책, 1393쪽.

'별들의 고향'과 '청년문화' 논쟁

'별들의 고향'과 호스티스 문학

10월 유신으로 한국 언론은 사망한 거나 다름없었다. 언론 자유를 권력에 상납한 신문들은 연재소설 등과 같은 대중문화적 기능에 큰 신경을 썼는데, 가장 대표적인 것이 『조선일보』가 1972년 9월 5일자부터 연재한 최인호의 〈별들의 고향〉이었다. 이 연재소설은 "별들의 고향을 보기 위해 『조선일보』를 산다고 하는 사람이 있을 정도"로 큰 인기를 끌었다.[40] 그러한 인기를 물려받아 1973년에 단행본으로 출간된 『별들의 고향』은 1975년까지 40여 만 부가 팔리는 대기록을 세웠다.[41]

『별들의 고향』이 거둔 대성공은 문단에 이른바 '호스티스 문학 논쟁', 더 나아가 '대중문학 논쟁'을 불러일으켰다. 이 성공으로 인해 최인호는

---

40) 이재규, 『시와 소설로 읽는 한국 현대사 1945-1994』(심지, 1994), 135-136쪽.
41) 이후 모두 합해 1백만 권 이상 판매되었다. 정덕준, 〈한국 대중문학에 대한 반성적 고찰〉, 정덕준 외, 『한국의 대중문학』(소화, 2001), 24쪽.

주류 문단에서 멀어지게 되었지만, 최인호의 이름은 그 대신 스크린에서 빛나기 시작했다.

1974년 한국 영화계의 최대 화제작은 단연 최인호 원작, 이장호 감독의 『별들의 고향』이었다. 이 영화는 4월 26일 국도극장에서 개봉하여 8월 8일까지 105일간 46만 4천여 명의 관객을 동원하는 대기록을 세웠는데,[42] 이토록 수많은 관객을 끌어들인 1등 공신은 주인공인 호스티스 우경아(안인숙 분)였다. 이 소설과 영화는 당시 경제성장의 그림자 속에서 급성장하던 유흥 산업에 종사하는 수많은 호스티스들을 매료시켜 "수많은 '경아'들이 이 소설들의 애독자가 되었고 그들은 앞다투어 자신의 가명을 경아로 바꾸었"다.[43] 경아는 과연 어떤 여자였던가?

"우경아. 대학을 중퇴한 26세 가량의 호스티스. 소녀티가 가시지 않은 순진한 모습에 껌을 '짝짝' 소리내 씹거나 항상 가슴에 인형을 품고 다니는 순진하면서도 좀 모자란 듯하고 천박함마저 풍기는 여자. 남자들의 발길에 차여 알코올 중독자로 전락, 끝내는 도시의 비정 속에 날개를 접은 겨울나비 경아. 영화 『별들의 고향』의 여주인공 우경아는 시궁창에 빠져 있으면서도 천사 같은 마음씨를 잃지 않는 따뜻한 여자였다. '제 입술은 작은 술잔이에요'라며 몸을 맡기는 그녀는 만인의 연인이었다. 70년대 초 살얼음판 같은 상황을 살아가는 외로운 도시인들의 동반자였고 마스콧이었다."[44]

---

42) 1978년 장미희가 주연을 맡고 하길종이 감독을 맡은 『속 별들의 고향』은 명보극장에서 32만 7천여 명의 관객을 동원했다. 1981년에는 유지인이 주연을 맡고 이경태가 감독을 맡은 『별들의 고향 3부』가 만들어졌다. 정종화, 『자료로 본 한국영화사 2: 1955-1997』(열화당, 1997), 89-90쪽.

43) 이재규, 『시와 소설로 읽는 한국 현대사 1945-1994』(심지, 1994), 135-136쪽.

44) 이형기, 〈'별들의 고향' 호스티스 삶 통해 도시 비정 고발〉, 『한국일보』, 1991년 8월 31일, 12면.

통 · 블 · 생 (통기타, 블루진, 생맥주)

70년대 중반 '대중문학 논쟁'과 함께 한국 지식계 일각에서 벌어졌던 논쟁은 이른바 '청년문화' 논쟁이었다. 이 논쟁의 물꼬를 튼 건 『동아일보』 기자 김병익이었다. 그는 『동아일보』 1974년 3월 29일자에 쓴 〈오늘날의 젊은 우상들〉이라는 기획 기사에서 최인호, 양희은, 김민기, 이장호, 서봉수(바둑기사), 이상룡(고려대 응원단장) 등 6명을 청년들의 '우상'으로 선정했다. 이 기사는 열띤 논쟁을 불러일으켰고, 김병익은 『신문평론』 1974년 11월호에 이 논쟁의 결과를 정리하는 〈청년문화와 매스컴〉이라는 제목의 글을 발표했다. 허수는 김병익의 견해를 중심으로 하여 이 논쟁에 대해 다음과 같이 말한다.

"유신 선포 이후 무력감과 패배주의에 젖어 있던 1974년 초, 대학가에서는 통 · 블 · 생(통기타, 블루진, 생맥주)과 고고춤이 젊은이들의 생태로 자리잡아 갔는데, 사회 일각에서는 이를 '퇴폐적'이라고 비난했다. 우드스톡 페스티벌이나 반전시위에서 나타난 미국 젊은이들의 자기 표현 양태를 관찰한 김병익은 우리 젊은이들의 이런 상태에 대해 적극적으로 이해해야겠다고 생각했다. 그는 젊은이들의 생태를 바라보는 기존의 시각을 넘어서기 위해 다음 두 가지 점에 유의하였다. 첫째, 열심히 공부하고 모범적으로 활동하는 것은 기성세대가 젊은이에게 요구한 덕목이지 새로운 것은 아니라는 점, 둘째, 그런 덕목은 일부 일류 대학생에게만 국한되고 2, 3류 대학이나 재수생, 대학에 가지 않은 젊은이들에게는 해당되지 않으므로 결국 엘리트 문화로 귀속되게 마련이라는 점이다."[45]

---

45) 허수, 〈1970년대 청년문화론〉, 『역사비평』 편집위원회, 『논쟁으로 본 한국 사회 100년』(역사비평사, 2000), 319-320쪽.

정치학·사회학 대 인문학·문학의 갈등?

그러나 대학생들과 대학신문은 김병익의 기사에 크게 반발하였다. 대학가의 반발은 서울대학교 『대학신문』 6월 3일자에 실린 청년문화 특집 서문인 〈지금은 진정한 목소리를 들어야 할 때다〉에 잘 집약되어 있다. 이 기사는 '청년문화'를 "빠다 냄새 물씬한 어느 외국산 용어의 억지 번역어"[46]라고 비판하였는데, 이 글에 대해 허수는 다음과 같이 말한다.

"글은 청년문화론에 대한 강한 비판과 민족주의적 논조로 일관되어 있었다. 청년문화라는 용어는 우리 사회에 존재하기는 하되 실체가 없는 도깨비에 비유되었다. 또한 제각기 정통을 자처하고 나선 '도깨비 문화의 기수'들과, 이를 규명하기 위해 나선 '사회과학 탤런트'들로 인해 '청년문화의 전국시대(戰國時代)'가 형성되었다고 비난했다. 이 글에 따르면, 결국 청년문화라는 용어는 사회 풍토가 매우 이질적인 외국의 도식을 이 땅에 억지 적용시킨 것이며 '버터에 버무린 깍두기' 같은 것이었다. 그들에게 통·블·생은 대학문화의 정통에서 벗어난 비주류적인 것에 불과했다."[47]

사회학자 한완상은 『신동아』 6월호에 기고한 〈현대 청년문화의 제 문제〉라는 제목의 글에서 대학가의 통·블·생은 서양 저항문화의 표피만 들여온 것이며 그 아래로 창조적 저항 정신이 흐르지 않는다고 비판했다.[48] 청년문화론의 선두에 섰던 최인호는 『한국일보』 4월 24일자에 기고한 〈청년문화선언〉이라는 제목의 글에서 다음과 같이 말했다.

"오늘날의 청년문화는 소수의 엘리트에 의해서 대표되는 그런 문화가

---

46) 강영희, 〈10월 유신, 청년문화, 사회성 멜로 드라마: '별들의 고향'과 '어제 내린 비'를 중심으로〉, 『여성과 사회』, 제3호(1992), 224쪽에서 재인용.
47) 허수, 〈1970년대 청년문화론〉, 『역사비평』 편집위원회, 『논쟁으로 본 한국 사회 100년』(역사비평사, 2000), 321-322쪽.
48) 허수, 위의 글, 322쪽.

아니다. 오늘날의 청년문화는 그러한 서로서로의 간격을 좁히려는 노력에서부터 비롯된다. 그것을 분명히 알아주길 부탁한다. 즉 소수의 엘리트의 사고 방식과 침묵의 대중의 사고 방식을 좁히려는 것에서 시작되는 것이다. 전에는 침묵의 대중을 몇몇 엘리트들이 정의를 내리며 주도하였고 이끌었지만 오늘날의 청년문화는 엘리트를 인정치 않는다. 엘리트 자신도 자기들을 엘리트로 인정치 않는다."[49]

또 최인호는 "문화는 생활 그 자체이지 선택된 개념이 아니다.……그들을 욕하기 전에 한번 가서 밤을 새워 보라"라고 주장했다.[50] 김병익도 "연구자의 대부분이 정치학·사회학 계통이어서 문화라는 개념의 직관적 파악이 가능한 인문학·문학 관계자와 거의 상반된 입장과 관점을 취하고 있었"음을 지적했다.[51]

바보들의 행진

영화감독 하길종은 최인호 원작의 『바보들의 행진』(1975)을 영화로 만들었다. 그는 이 영화에서 이른바 청바지와 통기타, 생맥주로 상징되는 '청년문화'를 그려 젊은 관객들을 사로잡았다. 『한국일보』 기자 이형기는 이 영화와 '청년문화'에 대해 다음과 같이 말한다.

"70년대는 청바지와 통기타, 그리고 생맥주를 곁들인 '청년문화'가 젊은이들을 이끌었다. 명동이나 종로의 맥주집에는 유신헌법에 짓눌린 대학생을 비롯한 젊은이들이 몰려들어 술을 마시며 〈아침이슬〉, 〈고래사냥〉, 〈어제 내린 비〉, 〈모닥불〉, 〈그건 너〉 등 포크송에 젊음을 실어보내

---

49) 강영희, 〈10월 유신, 청년문화, 사회성 멜로 드라마: '별들의 고향'과 '어제 내린 비'를 중심으로〉, 『여성과 사회』, 제3호(1992), 225쪽에서 재인용.
50) 허수, 〈1970년대 청년문화론〉, 『역사비평』 편집위원회, 『논쟁으로 본 한국 사회 100년』(역사비평사, 2000), 322쪽.
51) 허수, 위의 글, 322-323쪽.

곤 했다. 장발 단속에서 극적으로 빠져나온 것도 화제의 하나였다. 75년에 나온 영화 『바보들의 행진』은 이러한 시대적 상황을 배경으로 제작된 청춘 영화다. 그러나 청춘 영화라고 하지만 『맨발의 청춘』과 같은 60년대의 청춘 영화와는 성격이 다르다. 단순한 사랑놀음에서 탈피, 청년문화의 주역인 대학생들의 풍속도를 탁월한 영상미로 그려내 청춘 영화의 새 모습을 보여 주었다.……이 영화를 개봉한 국도극장에는 15만 3천 명의 젊은 관객(대부분 대학생)이 몰려들었다.……영화에는 당시 유행했던 송창식의 〈고래사냥〉, 〈왜 불러〉 등이 배경 음악으로 자주 깔린다."[52]

〈왜 불러〉는 영화에서 경찰관이 주인공의 장발을 단속하기 위해 쫓아가는 장면에서 사용되었다. 장발은 70년대 내내 그걸 병적으로 싫어하는 박정희와 그게 도대체 왜 문제가 되는지 모르겠다는 젊은이들 사이의 길고 긴 투쟁의 주된 화두였던 것이다.

---

52) 이형기, 〈'바보들의 행진' 70년대 청춘풍속 유머로 표출〉, 『한국일보』, 1991년 9월 14일, 12면.

박정희 암살 미수 사건

경찰을 허수아비로 만든 경호실의 위세

1974년 8월 15일 오전 10시 서울 장충동 국립극장 대극장에서 열린 광복절 기념식장에서 발생한 박정희 암살 기도 사건으로 인해 박정희의 부인 육영수가 사망하는 비극이 발생했다. 당시 나온 당국의 발표는 의문투성이라 별로 믿을 게 못 된다. 최종 정리를 해보자면, 범인 문세광이 쏜 처음 총탄이 빗나가자 범인을 저격하기 위해 경호실장 박종규가 연단에서 뛰쳐나왔고 박종규를 노린 범인의 총탄에 육영수가 맞은 것이다. 그리고 박종규가 쏜 총탄은 빗나가 합창석으로 튀는 바람에 여고생 장봉화가 사망하였다.[53]

이 사건은 그간 너무 비대해진 경호실의 문제점을 단적으로 드러낸 사건인 동시에 박 정권 체제가 사람을 얼마나 수동적으로 만든 체제인가

---

53) 선우종원, 『격랑 80년: 선우종원 회고록』(인물연구소, 1998), 309쪽.

를 잘 보여 준 사건이기도 했다. 당시 경호원들의 위세는 어찌나 당당했던지 그들은 평소 경찰을 함부로 대했고, 행사 직전에도 경찰들에게 "우리들의 지시 없이는 움직이지 말라"는 명령을 내렸다.[54] 이 사건의 합동수사본부 부본부장을 맡았던 서울시경국장 이건개[55]는 당시 상황에 대해 다음과 같이 말한다.

"문세광이 일어나서 연단까지 뛰어가면서 총을 모두 7발을 발사했는데, 연단으로 가는 좁은 복도 양쪽에는 그 당시 중부경찰서를 포함해서 모두 경찰관들이 앉아 있었다. 문세광은 그들이 손을 뻗치면 잡을 수 있는 위치였고 또 발을 걸어서 넘어뜨릴 수 있었음에도 불구하고 아무도 그와 같은 일을 시도하지 않았다. 계속 문세광이 총을 쏘며 나가는 것을 앞에서 구경하고 옆에서 구경하고 뒤에서 구경하는 상황이 벌어졌다. 결국 총을 다 쏜 뒤에 맨 앞에 있던 세무서 직원이 발을 걸어서 넘어뜨리는 상황이 벌어졌다. 왜 이와 같은 상황이 벌어졌는가? 당연히 경찰의 기본업무상 국가원수를 향해 저격하는 문세광을 달려들어 체포하든가, 최소한 체포를 위한 노력을 해야 함에도 불구하고 그와 같은 노력을 전혀 하지 않고 방관자적인 구경꾼의 자세로 있었다는 것은, 가만히 있으라는 평소의 강압적 지시, 그리고 이런 것은 경호실에서 알아서 하겠거니 하는 방관자적인 자세가 몸에 배어 있었기 때문이었다."[56]

'동경폭격론'에서 '국민총화'로

당시 당국은 범인 문세광이 조총련의 사주를 받아 도시락에 숨긴 권총으로 저격을 시도했다고 발표하였다. 문세광은 일본 정부 발행의 여권

---

54) 이건개, 『동굴의 대통령 열린 대통령』(학연사, 1996), 151쪽.
55) 이건개는 1971년 12월 11일 31세의 젊은 나이에 최연소 서울시경국장이 되었다.
56) 이건개, 위의 책, 42~43쪽.

으로 입국하였고, 일본 경찰에서 훔친 권총을 저격에 사용했기 때문에 이 사건은 한일 양국간 외교분쟁으로 비화되었다. 정부는 일본 정부의 사과와 공범자의 색출을 위한 수사협조 및 조총련을 비롯한 반한단체의 규제 등을 요구하였으나, 일본측은 국내법상의 제약 등을 들어 미온적인 반응을 보였다.

저격 하루 전날인 8월 14일 한국 정부는 김대중 사건 수사 중지(사실상 종결)를 일본에 통보했는데, 일본은 이것과 연계시켜 문세광 사건을 보고자 했다. 즉, 일본의 항변은 "납치 사건이 한국 국가기관(정보부)에 의한 일본의 주권침해 행위이며 그 요원 김동운의 지문까지 나와도 서울 정부가 버티는 판국 아닌가. 왜 문(文)이라는 한국인의 한국에서의 범행을 일본이 책임지고 사죄하란 말인가"라는 것이었다.[57]

박정희는 참모들과 대화하면서 일본과 단교(斷交)하는 것은 물론 '동경폭격론'까지 거론할 정도로 격앙되었지만,[58] 한국의 국력이 그렇게 세게 나갈 수 있는 처지는 아니었다. 10여 일간에 걸친 한일간 교섭이 진전을 보이지 않자 8월 27일에는 전국 34개 단체 20여 만 명이 서울운동장에 모여 규탄대회를 개최하였고, 9월 6일에는 시위 군중들이 일본대사관에 난입하는 사건이 발생하는 등 반일감정이 최고조에 달했다.[59]

결국 미국이 분쟁을 조정하기 위해 개입하는 등 우여곡절 끝에 일본측이 자민당 부총재 시이나를 진사 사절로 파견하고 사태 수습 협조를 담은 수상 다나카의 친서를 전달하면서 사태는 진정되었다. 이 사건은 박 정권의 민주화운동에 대한 탄압을 일시적으로 다소 완화시키는 효과를 가져왔다. 한림대 일본학 연구소장 지명관은 이렇게 말한다.

"육영수의 유해 안치소에서와 장례 때 흐느껴 우는 사람이 적지 않았

57) 김충식, 『정치공작사령부 남산의 부장들 2』(동아일보사, 1992), 133쪽.
58) 김충식, 위의 책, 133–134쪽.
59) 노신영, 『노신영 회고록』(고려서적, 2000), 182–183쪽.

다. 여기에 마음을 놓은 박정희 정권은 위기를 극복했다고 생각했는지 8월 23일 긴급조치 제1호, 제4호를 해제하고 투옥된 사람들도 많이 석방했다. 그러나 그것도 잠시 동안 충격 요법적인 효과를 나타낸 데 불과했다. 그 뒤에 찾아온 반동이란 더 무서운 것이었다."[60]

박정희는 긴급조치 해제에 즈음한 특별담화에서 광복절 경축식장에서의 참변을 보고 국민들은 북한 공산주의자들의 흉계를 깨닫게 되었을 것이고, 정부가 취해온 긴급조치의 참뜻도 이해했으리라고 믿는다는 논리를 펼쳤다. "8 · 15 사건을 계기로 국민총화가 굳건히 다져졌음을 보고 긴급조치를 해제한다"라는 것이었다.[61] 과연 그랬을까? 아주 다른 시각도 있다. 『월간중앙』 기자 김재명은 다음과 같이 말한다.

"1 · 4호 해제 조치는 미국 포드 행정부의 압력을 고려해서였다는 분석도 있다. 당시 포드 미 행정부는 미 의회 · 언론의 압력을 받아 박 정권에 대해 강권 정치를 얼마간 완화하도록 주문을 내고 있었다. 박 정권으로서도 그 해 11월 방한을 앞둔 포드의 체면을 살릴 현실적 필요성이 뒤따랐다. 그 참에 육영수 여사 저격 사건이 일어나자, '국민총화' 운운하며 답이 뻔히 내다보이는 주사위를 던진 것에 지나지 않았다."[62]

전국을 휩쓴 육영수 여사의 추모 물결

육영수 사망 직후 애도의 뜻을 표하기 위해 라디오 및 텔레비전은 5일간 광고가 전혀 없이 방송되었고, 한 달간 연예 프로그램은 전면 중지되었다. 육영수가 쓰러지는 장면이 MBC에서만 76회나 방송된 걸 포함하여 애도와 추모의 뜻을 담은 프로그램들이 한 달 내내 방송되었다.[63]

60) 지명관, 『한국을 움직인 현대사 61장면』(다섯수레, 1996), 130쪽.
61) 한승헌, 『불행한 조국의 임상노트: 정치재판의 현장』(일요신문사, 1997), 206쪽.
62) 김재명, 〈유신체제의 버팀목 긴급조치의 남발〉, 『월간중앙』, 1991년 9월, 378쪽.

육영수의 장례 행렬을 지켜보는 시민들로 도로는 인산인해를 이루고 있다.

　그런 작위적인 분위기에 압도된 탓인지, 육영수 사망 직후 애도와 추모의 물결은 전국을 휩쓸었다. 할머니와 부녀자들은 빈소에 와서 엎드려 통곡을 했고, 17일 상오에 일반 조문객의 수는 10만을 넘어섰다. 도청마다 마련된 빈소에는 미처 상경하지 못한 지방 조문객들이 몰려들었다.[64] 육영수에 대한 애도와 추모의 물결은 1974년을 넘어 1975년, 1976년까지 계속되었다. 박정희는 자신의 1976년 7월 4일자 일기에 다음과 같이 적었다.

　"오늘 아침 『조선일보』 사설에 의하면 어제 7월 3일에 육영수 여사 묘소를 참배한 인원이 1천만 명을 돌파하였다고 한다. 육 여사가 국립묘지에 묻힌 지 685일째 되는 저 7월 3일 오후 4시 3분에 꼭 1천만 번째로 참

63) 이환의, 〈내가 본 그때 그 순간의 대통령 · 박정희: "집사람 쓰러지는 장면도 보여줘"〉, 월간조선부 엮음, 『비록 한국의 대통령(월간조선 1993 신년호 별책부록)』(조선일보사, 1992), 187쪽.
64) 진혜숙 편저, 『육영수 여사: 그 생애와 업적』(산마음, 1983), 264–266쪽.

배한 사람은 경북 문경군 점촌읍 6리에 사는 김경자란 여인이었다. 육여사 묘소 참배를 위해서 오래전부터 여비를 모아서 이제 와서야 성묘하고 나니 마음이 후련하다고 하면서 서울 구경도 하지 않고 당일로 고향으로 돌아갔다고 한다. 이 나라 착한 백성들의 순박한 인정에 더없이 흐뭇하기만 하다."[65]

그런데 문제는 과연 그러한 애도와 추모의 물결이 순전히 자발적인 것이었는가 하는 것이다. 1976년 목사 고영근은 부흥회에서 "정부가 수많은 사람들을 동원하여 박정희 대통령 부인의 묘소를 참배케 하여 개인숭배를 조장하고 있다. 총화유신을 주장하는 사람들이 수입한 양주를 먹는다"라고 설교한 혐의로 구속 기소되었다.

1977년 2월 22일 대법원은 상고심(주심 이일규)에서 유죄를 선고한 원심을 무죄 취지로 파기하면서 "육 여사의 묘소를 집단적으로 참배한 것은 공지의 사실이며 수입 양주에 관한 말은 지도자층의 경각심을 일깨우는 취지이므로 사실 왜곡으로 볼 수 없다"라고 밝혔다. 이는 당시 '사법부 체면 살린 대쪽 판결' 가운데 하나로 거론되는 것이다.[66]

반공(反共) 드라마화

박 정권은 이 사건을 국민의 반공정신 무장의 기회로 활용하고자 하였다. 범인 문세광이 조총련의 사주를 받아 이번 사건을 저질렀다는 것이 그런 활용의 초점이었다. 그래서 즉각적인 TV 드라마 제작 명령이 떨어졌다. KBS PD 김연진은 다음과 같이 말한다.

"북한의 지령에 의한 조총련의 음모라고 즉각 결론을 내려 온 겨레가

---

65) 정재경, 『위인 박정희』(집문당, 1992), 309쪽에서 재인용.
66) 송인수, 〈법원 100년 세태 100년: 사법부 체면 살린 대쪽 판결〉, 『동아일보』, 1995년 4월 25일, 29면.

조총련의 만행에 분노를 표출할 때, 그 날 따라 토요일이라 12시에 퇴근해 머리를 식히느라 나는 방송국 근처에 있는 당구장에서 탤런트들과 당구를 즐기고 있었다.……내가 당구장을 나와 피곤한 몸을 이끌고 곧바로 집에 들어섰을 때였다. 어머니가 걱정스런 표정으로 나를 맞아 주시며 왜 지금 오느냐고 야단을 치셨다. 오후 2시부터 부장이 찾는 전화가 뻔질나게 걸려왔다면서 무슨 사고라도 저질렀나 해서 걱정을 하신 것이었다. 나는 무슨 일 때문인가 하고 급히 전화를 걸었다. 그랬더니 무조건 택시를 타고 빨리 사무실로 나오라는 명령이었다. 사무실에 도착해 얘기를 들어보니 월요일부터 당장 『조총련』 드라마를 제작, 방송해내야 한다는 것이었다. 나는 어안이 벙벙할 수밖에 없었다. 『조총련』이 정부의 정책 드라마라서 시의에 맞게 빨리 제작해야 한다는 것은 이해하겠지만 이렇게 번갯불에 콩 튀겨먹는 식으로 채근을 할 줄은 몰랐기 때문이다."[67]

물론 김연진은 그 일을 해냈다.

"방송이 1주 나간 후 당시 국무총리였던 김종필 씨가 수행원을 대동하고 직접 스튜디오로 찾아와 출연자들과 스태프를 격려하고 금일봉을 내놓았을 때는 너무 기분이 좋아 가슴마저 뛸 정도였다."[68]

이와 관련, KBS가 1977년에 발행한 『한국방송사』는 다음과 같이 말하고 있다.

"(연예 프로그램은) 9월 15일에 가서야 재개되었는데 KBS는 문세광을 밀파한 조총련의 내막을 파헤친 일일극 『조총련』을 긴급 편성하여 시청자의 뜨거운 호응을 받았다.……『조총련』은 10월 13일 호평리에 종료되었는데 봄에 방송된 『어선 일신호』와 함께 실화물의 일일극화의 가능성을 충분히 보여 준 작품이었다. 『19호 검사실』에 뒤이어 9월 4일에 시작

---

67) 김연진, 『내 연출 내 젊음 35년: 김연진의 TV 비망록』(다인미디어, 2000), 154-155쪽.
68) 김연진, 위의 책, 156쪽.

된 『노동당』은 이 『조총련』의 성공에 힘입어 11월 25일부터 일일극으로 전환되었고 실화극장은 『북에서 온 여인』으로 바뀌었다. 이 해의 연예대상(演藝大賞)은 작품 대상이 『조총련』, 그 밖의 상은 『꽃피는 팔도강산』과 『그리워』로 분산되었다."[69]

김대중 납치 사건이 원인이었다

그러나 박 정권의 주장과는 달리, 문세광은 조총련의 지령을 받은 게 아니었다. 박 정권의 김대중 납치 사건 이후 재일교포 2세들의 박 정권에 대한 반감이 극에 이르렀는데, 문세광은 김대중 구출 재일한국인대책위원회 오사카위원회 사무차장이라는 직책으로 군중대회에서 연설을 하는 등 맹활약을 해온 인물이었다.[70]

그래서 김대중 납치 사건과 육영수 피살 사건의 인과 관계를 거론하는 사람들이 적지 않다. 육영수의 장례식을 치르고 난 후 박정희도 "납치 사건이 없었더라면 이런 끔찍한 일은 일어나지 않았을 텐데" 하면서 비통해했다는 증언도 있다.[71] 문세광은 선고 법정에서 "나는 육 여사를 살해하지 않았다"라고 진술해[72] 이후 과연 누가 진범인가 하는 걸 놓고 여러 가지 의혹이 제기되었다.

당시 수사본부 요원으로 현장검증과 감식을 했던 서울시경 감식계장 이건우도 월간 『다리』 1989년 9월호에서 그런 의혹을 제기하였다. 이건우는 후일 기자 노가원에게도 육영수를 가격한 범인은 문세광이 아니라

69) 한국방송공사, 『한국방송사』(한국방송공사, 1977), 585쪽.
70) 노가원, 『청와대 경호실: 군사 정권 30년 비사』(월간 말, 1994), 333쪽.
71) 육인수의 증언. 『신동아』, 1987년 11월호, 335쪽; 김충식, 『정치공작사령부 남산의 부장들 2』(동아일보사, 1992), 52쪽에서 재인용.
72) 임희순, 〈8·15 육영수 여사 저격 사건: 박 대통령, 물 들이킨 뒤 "다시 시작하겠습니다"〉, 월간조선 엮음, 『한국 현대사 119대 사건: 체험기와 특종사진』(조선일보사, 1993), 223쪽.

고 증언하였다.[73]

　『국민일보』 1990년 5월 17일자는 〈육영수 암살 진범은 이 사람〉이라
는 제하의 1면 사진과 5월 24일자, 31일자 시사토픽을 통해 '육 여사 암
살 진범은 문세광이 아니라 청와대 경호원'이라는 보도를 해 세상을 깜
짝 놀라게 만들었다. 『국민일보』는 노가원이 이건우의 증언을 전해 들은
걸 계기로 취재팀을 구성해 다각적인 취재 끝에 보도했던 것인데, 그만
최종 확인을 건너뛰는 실수를 저지르고 말았다. 『국민일보』는 암살 음모
관련자로 이름이 거명되었던 신 아무개에게 명예훼손 소송을 당해 2천4백
만 원의 위자료를 물어 주어야 했다.[74]

---

73) 노가원, 『청와대 경호실: 군사 정권 30년 비사』(월간 말, 1994), 343쪽.
74) 〈오보 이야기: '육영수 여사 암살 진범' 보도〉, 『미디어오늘』, 1995년 11월 15일, 9면.

경호실장 차지철의 '보위 경호'

박정희를 교주(敎主)로 모신 차지철

8월 21일, 박정희 암살 미수 사건의 책임을 지고 물러난 박종규의 후임으로 차지철이 경호실장이 되었다. 차지철의 경호실장 임명은 이후 박정권은 물론 70년대 후반의 한국 사회에 큰 영향을 미치게 된다.

박정희의 심복들에게 박정희는 신앙의 대상이었다. 교주(敎主)였다. 심복들 스스로 그렇게 발설할 정도였다. 박정희는 이후락이나 박종규에게도 '교주'였지만, 차지철에겐 그 이상이었다. 이 맹목적 광신성은 70년대 후반 공권력이 보여 준 얼굴이었다.

차지철의 박정희에 대한 충성심은 독실한 신앙이었다. 그는 국회의원 시절에도 국회의사당 안에서 선배 의원을 구타하기도 했는데,[75] 그게 다 교주 박정희를 위한 것이었다. 차지철은 경호실장이 되자마자 경호체제

---

75) 김교식, 『다큐멘터리 박정희 4』(평민사, 1990), 59-60쪽.

의 강화와 정신 자세의 확립이라는 명분으로 직원에 대해 스파르타식 훈련을 실시하여 경호실 분위기를 쇄신시키고자 하였다. 그러나 그 훈련이 어찌나 지독했던지 기합을 견디다 못해 한 경호원이 자살하는 일까지 벌어질 정도였다.[76]

차지철은 경호실 차장 밑에 행정차장보와 작전차장보를 새로 만들어 현역 장성들을 데려다 앉혔으며, 청와대 내외 경호병력인 수경사 30경비단과 33경비단을 대대급에서 연대급으로 격상시켰다. 또 경호실 요원의 복장을 히틀러의 SS친위대 복장처럼 변경시켰다. 더욱 놀라운 건 '경호목적상 필요한 경우 수경사를 지휘할 수 있다'는 대통령령을 제정하여 민간인 경호실장이 군 지휘권까지 행사할 수 있게끔 만든 것이었다.[77]

차지철의 '보위(保衛) 경호'

전임 경호실장 박종규는 대통령의 '신변 경호' 뿐만 아니라 '심기 경호'를 내세웠는데, 차지철은 거기서 한 걸음 더 나아가 '보위(保衛) 경호'라는 새로운 경지를 선보였다. 그는 "각하를 지키는 것이 국가를 지키는 것이다"라는 표어를 경호실에 걸었고, "경호실은 대통령의 자리까지도 보위해야 한다"라는 소신을 당당히 주장하였다.[78]

차지철은 〈경호원가〉까지 만들었는데, 이 노래의 가사는 박정희가 차지철에게 신(神)과 같은 존재였음을 잘 말해 준다. "이 나라 이 겨레 구원자 되신 님의 뜻 받들고자 여기 모였네." 경호실에 배속된 경찰과 수경사 경비단 병력은 임무 교대를 할 때마다 이 노래를 불러야 했다. 1974년 겨울 박정희가 듣기 민망하다고 하자 차지철은 〈경호원가〉와 〈향토예비

76) 김교식, 『다큐멘터리 박정희 4』(평민사, 1990), 59쪽.
77) 한용원, 『한국의 군부정치』(대왕사, 1993), 334쪽.
78) 한용원, 위의 책, 335-336쪽.

차지철에게 박정희는 신과 같은 존재였다. 앞줄 왼쪽부터 차지철, 박정희, 이상열, 박종규.

군의 노래〉를 섞어서 부르는 걸 조건으로 하여 박정희의 허락을 받아냈
다.[79]

　차지철은 '보위 경호'를 내세워 정보수집은 물론 정치 공작 업무까지
수행하였다. 국회 요직을 비롯하여 행정부 및 국회 인사에 개입하였고,
돈을 주어 야당 의원들을 포섭하는 등 야당에 대한 정치 공작까지 담당
하였다. 차지철은 박정희를 속세를 떠난 교주로 받들면서 속세의 세계에
선 자신이 박정희 역할을 대신하고자 하였다. 그는 군부대 방문시엔 자

---

79) 김충식, 『정치공작사령부 남산의 부장들 2』(동아일보사, 1992), 311~312쪽.

신의 이름을 새긴 라디오를 선물했고, 대통령의 하사금도 자신이 직접 지급했고, 군 장성들에게 '지휘도 하사'를 해 군 통치권자 흉내를 내는 등 감히 경호실장으로선 상상하기 어려운 기이한 행동을 마다하지 않았다.[80]

작전차장보의 역할

경호실 차장보 자리가 원래 박정희가 구상한 것인지 차지철이 구상한 것인지 그건 분명치 않다. 다만 박정희도 그 자리에 의미를 부여했던 건 틀림없는 것 같다. 박정희는 1976년 7월 당시 준장이던 전두환을 경호실 차장보에 임명하였다. 이는 하나회의 우두머리를 옆에 놓고 군부를 직접 관리하겠다는 뜻으로 해석되었다.

그런데 경호실장 차지철과 전두환의 관계가 좀 모호했다. 전두환과 차지철은 위관급 시절 1공수여단 창설 멤버로 같이 근무했고, 미국 포트 베닝 레인저 훈련을 받으러 갔을 때는 전두환이 선임이자 단장이었기 때문이다. 전두환은 자신이 차지철 밑으로 들어간다는 것에 대해 처음엔 자존심이 상해 반발했으나, 그것이 박정희의 뜻임을 알고 순응했다는 것이다.[81]

그러나 기존 문헌들은 한결같이 변화된 경호실 체제를 차지철의 작품으로 보고 있다. 『신동아』기자 손광주는 다음과 같이 말한다.

"공수단 대위로 제대한 그는 경호실 차장에 군단장을 지낸 현역 중장을 임명, 스스로 대장의 지위에 오르려 했다. 뿐만 아니라 그전에 없던 작전과 행정차장보 직제를 신설, 현역 준장을 보임했다. 전두환 노태우

---

80) 김진, 『청와대 비서실 1』(중앙일보사, 1992), 79쪽.
81) 박보균, 『청와대 비서실 3』(중앙일보사, 1994), 32쪽.

전 대통령이 차지철 실장 밑에서 잇따라 작전차장보를 지냈다. 작전이나 행정차장보를 지낸 장성은 청와대 근무를 끝낸 다음 모두 소장으로 진급해서 나갔다."[82]

3공에서 6공 초까지 청와대 비서실에 근무했던 K는 주로 정치 장교들이 거쳐갔던 작전차장보의 역할에 대해 다음과 같이 말한다.

"작전차장보가 하는 일은 별 게 없었다. 주로 박 대통령이 골프장 갈 때 먼저 가서 '이상없다'고 보고를 하는 정도였다. 전두환 작전차장보가 워키토키 들고 골프장 숲 속을 뛰는 광경을 자주 봤다. 경호처에서 해도 될 일을 작전차장보가 한 것이다. 작전·행정차장보는 차 실장이 자기 휘하에 '별을 거느린다'는 위세를 보여 주기 위해 만든 자리에 불과했다."[83]

박정희 유일체제의 비극

차지철은 1977년부터 매주 금요일 30경비단 연병장에서 경호실 요원, 30·33경비단, 공수단, 특경대의 '국기강하식'을 거행하였다. 그는 국기강하식과 함께 열병·분열을 하면서 국회 요인, 공화당 간부, 장관 및 군장성(3군 참모총장을 비롯하여 재경 부대장)들을 참석시켜 경호실장의 권위를 높여 주는 들러리를 서도록 했을 뿐만 아니라 그들에게 경호휘장(친위대임을 표시하는 휘장)을 패용하도록 했다.[84]

또 차지철은 자신의 권력을 과시하기 위한 '대통령 경호위원회'라는 특별 기구를 만들기까지 했다. 위원장은 경호실장이고, 위원은 중앙정보부장, 국방부 장관, 내무부 장관, 검찰총장, 치안본부장, 육해공군 참모

82) 손광주, 〈10·26 총성 차지철 거동 미스터리〉, 「신동아」, 1995년 3월, 247쪽.
83) 손광주, 위의 글, 248쪽에서 재인용.
84) 한용원, 「한국의 군부정치」(대왕사, 1993), 334-336쪽.

총장 등이었다. 그는 매월 1-2회 이 회의를 소집하면서 이미 신(神)의 반열에 오른 박정희의 경호를 빙자하여 사실상의 속세(俗世) 대통령 노릇을 만끽하고자 하였던 것이다.[85]

차지철이 친 '인의 장막'은 그 누구도 뚫고 들어가기 어려웠다. 장관도 차지철이 허락하지 않으면 박정희를 만날 수 없었다.[86] 그는 장관들에게 대통령 결재를 받을 문서는 꼭 하루 전에 자기 방에 갖다 놓도록 요구했다. 그는 "일본 명치유신 때 어느 신하가 왕에게 올리는 문서의 귀퉁이에 독약을 발라 놓은 일이 있었다"라는 이유를 댔지만, 그 핑계를 대고 정보를 독점하고자 했던 것이다.[87] "모 장관이 경호실을 거치지 않고 대통령에게 직행했다가 차 실장에게 '쪼인트(정강이)'가 까였다는 소문은 사실"이라는 경호실 고위 간부의 증언도 있다.[88]

1976년 12월 김재규가 중앙정보부장에 임명되었을 때만 해도 김재규와 차지철의 사이는 좋았다고 한다. 그러나 자신을 거치지 않고 대통령을 만났다는 이유로 장관의 정강이를 발로 차는 차지철과 명색이 중앙정보부장인 김재규의 상호 충돌은 이미 예고되어 있는 것이나 다름없었다. 두 사람의 '충성 경쟁'에 따른 '정보 전쟁'과 그 여파는 박정희 유일체제를 용납한 한국 사회의 비극이었다.

차지철의 상상을 초월하는 월권 행위에 대해 순응했던 그 수많은 고위 공직자들과 장성들에게 과연 차지철을 비판할 자격이 있을까? 모두 다 미쳐 돌아가는 세상이었다는 게 면책 사유일까?

85) 손광주, 〈10·26 총성 차지철 거동 미스터리〉, 『신동아』, 1995년 3월, 247쪽.
86) 김충식, 『정치공작사령부 남산의 부장들 2』(동아일보사, 1992), 288쪽.
87) 김진, 『청와대 비서실 1』(중앙일보사, 1992), 80쪽.
88) 손광주, 위의 글, 246쪽.

김영삼의 신민당 총재 당선

최연소 야당 총재의 탄생

1974년 4월 28일 유진산이 사망하였다. 그로부터 약 4개월 후인 8월 22일 신민당 전당대회가 열리게 되었다. 당수에 출마한 여러 후보들 가운데 김영삼과 정해영은 선명야당론을 제창하였다. 정해영은 6월 7일 충주에서 이른바 '유신 야당'과 '각서 의원'의 실체를 폭로하는 다음과 같은 발언을 하였다.

"신민 의원 가운데 30명이 지난번 선거 때 모 기관에 각서 써주고 출마했다. 그 각서는 당선 후 유신헌법 개정 대열에 안 나서겠다는 내용이다."[89]

1차 투표 결과는 총투표 7백27표 중 김영삼 197, 김의택 143, 정해영 126, 고흥문 111, 이철승 107표로 나왔다. 고흥문이 김영삼, 이철승이 김

---

89) 김충식, 『정치공작사령부 남산의 부장들 2』(동아일보사, 1992), 151쪽.

박정희 옆에서 국회 공작을 담당하던 차지철의 음모에도 불구하고 최연소(46세) 야당 총재로 당선된 김영삼.

의택을 밀기로 하고 중도 사퇴하였다. 2차 투표 결과는 김영삼 324, 김의택 203, 정해영 185표로 나왔다.

과반수 미달로 전당대회 의장 이충환이 결선투표를 선언하자, 김의택 지지파 당원 30여 명이 단상으로 뛰어올라가 결선투표를 다음 날로 연기할 것을 요구하였다. 결선투표를 그 날 하건 다음 날 하건 그게 무어 그리 중요하다고 그 난리를 쳤던 걸까? 다음과 같은 이유 때문이었다.

"밤은 공작의 무대였다. 하룻밤은 돈과 힘을 구사하는 공작측에겐 대세를 뒤집고도 남을 만한 시간이었다."[90]

고흥문이 김의택을 설득하였다. "대세는 결정되었소, 밤 사이에 뒤바뀔 수도 있지만 그렇게 되면 당은 파멸이오."[91] 김의택이 대범하게 패배를 인정해 결선투표 없이 김영삼이 당선되었다. 최연소(46세) 야당 총재가 탄생한 것이다.

차지철의 공작 실패

김영삼의 당선은 차지철의 공작 실패를 의미하는 것이었다. 차지철은 전당대회 바로 전날 경호실장 박종규의 뒤를 이었지만, 이미 박정희의 국회 공작을 전담하고 있었다.

"차(車)는 경호실장 부임 전부터 국회에서 나름의 야당 공작을 맡고 있었던 것이다. 30대에 외무, 내무위원장을 거친 그는 '각하' 신임이라는 힘과 돈을 갖고 있었다. 그래서 젊은 그를 백모, 장모, 문모, 강모 의원 등 나이 지긋한 중진 의원들이 국회에서 수발들고 있었다. 유신시대 무임소 장관을 지낸 김모씨는 '차(車) 휘하의 그 의원들은 유신 말기에

---

90) 김충식, 『정치공작사령부 남산의 부장들 2』(동아일보사, 1992), 154쪽.
91) 김충식, 위의 책, 155쪽.

국회 밀정 노릇을 했다'고 증언했다. 그리고 덩달아 야당의 신진 기예로 꼽히던 이모 의원 같은 이들도 신민당 총재보다 차(車)를 섬기는 사태가 생겼다."[92]

개헌투쟁 선언과 박정희의 위협

개헌투쟁은 김영삼의 공약(公約)이었다. 박정희는 김영삼의 당선을 매우 불편하게 생각했다. 그는 청와대 출입기자들에게 유신 때 모든 야당 의원이 각서를 쓴 약점을 지적하며 비판하는 발언을 했다.

"야당은 싫든 좋든 현 체제를 받아들여야 해. 그들도 국회의원 선거 때는 유신헌법을 받아들이겠다고 선서하지 않았는가 말야. 의원 당선 선 서시에 '헌법을 준수하겠다'고 해놓고 이제 와서 뜯어고치라는 기만적 인 사람도 있어. 그게 무슨 정치인이야, 협잡배지.……따지고 보면 말야, 야당 가운데 현 체제의 선거법이라든지 헌법이 아니면 당선 안 됐을 사 람도 많잖아."[93]

그러나 신민당 의원들은 전부는 아닐망정 상당수가 공포에 질려 강압 적으로 쓴 각서가 무슨 소용이냐는 생각을 갖고 있었다. 신민당은 11월 '개헌 대강(大綱)'을 마련했다. 총재 김영삼은 "개헌 추진 원외투쟁도 하 겠다"라고 선언했다. 박정희는 11월 30일 수출의 날, 12월 13일 검사장 회의 등 기회 있을 때마다 "개헌획책 체제 도전은 용납 못한다"라고 위 협했다.[94] 그러나 재야운동도 활발해지면서 개헌투쟁은 점점 무르익어 가게 되었다.

---

92) 김충식, 『정치공작사령부 남산의 부장들 2』(동아일보사, 1992), 150-151쪽.
93) 김충식, 위의 책, 157쪽.
94) 김충식, 위의 책, 158쪽.

김수환, 지학순, 천주교정의구현전국사제단

김수환의 성탄절 미사 강론

70년대의 민주화운동에서 가톨릭은 매우 큰 기여를 하였다. 특히 추기경 김수환, 주교 지학순, 그리고 천주교정의구현전국사제단의 활약이 돋보였다. 김수환은 1971년 성탄절 미사 강론에서 박정희를 비판하였다. 그는 후일 당시의 고뇌를 다음과 같이 회고하였다.

"71년 방송 미사에서 박정희 대통령이 국회에 비상대권을 요구한 것을 비판하였을 때도 굉장한 고심을 했다. 당시 기자회견을 해도 신문이 말을 할 수 있는 상황이 아니었으므로 생방송은 정말 좋은 기회였다. 그렇지만 비상대권이 국가보위를 위해 정말 필요한 거냐, 꼭 내가 말을 해야 하느냐 하는 걸 두고 성탄 전야를 꼬박 고뇌한 끝에 이튿날 미사 한 시간 전에 '나 아니면 말할 사람이 없다'고 결론을 내려 미사 강론에 그 문장을 삽입했다."[95]

김수환은 다음과 같은 말도 했다.

"정부와 사회지도층은 국민의 소리를 들을 줄 알아야 합니다. 그들의 양심의 외침을 질식시켜서는 안 됩니다. 만일 현재의 사회부조리를 극복하지 못하면 우리 나라는 독재 아니면 폭력혁명이란 양자택일을 해야 할는지도 모릅니다."

그런데 이를 생중계한 KBS 방송요원들에게 날벼락이 떨어졌다. 현장에서 중계방송을 담당하던 프로듀서, 아나운서, 엔지니어, TV 기술감독 등 현장 요원은 물론 방송국 스튜디오에서 현장 중계를 받아 진행을 하던 진행자(MD), 기술감독까지 모두 중앙정보부 지하실로 끌려가 호되게 당하고 나왔다. 방송인 박창학은 다음과 같이 말한다.

"조사를 받은 사람 중에 박○○ 아나운서는(현재 캐나다 거주), 학력을 묻는 수사관에게 신학대학을 졸업하였다고 답변했다. 그러자 조사관은 험악하게 욕을 퍼부었다. 'XX의 새끼야! 신학대학에서 하느님이 그렇게 중계하라고 시키더냐?' 박 아나운서는 극심한 가혹 행위까지 당했다. 그런 일이 있은 다음부터, 그는 웃음을 잃었다. 그리고 얼마 후에 한국에서는 살맛을 잃어버렸다고 하며 캐나다로 이민을 가 버렸다."[96]

김수환의 8·15 시국선언

김수환은 유신 이전부터 유신을 예견하고 있었던 것으로 보인다. 그는 1972년 8·15 시국선언을 통해 그 유신 음모를 저지하려고 했지만, 역부족이었다. 김수환이 "1인 독재는 절대로 안 된다"라고 8월 15일 시국선언을 하자 박정희가 보여 준 반응은 성모병원에 대한 대대적 세무사찰이었다.

95) 이것은 김수환 추기경이 당시 상황에 대해 1993년 4월 18일자 「평화신문」과 인터뷰에서 한 말을 「토요신문」 문일석 편집위원이 1993년 4월 24일자에 정리해 보도한 내용을 인용한 것이다.
96) 박창학, 「방송 PD수첩」(석향, 2001), 90쪽.

그로부터 2개월 후인 10월 17일 이 나라를 긴 독재의 수렁에 밀어 놓은 유신체제가 그 모습을 드러낸 뒤, 김수환은 성탄절 미사에서도 박정희 정권을 비판하는 등 인권 보장을 위해 애를 썼지만 그에게 돌아간 건 박 정권의 탄압뿐이었다.

김수환은 후일 "그때 정부측은 로마 교황청에 사람을 보내어 '김수환은 안 되겠다' 는 압력을 넣은 일이 흔했다. 재미있는 것은 그때마다 오히려 로마에서는 '누구누구가 다녀갔다' 고 제게 알려 주었다는 사실이다" 라고 회고했다.[97]

지학순의 양심 선언과 석방 기도회

앞서 이야기한 바와 같이, 원주교구장인 주교 지학순이 민주화운동에 나서게 된 계기는 박정희가 장악한 5 · 16 장학회를 비롯한 권력과 금력을 가진 자들의 부정부패 때문이었다. 눈물 어린 설득과 호소도 아무 소용이 없었다. 지학순은 다음과 같은 결론을 내리게 되었다.

"도시 주변의 하수구와 같이 권력층에 썩은 물이 범람하는 꼴을 보고도 말 못하는 교회라면 교회는 죽은 교회라고 생각했다. 정의가 완전히 무시되고, 조직적 악의 세력으로 조금도 주저 없이 선민을 밟아버리는 그들 앞에 행동만 있을 뿐이다. 그 행동은 바로 진리의 길이요, 그 행동은 바로 구국의 길임을 단정하였다. 그리하여 반부정부패 시위를 벌이기로 하였다."[98]

1971년 10월 5일에 벌어진 부정부패 추방 시위에 대해 김정남은 다음과 같이 말한다.

---

97) 이것은 김수환 추기경이 당시 상황에 대해 1993년 4월 18일자 『평화신문』과 인터뷰에서 한 말을 『토요신문』 문일석 편집위원이 1993년 4월 24일자에 정리해 보도한 내용을 인용한 것이다.
98) 김정남, 〈다만 정의가 강물처럼 흐르게 하라: 70년대 원주 그리고 지학순 주교〉, 『생활성서』, 1999년 9월, 108쪽에서 재인용.

"오후 7시 30분, 원주교구 성직자, 수도자, 평신도 1,500여 명은 주교 좌 원동성당에서 지학순 주교와 교구사제단이 공동 집전하는 '부정부패 일소를 위한 특별 미사'에 참례한 후 '부정부패 뿌리뽑자', '사회정의 이룩하자'라는 구호를 외치며 시위에 나선 것이다. 교회로서는 일찍이 없었던 일이요, 시국상황으로 보더라도 뜻밖의 사건이었다. 어떤 교우 정치학자는 '1971년 10월 5일은 한국 가톨릭교회가 그 면모를 일신한 역사적인 날이었다'라고 쓰고 있다. 경찰의 제지를 받아 성당으로 되돌아온 시위대는 성당 마당에서 그 날 밤을 꼬박 새우며 이 땅에 가득한 부정부패와 불의가 가시고 정의로운 사회가 이룩되도록 간절한 기도를 바쳤다. 다시 하루를 더하여 연 사흘에 걸친 부정부패 규탄대회를 계속한 뒤인 7일 오후 5시, '사회정의를 위한 투쟁위원회'를 결성, 부정부패 추방운동을 계속할 것을 다짐하면서 시위를 마감했다. 이렇게 시위와 농성은 사흘 만에 끝났지만, 이 부정부패 추방운동은 교회 안팎에 커다란 충격을 불러일으켰고, 지학순 주교가 가는 곳에는 언제나 많은 사람들의 눈길이 따랐다."[99]

1974년 7월 민청학련 사건 관련자에게 자금을 지원했다는 명목으로 구속 기소된 지학순은 "유신헌법은 진리에 반대되고, 민주헌정을 배신적으로 파괴하여 조작된 것이기 때문에 무효이며, 공판을 위해 비상보통군법회의에 출두할 수 없다"라는 내용의 양심 선언을 했다. 지학순이 군법회의에 강제 소환되어 15년 형을 선고받고 수감되어 있는 동안 전국 각지에서는 지학순 석방을 위한 기도회가 개최되었다.[100]

시인 고은은 지학순에 대해 다음과 같이 말한다.

"강원도 두메산골 사람들에게/그의 몸이 바쳐져/어느덧 그도 두메산

---

99) 김정남, 〈다만 정의가 강물처럼 흐르게 하라: 70년대 원주 그리고 지학순 주교〉, 『생활성서』, 1999년 9월, 106-107쪽.
100) 임박미리, 〈70년대 암흑 밝힌 양심의 등불 정의구현의 사제, 지학순 주교〉, 『민주유공』, 1997년 3·4월, 31쪽.

골 사람이었다/평안도 장부 하나/잔재주라고는/통 모르고/주교관 마당에서 소주 마시며/박정희를 서슴지 않고/개새끼라고 퍼부어대는 두메산골 사람이었다/사랑과 연민으로도 힘차고/분노로도 힘찼다/천주교 원주교구는/몇 번인가는 싸움의 발상지였다/시위대열 복판에는/항상 그가 있었다/오랫동안 그의 뒤에 이창복이 있었다/그의 앞에 김지하가 있었다/그러나 치악산 긴 자락의 밤에는/그는 병과 기도가/그의 동지였다"[101]

정의구현전국사제단과 김수환

1974년 9월 24일 원주 원동성당에서는 지학순의 구속에 항의, 3백여 명의 신부들이 '정의구현전국사제단'을 발족하였다. 앞서 지적되었듯이, 추기경 김수환의 사회 개입은 인권 문제였지 정치참여는 아니었다. 그러나 당시 그를 마땅치 않게 생각했던 사람들은 그걸 '정치참여'로 몰아붙이면서 그를 비판했다. 정의구현전국사제단이 결성되고 본격적인 사회참여를 하면서 김수환의 인권에 대한 관심은 박 정권과 갈등을 심화시켰다.

심지어 교회 내의 보수적인 반대 세력도 김수환을 여러 차례에 걸쳐 교황청에 고발했다고 하니 그가 당시 겪었을 고뇌를 어찌 미루어 짐작이라도 할 수 있을까. 그는 물러날 생각까지 했던 것 같다. 그는 언젠가 "추기경께서는 송별 미사 강론 때 '서울대교구장으로 있으면서 도망치고 싶고 짐을 벗고 싶을 때가 한두 번이 아니었다'고 하셨는데"라는 질문에 대해 다음과 같이 답했다.

"주로 70년대 유신 정권 시절이었습니다. 정부와 긴장과 갈등 관계에 있었죠. 교회 내에서도 내가 너무 반정부적이라고 비판하는 이들이 있었

---

101) 고은, 『만인보 제12권』(창작과비평사, 1996), 117-118쪽.

고 정부에서는 로마교황청에 사람을 보내기도 했어요. 상황이 심각해 당시 도세나 교황에게 '교회를 위해 제가 물러나야 되지 않겠습니까' 라고 상의를 드린 적도 있었죠."[102]

그러나 이후 정의구현전국사제단은 김수환과 더불어 인권운동과 민주화운동의 지킴이 역할을 톡톡히 해내게 된다. 박정희의 김수환에 대한 생각은 어떤 것이었을까? 박정희의 공보비서관을 지낸 선우연은 자신의 1974년 12월 11일자 비망록에 박정희의 발언을 다음과 같이 기록하였다.

"김 추기경 못 쓰겠더군. 젊은 사람이 추기경이 되니까 다른 사람들도 자세가 많이 달라진 것 같아요. 김 추기경은 내가 보기에 정부가 하는 일에 대해서 사사건건 마땅치 않게 생각하는 것 같더군."[103]

박정희는 자신이 김수환에 비해 나이를 훨씬 더 먹은 것처럼 말했지만, 박정희는 김수환보다 다섯 살(박정희 57세, 김수환 52세) 더 먹었을 뿐이고 당시 둘 다 같은 50대였다.

---

102) 이것은 1998년 6월 30일 방송인 모임인 여의도클럽 초청 간담회에서 나온 말이다. 「동아일보」, 1998년 7월 1일, A6면.
103) 〈집중연재 박정희 육성증언: 선우연 공보비서관, 8년간의 육성 비망록 여섯 권, 역사적인 대공개!〉, 「월간조선」, 1993년 3월, 176쪽.

불길처럼 번진 자유언론실천선언

박 정권의 언론통제

박 정권의 폭압에 짓눌려 언론이 제 기능을 전혀 못하고 있을 때, 일부 양심적인 기자들은 그간 여러 차례 좌절된 자유언론운동을 추진해 갈 수 있는 기구로 노동조합을 선택하고 노조의 설립에 힘을 기울이게 되었다. 그 결과 1974년 3월 6일 동아노조가 설립되었다.

그러나 사측은 3월 8일 '집단소요행동'이라는 이유로 노조 임원 11명 전원을 포함한 13명을 해고하였다. 노사갈등의 우여곡절 끝에 타협책이 만들어졌는데, 이에 따라 노조 활동은 금지된 대신 4월 12일 사장 김상만은 특별담화문을 발표해 해고된 전원을 사면하였다.

그 정권에 그 언론이었다. 1974년 9월에 한국기자협회 회장 선출이 있었는데, 서울의 각 신문사 발행인들은 서울 소재 신문사 기자들은 회장 출마를 하지 못하도록 결의를 했다. 도대체 그게 결의를 할 수 있는 사항이란 말인가.

신문 발행인들이 정권과 유착되어 있는 상황에서 탄압의 대상은 늘 기자들이었다. 1964년 11월 10일부터 1974년 말까지의 약 10년간 기자들에 대한 폭행 사건은 모두 97건이었는데, 그 이유를 살펴보면 취재 방해가 64건에 66%, 기사 불만에 대한 보복이 29건에 30%로 나타났다.[104]

취재 방해 및 보복과 더불어 '협조' 형식의 통제도 가해졌다. 예컨대 1974년 10월 19일 문공장관은 각 신문사의 편집국장과 방송사의 보도국장을 불러 ① 데모, 연좌 등 학원 내의 움직임은 당분간 일체 보도를 삼가고, ② 학생들이 거리로 뛰쳐나왔을 때는 1단 정도로 작게 취급하며, ③ 월남의 공산화 사례를 크게 취급하지 말고, ④ 연탄 문제 등 사회불안을 조성할 우려가 있는 기사는 되도록 작게 취급해 달라는 요청을 하였다. 이 외에도 8월엔 미 하원의 청문회 관계 보도는 문공부 검사반이 알려주는 내용만 보도하라, 11월엔 김영삼의 국회연설을 톱으로 싣지 말라는 등의 '협조 요청'을 수시로 하였다.[105]

부정부패도 '국가안보'로 은폐한 박 정권

박 정권의 언론통제는 늘 '언어조작'을 수반하였다. 박 정권은 언론으로 하여금 공공요금, 각종 협정가격 등을 인상할 때 '인상'이란 용어 대신에 '현실화'라는 용어를 쓰도록 했고, 학생 데모는 '학원 사태'로, 임금동결 조치는 '임금 안정'으로, 부정부패는 '사회부조리'로 쓸 것을 요구하였다.[106]

박 정권은 '국가안보'라는 단어도 오용 및 남용했다. 심지어는 이런

---

104) 송건호, 『한국현대언론사』(삼민사, 1990), 177-178쪽.
105) 조항제, 〈1970년대 한국 텔레비전의 구조적 성격에 관한 연구: 국가정책과 텔레비전 자본간의 관계를 중심으로〉, 서울대학교 대학원 신문학과 박사학위 논문, 1994년 2월, 58쪽.
106) 성유보, 〈동아일보 기자 자유언론실천선언: "언론자유는 스스로 쟁취하는 것이다"〉, 월간조선 엮음, 『한국 현대사 119대 사건: 체험기와 특종사진』(조선일보사, 1993), 227쪽.

일도 있었다. 1974년 9월 초, 특권 상류층 여성들 다수가 보석 밀수에 관련된 사건이 있었는데, 박 정권은 '국가안보'를 내세워 이 사건을 기사화하지 못하도록 압력을 가했다. 집권 세력과 특권 부유층의 부정부패와 타락까지도 '국가안보'라는 미명하에 은폐되고 보호되었던 것이다.[107]

'박영복 거액 부정대출 사건'도 당시 박 정권의 부패상을 잘 말해 주는 사건이었다. 1974년 2월 2일 대검 특별수사본부는 남의 땅을 위조해 담보로 제공, 중소기업은행에서 7억여 원을 부정 대출받은 혐의로 금록통상 대표 박영복(39세)을 구속했다고 발표했다. 그러나 그게 전부가 아니었다. 4월 17일 은행감독원은 박영복 계열의 18개 업체에 8개 시중은행에서 총 74억 원이 수출금융 명목으로 부정 대출되었다고 밝혔다. 당시 쌀 1가마에 1만 4천 원 하던 시절이었으니, 74억 원이면 얼마나 큰돈인지 알 수 있을 것이다.

은행장들이 줄줄이 검찰에 출두하는 등 제법 수사를 하는 척했지만, 검찰은 8명을 구속 기소하면서 단순 사기 사건으로 끝내고 말았다. 국회 조사 결과 중앙정보부의 개입이 있었음이 밝혀졌는데도 말이다. 게다가 박 정권은 4월 25일 민청학련 수사 결과 중간 발표와 함께 이 사건의 전모를 밝혀 세인의 관심을 돌리고자 하였다. 박영복 사건의 진상은 제대로 밝혀지지 않았고, 박영복은 후일 시인 고은의 『만인보』에 다음과 같이 기록되었다.

"이후락 부장/이제걸 실장/김보국 과장/박태룡/김해영 전실장들도 다 간여되었다 했다/박영복/그는 사기꾼만이 아니다/수많은 한국의 선남선녀들을/가슴 부풀려/1만 원도 없으면서/천만 원도 간에 차지 않게 만들었다/연탄 한 덩어리 5백 원일 때/1억/10억 따위를 마음속에서 매운 풋고추 먹은 듯 얼얼하게 만들었다"[108]

---

107) 송건호, 『한국현대언론사』(삼민사, 1990), 177쪽.

31개 언론사로 파급된 '자유언론실천선언'

긴급조치의 해제에도 불구하고 박 정권의 억압적인 정책은 계속되었다. 대학가에서는 1974년 9월 서울대의 '구속학생 석방건의 서명운동'을 계기로 데모가 파급되었다. 10월 10일부터 대학생들이 개헌을 요구하는 농성과 시위를 시작하였고, 10월 중순엔 전국 대학으로 확산되었다. 이는 언론의 양심적인 기자들을 자극하였다.

박 정권의 주도면밀한 탄압 속에서도 언론사 노조 활동이 완전히 죽은 것은 아니었다. 공식적으론 노조는 금지되었지만, 수면하에서 은밀하게 활동하고 있었다. 그 성과는 6개월 후에 나타났다.

10월 24일 오전 9시 15분 『동아일보』 편집국 · 출판국 · 방송국 기자 180여 명은 3층 편집국에 모여 '자유언론실천선언'을 박수로 채택하였다. 이는 24일 밤 곧 바로 『조선일보』와 『한국일보』로 번졌으며, 이틀 사이에 서울과 지방을 망라한 31개 신문 방송 통신사가 선언문을 채택하였다. 『동아일보』 10 · 24 선언문의 전문은 다음과 같다.

"우리는 오늘날 우리 사회가 처한 미증유의 난국을 극복할 수 있는 길이 언론의 자유로운 활동에 있음을 선언한다. 민주사회를 유지하고 자유국가를 발전시키기 위한 기본적인 사회 기능인 자유언론은 어떠한 구실로도 억압될 수 없으며, 어느 누구도 간섭할 수 없는 것임을 선언한다. 우리는 교회와 대학 등 언론계 밖에서 언론의 자유 회복이 주장되고 언론인의 각성이 촉구되고 있는 현실에 대해 뼈아픈 부끄러움을 느낀다. 본질적으로 자유언론은 바로 우리 언론 종사자들 자신의 실천 과제일 뿐 당국에서 허용받거나 국민 대중이 찾아다 주어지는 것이 아니다. 따라서 우리는 자유언론에 역행하는 어떠한 압력에도 굴하지 않고 자유민주사

---

108) 고은, 『만인보 제13권』(창작과비평사, 1997), 50-51쪽.

회의 존립의 기본 요건인 자유언론 실천에 모든 노력을 다할 것을 선언하여 우리의 뜨거운 심장을 모아 다음과 같이 결의한다. 1. 신문·방송·잡지에 대한 어떠한 외부 간섭도 우리의 일치된 단결로 강력히 배제한다. 1. 기관원의 출입을 엄격히 거부한다. 1. 언론인의 불법 연행을 일체 거부한다. 만약 어떠한 명목으로라도 불법 연행이 자행되는 경우 그가 귀사할 때까지 퇴근하지 않기로 한다."[109]

'땅굴'도 약화시키지 못한 반(反)유신투쟁

대학생들의 시위는 계속되어 10월 28일 문교부는 서울대, 이화여대, 고려대, 한국신학대 등에 휴업령의 전 단계라 할 수 있는 계고장을 보냈다. 11월 광주에서는 고등학생 2백여 명까지도 데모를 감행했다. 바로 그 날 신민당 총재 김영삼도 개헌을 위한 원외투쟁을 선언하였다.[110]

11월 15일 경기도 고랑포 부근의 비무장지대 안에서 북한군이 남쪽으로 파내려온 땅굴이 발견되어 세상을 깜짝 놀라게 만들었고, 11월 20일 국회에서는 여야 일치로 '북괴의 침략 규탄 결의문'이 채택되었다.

한승헌은 "그러나 땅굴 발표에 뒤이은 안보론도 각계의 반유신투쟁을 약화시키지는 못했다. 차라리 참다운 안보를 위해서는 민주주의와 인권이 하루속히 회복되어야 한다는 생각이 민중과 지식인의 머리를 지배하고 있었다"라고 말한다.[111] 11월 20일 밤, 가톨릭은 '기본권 회복을 위한 철야 기도회'를 전국 12개 도시에서 일제히 개최하였다.

---

109) 동아일보사 노동조합, 『동아 자유언론실천운동 백서』(동아일보사, 1989), 166쪽.
110) 한승헌, 『불행한 조국의 임상노트: 정치재판의 현장』(일요신문사, 1997), 209쪽; 한용원, 『한국의 군부정치』(대왕사, 1993), 316쪽.
111) 한승헌, 위의 책, 209쪽.

포드의 방한(訪韓)과 김한조의 로비

1백만 달러를 주고 산 포드의 방한(訪韓)?

1973년 4월 30일 미국의 닉슨 정권은 워터게이트 사건으로 곤경에 빠진 이래로 1년 수 개월간 버티다가 결국 1974년 8월 8일 사임하고 말았다. 8월 10일 부통령 포드가 미국 제38대 대통령으로 취임하였다.

일종의 '닉슨 콤플렉스'를 갖고 있었던 박정희는 닉슨의 사임을 내심 크게 반겼고, 후임인 포드를 대상으로 로비를 전개하였다. 그런 로비가 주효하여 포드는 1974년 11월 22일 한국을 방문하게 되었다. 블라디보스토크에서 서기장 브레즈네프와 회담하기 위해 극동 방문의 길에 오른 포드는 일본을 방문한 후 1박 2일의 일정으로 서울을 방문해 박정희와 회담을 한 것이다.

그러나 후일 '포드 방한을 위한 100만 달러 로비설'이 떠돌았다. 박정희의 대미(對美) 로비스트였던 김한조가 100만 달러를 백악관에 전했다는 것이다.[112] 미국에서 성공한 사업가로 알려진 김한조의 증언에 따르면, 박정희는 철제 거북선 모형에 60만 달러를 넣어 김한조에게 보냈다. 2년 후 대통령 선거를 준비해야 할 포드에게 주기 위해서였다. 김한조는 다음과 같이 말한다.

"나는 그 60만 달러에 우선 회사 돈 40만 달러를 더 보태 정확히 1백만 달러를 만들어 백악관에 보냈습니다. 포드 대통령을 움직이는 데 60만 달러는 아무래도 적다는 생각이 들었기 때문이죠. 선거를 앞둔 대통령이 질 않습니까.……서울에서 60만 달러를 철제 거북선 모형에 넣어 보낸 이유는 달러 지폐에 미세한 검색용 철선이 삽입돼 있어 공항의 검색 장치를 피하기 위해 꾀를 냈던 겁니다. 통상적으로 외교 행낭은 미국 정부의 통관 검사없이 오갈 수 있는데도 당시 한국만큼은 예외였어요. 늘 미국의 감시망에 걸려 있는 것이나 다름없을 정도로 한국 정부가 연약했던 거죠."[113]

김한조는 나중에 자신이 채워 넣은 40만 달러를 박정희에게서 받았다고 한다. 그런데 일부 언론에서는 당시 1백만 달러의 자금 중 60만 달러의 행방에 대해 의혹을 제기하였다. 이에 대해 김한조는 다음과 같이 말한다.

"76년 9월 미 법무성에서 박동선의 로비 활동에 대해 조사를 시작했으나 나는 크게 걱정하지 않았다. 나의 로비는 박동선처럼 여자·술·돈 등이 마구 뿌려지는 떠들썩한 로비와는 달랐다. 나는 박 대통령으로부터 직접 1백만 달러를 받아 백악관의 수뇌부에 전달했다. 또 60만 달러를 내가 착복한 것처럼 자꾸 의혹을 제기하는 것은 나를 모함하려는 일부 세력의 음모다. 나에 대한 조사가 이루어지던 77년 1월 박 대통령을 만나 백악관에 전해진 백만 달러의 영수증을 분명히 전달했다. 돈 60만 달

---

112) 정진석, 『총성 없는 전선: 격동의 한·미·일 현대 외교 비사』(한국문원, 1999), 25~27쪽.
113) 정진석, 〈유신 정권 '포드 방한' 로비 극비 공작〉, 『한국일보』, 1995년 9월 25일, 9면.

러를 떼먹으려고 1천2백만 달러의 변호사 비용을 쓰는 바보는 없을 것이다."[114]

박정희와 김한조의 관계

김한조는 자신의 로비 효과에 대해선 다음과 같이 말했다.

"먼저 미군 철수를 중지시키고 4천만 달러의 군사원조를 얻어냈다. 또 당시 상황으로서는 어려웠던 포드 대통령의 방한을 성사시켰다."[115]

박정희가 김한조의 로비 결과에 대해 크게 흡족해했던 건 분명하다. 김한조는 포드의 방한(訪韓)이 성사된 뒤 1975년 1월 청와대 가족 만찬에 초대될 정도로 박정희의 극진한 환대를 받았다. 그러나 김한조는 그로부터 약 2년 후 박 정권의 그런 낮은 수준의 대미(對美) 로비가 미국 내에서 이른바 '코리아게이트'로 비화되면서 몰락하는 운명에 처하게 된다.

미국의 친한파 의원에 대한 환대

포드의 방한을 성사시켜 준 중간 다리역을 맡았던 포드의 친구이자 의원인 태니 가이어도 박정희의 극진한 환대를 받았다. 『한국일보』 논설위원 정진석은 다음과 같이 말한다.

"1975년 8월 초순, 진해에서 여름 휴가를 보내고 있던 박정희 대통령은 4명의 미국 손님을 바닷가 별저로 초대했다. 박 대통령은 이들의 진해행을 위해 특별기까지 내주었다. 태니 가이어 의원을 비롯해 로버트 마르시아노, 래리 윈, 벤다 자케트 의원 등 미 의회 공화당의 친한파 의

114) 윤길주, 〈인터뷰 · '코리아게이트'의 주역 김한조 씨: "국가를 위한 일이었기에 이런 고통을 참고 삽니다"〉, 『뉴스메이커』, 1995년 9월 28일, 59면.
115) 윤길주, 위의 글, 59면.

원들이었다. 박 대통령은 가이어 의원에게 특별한 호감을 표시했다. 호남형의 얼굴에 말솜씨까지 뛰어난 그에게 '빅터 마추어(미국의 유명한 영화배우)와 닮았다'며 치켜세웠다. 가이어 의원은 친한파 의원그룹의 선봉이자 백악관에 '거북선'을 전해 주었다는 인물. 포드 대통령의 방한을 성사시킨 일등공신이란 점을 박 대통령은 기억하고 있었던 것이다."[116]

가이어에 대한 환대는 그 정도로 끝나지 않았다.

"가이어 의원의 한국 방문은 그의 생애 최고의 여행이었을지도 모른다. 푸짐한 선물을 안고 진해에서 돌아온 이들 일행은 정일권 국회의장이 베푼 국회 만찬에 참석하고 다음 날 저녁에는 난생 처음 삼청각 기생 파티를 즐겼다. 그뿐 아니다. 전낙원 씨의 안내로 워커힐호텔 카지노에 간 날 가이어 의원은 불과 3시간 만에 4만 달러를 땄다. 실력인지 행운인지, 아니면 카지노측의 배려인지는 알 수 없었지만 포커든 블랙잭이든 슬롯 머신이든 앉자마자 돈이 굴러 들어왔다."[117]

116) 정진석, 『총성 없는 전선: 격동의 한·미·일 현대 외교 비사』(한국문원, 1999), 21~22쪽.
117) 정진석, 위의 책, 21~22쪽.

민주회복국민회의 발족

민주회복국민회의의 성명

1974년 11월 27일 종교계, 학계, 정계, 언론계, 법조계 등 각계 인사 71명이 서울 종로5가에 있는 기독교회관 강당에서 민주회복국민회의를 결성하였다. 함석헌·이병린·천관우·김홍일·강원용·이희승·이태영으로 7인 위원회를 구성하였으며, 김대중은 고문으로 참여하였다. 민주회복국민회의는 성명에서 다음과 같이 말했다.

"마치 민주체제로서는 공산주의자들에게 대처할 수 없는 것처럼 강변하면서 우리의 당면한 제 조건을 빙자하여 민주주의 본질 자체를 부정하려는 일은 결코 용납될 수 없다고 확신한다. 정부가 곧 국가라는 전제적 사고 방식은 민주주의에 역행하는 것이며 반정부는 반국가가 아니다. 우리는 반정부 행동으로 말미암아 복역, 구속, 연금 등을 당하고 있는 모든 인사 등을 사면, 석방하고 그들의 정치적 권리를 회복시키고 언론의 자유를 보장할 것을 요구하는 바이다."[118]

12월 5일 신민당 국회의원들은 개헌과 구속자 석방을 요구하고 국회 본회의장에서 농성에 들어갔다. 박 정권의 대응도 만만치 않았다. 유신 체제 수호에 군과 사법부까지 끌어들였다. 박 정권은 12월 4일 전군지휘 관회의에서 현역 장성들로 하여금 유신체제의 선도를 다짐하게 했고, 12월 5일 대법원장 민복기는 전국사법감독관회의를 소집한 자리에서 법관들의 '확고한 국가관'을 유난히 강조한 데 이어 12월 10일 인권선언 기념식에서는 "유신은 인권 보장의 첩경"이라고까지 주장하였다.[119]

민주회복국민회의는 12월 25일 YMCA에서 창립 총회를 열고 정식으로 발족했는데, 대표위원 10명과 운영위원 10명을 두었고 상임 대표위원은 대표위원 10명이 2개월씩 돌아가며 맡기로 했다. 첫 번째 상임 대표위원이었던 신부 윤형중은 1975년 1월 6일 연두 기자회견을 통해 유신헌법 개정과 박 정권의 퇴진을 요구하였다. 1월 14일 박정희가 연두 기자회견에서 반정부 활동을 비난하자, 민주회복국민회의는 즉각 "유신체제는 독재체제이며 부정체제이며 부패체제이며, 특권층의 안보와 안일을 위한 특권체제이며 국민의 기본권을 빼앗는 탈권체제"라면서 "우리는 개헌에 앞서 비인간적인 권력집단의 퇴진을 먼저 요구한다"라는 성명을 발표하였다.[120]

이와 같은 강한 성명 내용은 "당시에는 언론통제로 보도되지 않아 일반 국민에게는 잘 알려지지 않았으나 그때 분위기에서는 폭탄 선언이나 다름없는 것이었다."[121]

118) 한승헌, 『불행한 조국의 임상노트: 정치재판의 현장』(일요신문사, 1997), 210쪽에서 재인용.
119) 한승헌, 위의 책, 211쪽.
120) 이영근, 〈이병린 변호사 구속 사건: 재야 지도자에 대한 비열한 올가미〉, 한승헌 선생 화갑기념문집간행위원회 편, 『분단시대의 피고들: 한승헌 변호사 변론 사건 실록』(범우사, 1994), 353쪽.
121) 이병린의 말. 이영근, 위의 글, 353-354쪽에서 재인용.

민주화 추진 세력들이 모인 가운데 열린 민주회복국민선언대회에서 선언문을 낭독하고 있는 함석헌.

박 정권의 보복

민주회복국민회의에 대한 박 정권의 보복은 곧 개시되었다. 박 정권은 이미 11월 30일 민주회복국민회의 성명에 서명한 경기공업전문대 교수 김병걸을 권고 사직케 했고, 12월 9일 교육공무원 신분에 어긋나는 정치 활동을 했다는 이유로 서울대 교수 백낙청을 징계 파면시킨 바 있었다. 하지만, 본격적인 보복은 이듬해 1월 17일 대표위원이던 변호사 이병린을 구속하는 걸로 나타났다. 이병린이 구속되기 전날 중앙정보부 요원은 이병린에게 그의 '여자 관계'를 들먹이면서 민주회복국민회의 대표위원을 사퇴하라는 협박을 가했다.[122]

그 협박을 물리친 이병린은 간통 혐의로 구속되었다. 이병린을 면회

---

122) 한승헌, 『불행한 조국의 임상노트: 정치재판의 현장』(일요신문사, 1997), 57쪽.

했던 변호사 한승헌은 이병린이 협박받은 이야기를 기자들에게 했는데, 이게 일부 신문에 보도되면서 한승헌도 중앙정보부의 보복 대상이 되었다.[123]

민주회복국민회의는 1975년 3월 1일 56주년을 맞은 3·1절에 '국민에게 보내는 메시지'와 '민주국민헌장'을 발표하고 각 지방에서 지부 결성에 들어갔으나, 박 정권의 탄압은 날이 갈수록 광기(狂氣)가 더해져 엄청난 수난을 겪어야만 했다.[124] 70년대 말까지 지속된 이와 같은 광기에 대해 당시 맹렬한 민주화운동을 펼치던 시인 고은은 다음과 같이 말한다.

"이 무렵 정부의 문화공보부 공보국장 박종국이 '한국인 7백만 명은 죽어야 하고 매년 30만 명씩 추방해야 한다'는 망언을 퍼뜨렸다. 그것은 두말 할 것 없이 유신체제 혹은 박정희에 대한 반대자를 총칭한 것이었다. 그것은 70년대 말 민주화운동 각계의 참여 인사 50만 명을 숙청하면 만사가 해결된다고 장담하며, 그 명단까지 만들었다는 대통령 경호실장 차지철의 구상으로 이어지는 한 줄기 맹목적인 충성심이었다."[125]

탄압으로 강요된 일부 영남 지역의 보수성

민주회복국민회의는 지방의 재야 인사들에게도 호응을 얻어 1975년 1월 10일에는 목포, 천안 등 50여 개 지역에서 자생적인 조직이 생겨 산하단체로 가입하겠다면서 인준을 요청해 오기도 했다. 3월 초에는 7개의 시·도 지부, 20여 개의 시·군 지부가 결성되었다.[126]

---

123) 한승헌, 『불행한 조국의 임상노트: 정치재판의 현장』(일요신문사, 1997), 58쪽.
124) 김삼웅 편저, 『사료로 보는 20세기 한국사: 활빈당 선언에서 전·노 항소심판결까지』(가람기획, 1997), 332쪽.
125) 고은, 〈젊은 후배 작가들과 함께 넘은 '시대의 경계'〉, 『경향신문』, 1995년 3월 19일, 11면.
126) 이영근, 〈이병린 변호사 구속 사건: 재야 지도자에 대한 비열한 올가미〉, 한승헌 선생 화갑기념문집간행위원회 편, 『분단시대의 피고들: 한승헌 변호사 변론 사건 실록』(범우사, 1994), 353쪽; 김정남, 〈이렇게 주저앉을 수는 없다: 민주회복국민회의의 탄생〉, 『생활성서』, 2000년 1월, 92쪽.

그러나 모든 지역이 다 그런 건 아니었다. 민주회복국민회의의 지부 결성은 일부 영남 지역의 민주화 역량마저 초토화시키는 비극적인 결과를 초래하기도 했다. 예컨대, 창녕의 경우 지방 유지들이 대거 민주회복국민회의에 동참하는 서명 날인을 했는데, 박정희 정권은 그 유지들에게 보복을 가했고, 그들은 큰 곤욕을 치러야 했다. 이에 대해 그 서명운동을 주도했던 김태랑은 다음과 같이 말한다.

"이 일로 인하여 영남의 어느 지역보다 양심적인 민주 인사들의 수가 많았던 창녕의 민주화 불길은 찬물을 끼얹은 잿더미처럼 식어 버리고 말았다. 대쪽같이 꺾일 줄 모르던 선비정신도 차츰 퇴색되고 독재에 항거하던 목소리도 더 이상 들리지 않게 되었다. 나의 민주화운동, 내 고향 창녕에 민주회복국민회의를 결성코자 했던 일은 결과적으로 창녕에 그나마 조금 살아 있던 민주화의 불씨를 완전히 꺼버리는 비극적인 사태를 불러왔다. 차라리 가만히 있었더라면 양심적인 인사들이 경찰에 불려가 수난을 당하지도 않았을 것이고, 민주화를 향해 타오르고 있던 한 줄기 불씨만은 꺼지지 않았을 것이다. 이처럼 역사란 인간의 생각과 의지가 옳다고 해서 반드시 좋은 결과를 낳는 것은 아니다. 오히려 위대하고 순수한 동기의 행위와 운동이 역사 발전을 수십 년 후퇴 또는 정체시키는 일도 허다하다."[127]

이 사건이 시사하듯이, 일부 영남 지역의 보수성은 탄압과 탄압에 대한 공포감으로 인해 강요된 것이었다. 그 강요는 시간이 흐름에 따라 눈치로 바뀌었고, 자연스러운 '문화'로 자리잡게 되었다.

---

127) 김태랑, 『우리는 산을 옮기려 했다: 김태랑 자전적 에세이』(하서, 2002), 124-125쪽.

작은 광고들이 '민주 탄환'이다

박정희가 직접 지시한 광고탄압

박 정권은 늘 자유언론실천운동에 앞장을 서는 『동아일보』에 대해 집중적인 타격을 가함으로써 그 운동을 무력화시키고자 하는 음모를 꾸몄는데, 그게 바로 12월 16일부터 시작된 『동아일보』 광고탄압 사건이었다. 이는 박정희의 "『동아일보』를 혼내 주라"는 지시를 받은 중앙정보부가 획책한 것이었다.[128]

박 정권은 광고주들에게 압력을 넣어 『동아일보』에 광고를 주지 못하도록 했으며, 그 결과 1975년 1월 23일까지 『동아일보』 상품 광고의 98%가 떨어져 나갔다. 당시 『동아일보』 광고국장 김인호는 주거래 광고기업체 간부들과 면담한 자리에서 광고탄압이 중앙정보부의 지시에 따른 것이었다는 사실을 알았다며 다음과 같이 증언했다.

---

128) 동아일보사 노동조합, 『동아 자유언론실천운동 백서』(동아일보사, 1989), 12쪽.

"『동아일보』에 광고를 내온 대광고주로는 대기업 및 일반기업·극장·출판사 등이 있었다. 이들 회사의 사장과 광고담당 간부들은 중앙정보부에 불려가서 '왜 『동아일보』에만 광고를 내느냐', '앞으로 『동아일보』에 계속 광고를 내면 곤란하다'는 등의 협박을 받았다. 몇몇 회사들이 조금 버티기는 했으나 1974년 연말께 가서는 대광고주들과의 거래는 완전히 중단됐다."[129]

　　중앙정보부의 뒤엔 박정희가 있었다. 당시 대미 로비스트 김한조는 미국의 반응이 나쁘므로 광고탄압을 중단해야 한다고 박정희에게 건의했지만, 박정희는 듣지 않았다. 박정희는 이렇게 말했다고 한다.

　　"『동아일보』는 못 돼 먹었어. 『워싱턴 포스트』가 일전에 날 '세계에서 가장 위험한 인물'이라고 썼는데 동아만 그걸 전재했어. 그래 내가 김일성이라는 말이오?"[130]

언론 기능을 대신한 광고

　　그 대신 국민들의 격려광고가 쇄도하여 『동아일보』 광고면은 한동안 국민들의 격려문으로 채워졌다.

　　"1975년의 동이 터오자 한국 민중의 정치적 항의는 『동아일보』의 광고란을 통하여 치열해졌다. 가령 가톨릭의 '정의구현전국사제단'이나 김대중 씨의 이름으로 된 5단통의 큰 광고(소신 표명 또는 호소)로부터 '한국교회여성연합회', '경동교회 회원 일동'과 같은 단체나 공동명의로 된 격려광고, '언론자유를 수호하고자 하는 일시민'과 같은 익명의 개인광고에 이르기까지 국민 각계각층의 분노와 성원이 바로 이 광고란을 통

---

129) 동아일보사 노동조합, 『동아 자유언론실천운동 백서』(동아일보사, 1989), 77쪽.
130) 김충식, 『정치공작사령부 남산의 부장들 2』(동아일보사, 1992), 180쪽.

하여 쏟아져 나왔다."[131]

구속자가족협의회는 1975년 1월 8일자 광고란에 〈이른바 민청학련 사건에 관한 호소문〉을 게재하였다. 이 '호소문'은 당시 여론 조작에 대해 다음과 같이 말했다.

"정부의 최고 책임자가 이들 민주 인사를 '범법자', '국가변란사범' 이라고 신문기자들에게 말한 데 덧붙여 작금 가두의 홍보판과 KBS TV, 『대한뉴스』등을 통하여 구속 인사들을 정치선전의 도구로 악용하고 있는 데 대해 우리는 엄중히 항의하고 규탄합니다. 유죄의 선고가 확정되지 아니한 피고인은 무죄의 추정을 받는다는 것은 형사소송법의 기본 이념입니다."[132]

시민들의 격려광고

이후 1975년 1월과 2월 두 달 동안에 실린 격려광고 중에서 몇몇 격려 문안을 살펴보면 다음과 같았다.

　· 해마다 1년간 모든 돼지저금통을 깨서 불우한 이에게 전해 왔으나 이번에는 광고 해약으로 어려움을 겪는 『동아일보』를 돕는 데 쓰기로 했습니다. – 이우인(6세), 지인(5세). 1월 10일.
　· 긴급조치로 구속된 동료 학생에게 사식비로 전하려 하였으나 이 길마저 당국이 차단해서 광고없는 『동아일보』에 성금으로 바칩니다. – 이대 사회학과 일동. 1월 10일.
　· 『동아일보』를 보는 재미로 세상을 산다. – 익명 서점. 1월

---

131) 한승헌, 『불행한 조국의 임상노트: 정치재판의 현장』(일요신문사, 1997), 212-213쪽.
132) 한국기독교교회협의회 인권위원회, 『1970년대 민주화운동 (IV)』(한국기독교교회협의회, 1987), 1399쪽에서 재인용.

11일.

· 배운 대로 실행하지 못한 부끄러움을 이렇게 광고하나이다.
- 서울법대 23회 동기 15인 일동. 1월 11일.

· 빛은 어두울수록 더욱 빛난다. (금반지 반돈 중을 놓고 가면서…) -『동아일보』를 아끼는 한 소녀. 1월 13일.

· 나사 빠진 배움 무엇에 쓰랴. - 대일고 2학년 2명. 1월 15일.

·『동아일보』 배달원임을 영광으로 생각합니다. - 신동지국 배달원 15명 일동. 1월 15일.

· 시장길서 만난 우리들 빈바구니로 돌아서며 조그마한 뜻 '거목(巨木)동아'에 보냅니다. - 주부 일동. 1월 16일.

· 동아! 너마저 무릎 꿇는다면 진짜로 이민갈 거야. - 이대 S생. 1월 18일.

· 안타까운 마음으로 이 여백을 삽니다. - 밥집 아줌마. 1월 18일.

· 약혼했습니다. 우리의 2세가 태어날 때 아들이면 '동아'로, 딸이면 '성아'(여성동아)로 이름을 짓기로 했습니다. - 이묵 · 오희. 1월 20일.

· 오늘도『동아일보』를 읽으시는 하느님. - 서울 제일교회 학생회. 1월 20일.

· 저희 부친은 돌아가실 때까지 앞날의 동아와 저희 형제들을 몹시 걱정하셨습니다. - 장례를 마치고 부산 자녀. 1월 25일.

· 나는 조용히 미치고 있다. - 어느 경북대 교수. 1월 27일.

· 국민 여러분 우리 손자에게 아빠를 돌려주셔서 감사합니다. - 박경리. 2월 17일(사위 김지하 씨 석방 후).

· 직필은 사람이 죽이고 곡필은 하늘이 죽인다. - 부산 어느 기자. 2월 19일.

· 작은 광고들이 모두 민주 탄환임을 알라. − ○○출판사 편집부. 2월 22일.[133]

---

133) 동아일보사 노동조합, 『동아 자유언론실천운동 백서』(동아일보사, 1989), 88~89쪽.

도시산업선교회와 한국노총의 충돌

'어용노조'와 '민주노조'의 싸움

70년대 노동운동의 역사는 박 정권의 지시를 받는 '어용노조'와 종교계 및 민주 인사들의 지원을 받는 민주노조 사이의 갈등의 역사이기도 했다. '민주노조'는 대부분의 산별·단위노조가 어용화한 데 비해 노동자 권리를 위해 독자적인 활동을 하는 노조를 의미하는 것이었다.[134]

민주노조운동은 주로 예수교 장로회(통합)와 감리교의 젊은 목사들이 중심이 된 도시산업선교회의 지원을 받았는데, 특히 영등포산업선교회와 인천산업선교회의 활동이 두드러졌다. 두 선교회의 활동에 대해 안철홍은 다음과 같이 말한다.

"1958년에 만들어진 영등포산선은 처음에는 산업전도 활동을 하던

---

134) 김현희, 〈산업화와 노동운동의 변천〉, 홍두승 편, 『한국 사회 50년: 사회변동과 재구조화』(서울대학교 출판부, 1997), 87쪽.

단체였다. 그러나 10여 년 동안 노동자들과 가깝게 지내면서 이들은 교회가 노동현장의 아픔을 외면해선 안 된다는 것을 차차 깨달아 갔다. 영등포산선은 처음에는 노조간부 교육을 주요 사업으로 삼았으나, 유신이 나고 나서 자신들이 가르쳤던 노총의 간부들이 유신을 지지하자 간부 교육에서 일반 노동자 교육으로 방향을 바꿨다. 노동자 전체의 의식이 바뀌지 않으면 안 된다는 것을 깨달은 것이다. 그렇게 해서 한 달에 보통 연인원 5천여 명이 교육을 받았다. 한창 때는 3-10명 단위의 소모임만 1백여 개 이상이 되었다. 이렇게 교육받은 노동자들은 산선의 집회장에서 자기 회사의 불합리한 근로 조건을 폭로하고, 다른 사업장의 투쟁을 지원하는 등 노동운동의 일세대로 자라났다. 영등포산선은 조지송 인명진 등 예장(통합) 소속의 목사와 신철영 등의 학생 출신 노동 운동가들이 일하고 있었다. 콘트롤데이타, 해태제과, 남영나이론, 대일화학, 경성방직의 노동자들이 영등포산선을 중심으로 활동했다. 인천산선은 감리교 소속으로 조화순 조승혁 김동완 목사 등이 관여한 단체다. 주로 어용노조와 대결하는 민주노조 건설 운동을 위해 투쟁했고 동일방직 노조결성을 지원하면서 유명해졌다."[135]

도시산업선교회에 대한 탄압

1972년 7월 28일 인천의 기독교 도시산업선교위원회 총무인 목사 조승혁이 중앙정보부 인천 지부에 연행되어 서울 남산의 중앙정보부에서 고문을 당하며 조사를 받는 사건이 발생했다. 연행 동기는 조승혁이 "보라, 왜 이렇게 되었는가"라는 제목 아래 손가락이 잘려진 손이 그려져 있

---

135) 안철홍, 〈70, 80년대 재야운동 야사 ③ 유신 말기의 민주화운동: 지식인들, 노동자 · 농민과 만나다〉, 『월간말』, 1996년 6월, 188쪽.

는 안전 계몽 포스터를 제작하여 각 공장에 보내어 부착하게 한 경위를 알아보겠다는 것이었다.

그러나 그건 핑계였고 실제로는 조승혁이 동일방직, 인천중공업, 한국베아링 등의 노사분규시 노조를 도왔다는 것과 5명의 노동자들이 중정에 끌려가 고문받은 사실을 알린 것을 문제삼은 것이었다. 조승혁은 곧 석방되기는 했으나, 이는 점점 더 가중되는 박 정권의 도시산업선교회에 대한 탄압을 예고한 사건이었다.[136]

1973년 2월 10일엔 영등포도시산업선교회 실무자인 목사 조지송과 김경락이 영등포경찰서에 연행되었다. "성직자가 근로자들에게 전도나 할 일이지 왜 노조 일에 관여를 하는가"라는 경찰의 추궁에 대해 조지송은 다음과 같이 답변했다.

"우리들은 근로자를 위해서 지난 십여 년간 복음을 전했다. 그간의 경험을 통해서 우리가 깨달은 것은 우리가 근로자들을 위해서 먼저 해야 할 일은 산업사회가 정의로워지도록 하는 일, 노동자들의 권익이 옹호되도록 하는 일, 노동자들을 업주의 횡포로부터 해방받게 하는 일이라는 사실이다. 당신들은 노동자들에 대해서 알고 있는 것이 무엇인가? 당신들은 그들에 대해서 너무 모른다. 만약 우리 사회가 그들의 권익을 옹호해 주지 못한다면 공산당들이 그들 속에 유혹의 손길을 뻗치리라는 생각을 왜 못하는가? 나는 내가 지금 죽는 한이 있더라도 나의 이 일을 그만 둘 수가 없다."[137]

한국기독교교회협의회 인권위원회는 "이 두 개의 성직자 연행 사건은 1970년대를 통해 많은 성직자들과 노동자들이 산업선교 또는 노동운동과 관련하여 겪어야 했던 오해, 비방, 고난, 고통의 출발이었다"라고 말

---

136) 한국기독교교회협의회 인권위원회, 『1970년대 민주화운동 (I)』(한국기독교교회협의회, 1987), 173-174쪽.
137) 한국기독교교회협의회 인권위원회, 위의 책, 175쪽.

한다.[138] 이후 박 정권은 정권의 운명을 걸다시피 하면서 "도산(都産)이 가면 도산(倒産)한다"라는 흑색선전을 해대기 시작했다.

산업선교와 한국노총의 성명전

그러나 도시산업선교회는 그런 탄압에 굴하지 않았다. 1973년 12월 3일 감리교 도시산업선교회 실무자들은 '현실에 도전하는 성직자의 고백'을 통해 노동자의 기본권 보장, 구속 학생 석방 등을 요구하였다.

12월 10일 한국도시산업선교회는 제25회 세계인권일을 맞아 한·미·일 3국 정부에 보내는 건의문을 채택해 기업가의 부당노동 행위를 처벌할 수 있도록 노동법을 개정하고, 근로자들의 단체행동권·단체교섭권 등에 대한 제한을 철폐하고, 외국인 투자기업에 대한 특례법을 철폐하고, 근로자가 경영에 참여할 수 있는 제도적 장치를 마련하라고 촉구하였다.

1974년 1월 5일에는 신구교의 산업선교 관계 17개 단체가 노동자의 인권유린과 관련한 성명을 발표한 가운데 한국모방 사건과 관련하여 한국노총과 섬유노조를 비판하였다. 이에 대해 한국노총은 1월 19일 성명을 통해 산업선교 활동이 일부 종교인들의 탈선 행위이며, "종교인의 직분을 망각한 노동조직 침해 행위"라고 비난하였다. 이로써 산업선교는 노동조합 상부 조직과도 충돌하게 되었다.[139]

1974년 12월 9일 한국노총은 전국노동자대표 궐기대회를 개최해 '도시산업선교회의 노조조직 침투를 단호히 응징'하겠다는 성명을 채택하고, 이튿날 일간지들에 대대적으로 선전하였다. 〈총력안보와 경제건설

---

138) 한국기독교교회협의회 인권위원회, 『1970년대 민주화운동 (I)』(한국기독교교회협의회, 1987), 175쪽.
139) 한국기독교교회협의회 인권위원회, 위의 책, 231쪽.

만이 우리의 살길이다〉는 제목의 성명서는 다음과 같이 주장하였다.

"① 총력안보에 우리의 힘을 총집결할 때다. ② 유신체제만이 우리의 살길이다. ③ 우리는 사회혼란을 좌시하지 않을 것이다. ④ 우리는 모든 도시산업선교회의 노동조합 조직 침투 행위를 단호히 응징할 것이다."[140]

한국노총은 1975년 1월 22일엔 1월 11일 성명을 발표한 가톨릭노동청년회에 '공개 경고문'을 보냄으로써 산업선교단체들과 성명전을 벌이게 되었다. 1월 25일엔 16개 도시산업선교단체들이 한국노총에 대하여 권고문을 냈다. 이 권고문은 한국노총이 "본연의 업무에 충실하여 관제, 어용, 사이비 단체와 무위도식하며 건들거리는 노동귀족의 오명을 벗을 수 있도록 노동자를 위해 투쟁을 할 것"을 권고하는 동시에 "『동아일보』 근로자들이 당하는 고통을 함께 나누며 500만 노동자들이 노동자의 권익 대변지인 『동아일보』 구독에 앞장 서 줄 것을 호소"하였다.[141]

3월 10일 한국노동운동 자율화추진발기회가 발표한 '민주노동운동을 위한 자율화투쟁선언문'은 "5백만 노동자의 권익 대변의 총본산인 한국노총은 오늘날 관제·어용·사이비 노동귀족의 도피처이며 부정부패의 복마전으로 전락했다"라고 비판하였다.[142]

박 정권과 보수 기독교 세력의 '지원 사격'

박 정권은 한국노총과 도시산업선교회 사이의 갈등에 개입하여 한국노총을 돕는 '지원 사격'을 하기 시작했다.

공화당 의장서리 이효상은 1974년 6월 11일과 13일 두 차례에 걸쳐

---

140) 한국기독교교회협의회 인권위원회, 『1970년대 민주화운동 (III)』(한국기독교교회협의회, 1987), 1189-1190쪽.
141) 한국기독교교회협의회 인권위원회, 위의 책, 1191쪽에서 재인용.
142) 이상우, 『박 정권 18년: 그 권력의 내막』(동아일보사, 1986), 366쪽.

종교인들의 인권운동을 비난하는 발언을 했다. 이에 대해 6월 17일 한국기독교교회협의회 인권위원회는 이효상의 '망언'을 반박하는 성명을 발표했다.

11월 8일 외무부 장관 김동조는 국내 정치 문제에 간여하는 외국인 성직자들을 추방할 수 있다는 발언을 하였고, 11월 9일엔 국무총리 김종필도 비슷한 발언을 하였다.

11월 14일 민주수호기독자회는 김종필의 발언을 비난하는 성명을 발표했다. 11월 18일 한국기독교교회협의회도 성명을 내 정부 요인들의 기독교 비난 발언을 비판하였다.

이 같은 성명전에 민감한 반응을 보인 것은 정부가 아니라 오히려 기독교 보수 세력이었다. 11월 20일 한국예수교협의회(KCCC)는 기독교인들의 인권운동을 '사회참여를 빙자한 정치참여'라고 비난했고, 11월 25일엔 '기독교반공시국선언문'까지 발표해 로마서 13장("하나님께 나지 아니함이 없나니 권세 있는 것은 다 하나님의 정하신 바라")을 거론하며 권세자들에게 무조건 복종해야 한다고 주장했다. 11월 27일엔 대한기독교연합회(DCC)가 또다시 로마서 13장을 거론하며 권세자들에 대한 무조건적인 복종을 주장하면서 국민총화를 역설하였다.[143]

조지 오글과 제임스 시노트 추방

1974년 12월 14일, 박 정권은 2개월여 전인 10월 10일 '인혁당 사건은 고문으로 조작된 것'이라고 폭로하며 이를 국내외 기독교 단체에 알려 여론을 환기시키던 미국 감리교 선교사인 목사 조지 오글(한국명 오명걸)을 정치 활동을 했다는 이유로 한국에서 추방했다. 오글은 14일 저녁

---

143) 한국기독교교회협의회 인권위원회, 『1970년대 민주화운동 (II)』(한국기독교교회협의회, 1987), 498~511쪽.

7시 45분 로스엔젤레스행 KAL기로 강제 출국당하였다.

　11월에 나온 김동조와 김종필의 발언은 사실상 오글을 겨냥한 것이었다. 오글 추방령의 직접적인 계기는 '인혁당 사건 고문 조작' 폭로였지만, 그와 동시에 박 정권이 오래전부터 오글의 산업선교 활동을 마땅치 않게 생각하고 있었던 것도 큰 영향을 미쳤다.

　1929년생인 오글은 감리교 선교사로 1954년에서 1957년까지, 1960년에서 1965년까지, 1966년에서 1971년까지, 그리고 1973년 9월부터 다시 서울에 머물면서 산업선교 활동에 주력해왔다. 1973년 미국 위스콘신대학에서 노사 관계 박사학위를 받은 그는 서울대에서 강의를 하기도 했는데, 그의 박사학위 논문 제목은 〈경제발전에 있어서의 노동조합의 역할: 대한민국의 경우〉였다.

　오글은 이미 60년대부터 한국에서의 산업전도 분야에서 "단연 선구자적인 역할을 수행"했으며,[144] "그의 산업전도 활동이 한국의 산업전도·산업선교의 발전에 끼친 공헌은 지대한 것"이었다.[145] 박 정권은 오글 추방에 이어 한국에서 인권 활동을 하는 외국인 성직자 추방에 계속 열을 올렸다. 1975년 4월 30일엔 미국 신부 제임스 시노트(한국명 진필세)를 추방하였다. 왜 그랬을까?

　시노트는 인혁당 사건의 고문 조작을 폭로하느라 애쓴 성직자였기 때문이었다. 그는 인혁당 사건 재판정에서 이 재판을 히틀러 재판에 비유하면서 "이것은 정의를 모독하는 당치 않은 수작이다! 공산주의 재판보다 더 나쁘다"라고 외쳤다. 시노트는 법정이니까 조용히 해달라는 말에 '참을 수 없는 분노에 싸여 노골적으로 혐오스런 표정을 지으면서' 이렇게 외쳤다. "법정이라고? 여긴 그저 오물들이 쌓여 있는 곳이라고!"[146] 또

---

144) 한국기독교교회협의회 인권위원회, 『1970년대 민주화운동 (II)』(한국기독교교회협의회, 1987), 514~515쪽.
145) 한국기독교교회협의회 인권위원회, 위의 책, 515쪽.
146) 브라이언 J. 우드워드, 〈인혁당 처형과 그 이후〉, 천주교인권위원회 엮음, 『사법 살인: 1975년 4월의 학살』(학민사, 2001), 246쪽.

시노트는 "당시 『동아일보』백지광고에 인혁당의 무고함을 알리는 광고를 연일 게재(하느라) 거의 거지가 되기도 했다."[147)

박 정권은 1978년 6월 17일엔 호주 장로교 선교사 스티브 라벤더(한국명 나병도)를 추방하였고, 1979년 10월엔 일본 목사 사와 마사이꼬를 추방하였다. 이 성직자들의 활동은 모두 다 인권운동과 관련되어 있었는데, 박 정권은 그들의 인권운동을 용납할 수 없었던 것이다.

---

147) 박홍규, 〈인혁당 재건단체 사건과 법〉, 천주교인권위원회 엮음, 『사법 살인: 1975년 4월의 학살』(학민사, 2001), 227쪽.

1975년

제6장

폭력과 고문이라는 이름으로

유신헌법 찬반 국민투표

대통령직을 건 국민투표

민주회복국민회의의 개헌투쟁에 자극받아 신민당도 적극적인 개헌투쟁에 임하게 되었다. 신민당 총재 김영삼은 1975년 1월 들어서 개헌 추진 지부 현판식 참석차 전국을 누비고 다니면서 개헌 바람을 일으켰다. 광주와 대구에선 상이군경들이 나타나 호헌과 함께 '김영삼 타도'를 외쳤지만, 그들이 개헌 바람을 잠재울 수는 없었다.[1]

개헌 바람이 심상치 않음을 깨달은 박 정권은 1월 22일 유신헌법 찬반 국민투표 실시를 발표하는 것으로 대응하였다. 국민투표 실시는 중앙정보부가 보고한 여러 시국수습 방안 가운데 하나였는데, 박정희가 그 카드를 쓰기로 한 것이다.

박정희는 "이번 국민투표는 비단 현행 헌법에 대한 찬반 투표뿐 아니

---

1) 김충식, 『정치공작사령부 남산의 부장들 2』(동아일보사, 1992), 158쪽.

라 대통령에 대한 신임투표로 간주하겠다"라고 말하고, "만일 국민이 현행 헌법의 철폐를 원한다면 그것은 대통령에 대한 불신임으로 간주하고 즉각 대통령직에서 물러날 것"이라고 사실상 협박을 하였다.[2]

김영삼은 미·일 순방을 위해 출국해 그 소식을 샌프란시스코에서 듣고 현지에서 "국민투표를 시도하는 것은 기만적인 정치쇼다. 귀국하는 대로 신민당의 당력을 집결해 국민투표 거부운동을 벌이겠다"라는 성명을 발표하였다.[3]

김대중도 기자회견을 통하여 국민투표에 반대하는 입장을 밝혔고, 여러 사회단체들도 같은 태도를 표명하였다. 이후 벌어진 일에 대해 한승헌은 다음과 같이 말한다.

"정부가 국민투표일을 2월 12일이라고 발표한 것은 투표일의 불과 1주일 전이었다. 투표 이틀 전인 2월 10일에는 전국에 비상계엄령이 내려진 가운데 신민당의 김대중 씨와 김영삼 총재 및 통일당의 양일동 당수가 투표 거부를 호소했고, 민주회복국민회의를 비롯한 14개 단체가 역시 투표를 거부한다는 공동성명을 냄으로써 투표 보이콧 운동은 절정에 달했다. 그러나 정부는 반유신 세력을 밀어붙이고 국민의 저항을 둔화시킬 명분을 마련하기 위해서, 그리고 해외의 국제여론을 만회하기 위하여 투표율을 높이는 데 전력을 기울였다. 정부 산하 기관에 '작전 지시'가 하달되기도 하고 내무장관은 투표 거부를 선동하는 행위를 엄단하겠다고 으름장을 놓았는데, 무슨 근거로 처벌하겠다는 것인지는 분명치가 않았다."[4]

2) 김현섭·이용호, 『권력막후: 제6공화국 정치비화 1』(경향신문사, 1994), 8쪽.
3) 김충식, 『정치공작사령부 남산의 부장들 2』(동아일보사, 1992), 162쪽.
4) 한승헌, 『불행한 조국의 임상노트: 정치재판의 현장』(일요신문사, 1997), 213~214쪽.

박 정권의 투표 찬성 선동과 '행정 투표'

헌법에 관한 찬반토론은 허용되지 않았다. 청와대 비서관 김두영은 박근혜를 통해 "헌법에 관한 찬반토론을 허용하는 것이 좋겠다. 그렇게 해도 압도적으로 찬성이 많을 것이다"라는 내용의 건의를 했다. 이 건의를 받은 박정희는 김두영을 불러 이렇게 말했다.

"자네의 이야기도 일리는 있는데 찬반토론을 허용하면 이 겨울에 내가 고무신 · 밀가루를 들고 전국을 돌아다녀야 하지 않겠나."[5]

박 정권은 투표 거부를 선동하는 행위를 엄단했지만, 투표 찬성을 선동하는 행위는 적극적으로 장려하였다. 예컨대, 경기도 교육위원회는 1월 27일경부터 각 교육청별로 방학중인 도내 교사들을 소집, 유신체제를 찬양하는 내용의 〈유신새야〉라는 노래를 가르친 후 각 가정을 방문, 학생들에게도 이 노래를 보급하도록 지시하고 학부모들에게도 적극적인 국민투표기권방지운동에 나서게 했다. 경기도 교육위원회가 만들어 전국에 보급시킨 〈파랑새〉의 곡에 붙인 〈유신새야〉라는 노래 가사는 다음과 같은 것이었다.

"새야새야 유신새야 푸른항공 높이날아 조국통일 이룩하고 자주통일 달성하자/새야새야 유신새야 너도나도 잘살자는 유신헌법 고수하며 국력배양 이룩하자/유신유신 우리유신 우리살림 오직유신 유신체제 반대하면 붉은마수 밀려온다."[6]

문교부 장관 유기춘은 1월 29일 전남 광주에서 열린 한 교육자 회의에 참석해 "몽테스큐의 삼권분립 이론이 우리 나라에 그대로 적용될 수는 없다"라고 전제하면서 '행정권의 강화가 불가피한' 한국적 민주주의

---

5) 김두영, 〈가까이에서 본 인간 박정희: 전 대통령 부속실 비서관의 체험적 기록〉, 『월간조선』, 1990년 12월, 437쪽.
6) 김삼웅, 『유신시대의 곡필』(신학문사, 1990), 107쪽에서 재인용.

의 유신체제만이 우리에게 알맞는 체제라고 주장하였으며, 이어 2월 4일 춘천에서도 '삼권분립은 18세기적 생각'이라면서 행정권의 강화를 거듭 주장하였다.[7]

대학 교수들도 대대적으로 동원되어 국민투표에 찬성하는 신문 칼럼들을 써댔다. 일방적인 찬성 유도와 선심 공세가 난무했고, 행정력의 말단 조직까지 동원된 '행정 투표'가 진행되었다. "투표 거부 반대를 위한 행정기관원들의 위협, 대리투표, 사전투표, 무더기투표, 공개투표, 중고등학교의 휴교, 교육공무원 심지어 국민학교 유치원 어린이들까지 동원"되는 진풍경이 벌어졌다.[8]

신(神)과 내통하는 박정희

2월 12일에 강행된 투표는 투표율 79.84%, 찬성 73.1%, 반대 25.1%로 나타났다. 이는 전체 유권자의 58.3%만이 찬성한 것으로 풀이되었다. 그러나 박정희는 2월 13일자 일기에 다음과 같이 썼다.

"신은 나에게 또다시 중책을 맡기시다. 신명을 다해 중책 완수에 헌신할 것을 서약하다."[9]

박정희가 신에게 무슨 중책을 부여받은 것인지, 또 무슨 계시를 받은 것인지는 알 수 없었으나, 2월 15일 박정희는 특별담화를 통해 긴급조치 위반 구속자의 석방을 발표하였다.

"현행 헌법 질서의 역사적 당위성과 국민적 정당성이 주권자인 국민의 총의로 재확인된 이 시점에서 이들을 석방함으로써 이들에 대해서도 국민총화를 더욱 굳게 다지며 민족중흥의 역사적 과업 수행에 참여할 수

---

7) 김삼웅, 『유신시대의 곡필』(신학문사, 1990), 107-108쪽에서 재인용.
8) 한국기독교교회협의회 인권위원회, 『1970년대 민주화운동 (II)』(한국기독교교회협의회, 1987), 584-585쪽.
9) 김충식, 『정치공작사령부 남산의 부장들 2』(동아일보사, 1992), 167쪽.

있는 기회를 부여하기로 결심했다."[10]

그래서 2월 15일 김동길, 박형규, 김지하 등 56명, 2월 16일과 17일에 지학순, 김찬국 등 93명이 석방되었다. 국민들은 "이 석방 보도로써 그동안 누가 얼마나 구속되었던지를 비로소 알게 된다."[11]

한승헌의 말마따나, "유신헌법 반대를 이유로 구속한 사람을 유신헌법에 대한 국민적 지지를 확인했다는 이유로 풀어 주었으니 무슨 논리인지 불가사의한 일이었다."[12]

그러나 박정희는 인혁당 사건 관련자들을 비롯하여 반공법 위반이란 명목으로 구속된 무명 인사들은 석방에서 제외하였다. 유명 인사들은 법정에선 일단 크게 때려 놓고 박정희의 '은전'으로 일찍 풀어 주는 반면, 무명 인사들은 민주화 진영과 분리시켜 '박멸' 함으로써 강력한 '위축 효과' 를 거두고자 했던 박 정권의 수법은 2개월 후 인혁당 사건 관련자 8명을 사형시키는 것으로 적나라하게 드러나게 된다.

---

10) 한승헌, 『불행한 조국의 임상노트: 정치재판의 현장』(일요신문사, 1997), 214쪽에서 재인용.
11) 조선일보 70년사 편찬위원회, 『조선일보 70년사 제2권』(조선일보사, 1990), 1139쪽.
12) 한승헌, 위의 책, 147-148쪽.

'고문(拷問) 공화국'의 참상

고문과 은폐로 유지된 정권

국민투표 후 박정희가 취한 석방 조치로 2월 17일 감옥에서 풀려난 시인 김지하는 『동아일보』에 기고한 〈고행-1974〉라는 제목의 글에서 '인혁당 사건은 조작'이라고 폭로하였다. 그때까지는 『동아일보』가 박 정권의 광고탄압에 대해 저항하던 때라 그런 글이 실리는 게 가능했지만, 김지하는 그 글로 인해 출감 27일 만인 3월 14일 반공법 위반으로 다시 구속되었다.

김지하의 글은 박 정권이 인혁당 사건을 잔인한 고문으로 조작했다는 걸 폭로한 것이었는데, 이 폭로는 1974년 10월에 있은 조지 오글의 폭로와 더불어 인혁당 사건의 '고문 조작설'이 광범위하게 유포되고 거론되는 계기가 되었다.

당시 박 정권 치하의 한국은 사실상 '고문(拷問) 공화국'이었다고 해도 과언이 아니었다. 김지하와 같이 2월에 출감한 민청학련 사건 관련자들(황인성, 임규영, 서중석, 정윤광, 정화영, 나병식, 김정길, 이철 등)의 고문 폭로는 그 사실을 잘 입증해 주었다. 당시 언론에 보도되지 않았던 다음과 같은 고문의 참상이 널리 알려졌더라면 그래도 박 정권이 버틸 수 있었을까?

황인성 – 중앙정보부에서 조사를 받을 때 8일 동안이나 잠을 재우지 않아 기절까지 했으며 취조를 받다 졸 적에 수사관들은 담뱃불로 얼굴과 콧등을 지졌다. 자기들 각본대로 응하지 않으면, 2, 3명이 뭇매를 가하였다.

나병식 – 1974년 4월 6일 중앙정보부에 연행된 후 물고문, 전기고문, 잠 안 재우기, 해전(海戰-거꾸로 매달고 바께쓰로 물을 끼얹는 고문), 육전(陸戰-전신을 마구 두들겨 패는 고문), 공전(空戰-공중에 매달고 빙빙 돌리는 고문)과 총살시킨다는 협박 등 갖가지 육체적 고문을 받았으며 이와 같은 고문에 못이겨 학생데모의 목적이 용공국가의 건설에 있는 것처럼 허위 자백을 하게 되었다.

김정길 – 1974년 4월 18일 광주에 있는 보안대에 끌려갔을 때 '김일성 만세'라는 글을 쓰라는 강요를 받고 이를 거부하다가 등, 빗장뼈, 발바닥 등을 몽둥이로 마구 구타당한 것을 비롯, 심한 물고문 · 전기고문 등을 당했으며 이 같은 고문으로 처음에는 제대로 걷지도 못하였다. 이 같은 고문을 받을 때 '사람을 이렇게 동물처럼 마구 다루는 이 땅에서 무슨 희망을 가지고 살겠는가'라는 생각이 들어 허무감과 좌절에 빠져 그 뒤로부터는 모든 것을 체념하고 시키는 대로 해주었다.

이철 – 중앙정보부에 끌려가서 침대 몽둥이로 20여 차례 매를 맞았으며 닷새 동안이나 잠 안 재우는 고문을 당했다. 수사관

3-4명이 한 조가 되어 조사하다가 자주 교대했으며 헌병이 옆에 서 있다가 잠깐만 눈을 감아도 목덜미를 때려 졸립기보다는 머리가 깨지는 듯한 고통을 느꼈다. 또 중앙정보부 수사관들이 '네가 속을 썩여 아버지가 자살하였다'는 등의 거짓말을 해 큰 충격을 받기도 하는 등 갖은 육체적·정신적 고통을 받아야만 했다.[13]

박정희의 적반하장(賊反荷杖)

민주회복국민회의는 "김일성 지령에 의해 인혁당이 민청학련을 배후에서 조종했다는 것은 공소사실에도 없는 것으로, 도저히 납득할 수 없다"라며 공개재판과 사건 진상 및 고문 사례 진상을 관민합동으로 공동 조사하자고 제의했다.[14] 그러나 박정희는 2월 21일 문공부 연두순시에서 인혁당 사건에 대한 일부 국민들의 '오해'를 개탄하면서 다음과 같이 주장했다.

"인혁당은 세상이 다 아는 공산주의자들이다. 대부분의 국민들은 다 알고 있겠지만 일부 인사들은 번연히 알면서도 날조라느니 올가미를 씌웠느니 하고 있는데 정부는 정부대로 홍보를 해서 진상을 알리도록 하라. 폭력으로 정부를 뒤집어 엎어도 공산당만 아니면 죄가 안 되는 줄 착각하고 있다. 합법정부를 뒤집어 엎는 것은 세계 어느 나라 법에서도 극형으로 처벌하고 있다. 공산당이 아니라도 죄가 되는 것이다. 상당한 지식 수준에 있는 사람도 착각을 하고 있다. 정부가 올바른 일을 하고도 국민에게 제대로 인식시키지 못하고 오해를 받고 어느 지식인은 뻔히 알면서도 선동까지 하고 있다. 대한민국 사회가 이상해지고 있는 것 같다. 공

---

13) 한국기독교교회협의회 인권위원회, 『1970년대 민주화운동 (V)』(한국기독교교회협의회, 1987), 2183-2184쪽.
14) 이상우, 『박 정권 18년: 그 권력의 내막』(동아일보사, 1986), 148쪽.

산주의자들에 대해 이 사회에서 석방운동을 하고 애국자 대우를 하며 동정한다. 반공을 국시로 하는 대한민국에서 왜 이렇게 되었는지 이상하다. 홍보를 잘 하라. 아무리 얘기해도 못 알아들으면 법대로 다스리겠다."[15]

사흘 후인 2월 24일, 법무부 장관 황산덕은 인혁당 사건에서 고문은 없었다고 부인하면서 앞으로 인혁당 사건과 관련, 조작설을 퍼뜨리거나 '민주 인사', '애국 인사'로 지칭하여 석방을 요구하는 등의 언동에 대해서는 반공법을 적용해 엄중히 단속하겠다고 말했다.[16]

최형우의 고문 폭로

3월 1일 민주회복국민회의는 '민주국민헌장'을 발표했다. 박 정권은 언론만 장악하고 있으면 민주 인사들이 무슨 일을 해도 걱정할 것 없다고 생각했던 걸까? 3월에 들어서면서 자유언론실천운동을 벌이던 『동아일보』와 『조선일보』 기자들이 대량 해고되기 시작했다.

3월 10일엔 『기자협회보』마저 폐간을 당했다. 기자협회는 3월 7일 『기자협회보』를 정례 발행한 데 이어 3월 8일에 『조선일보』 농성을 다룬 임시 증간호를 냈는데, 이것이 주 1회 발행의 등록규정을 어겼다는 이유였다. 또 주간지로서의 법정 시설 미비도 폐간의 또다른 이유였다.[17]

3월 15일 자유실천문인협의회(1974년 11월 창설)는 '최근 사태에 대한 문학인 165인 선언'을 발표하고 언론사와 김지하에 대한 탄압을 규탄했다. 3월 18일 국회의원 최형우는 정기국회에서 행한 대정부 질문에서 자신이 1972년에 당한 고문을 폭로했다.

---

15) 이상우, 『박 정권 18년: 그 권력의 내막』(동아일보사, 1986), 149쪽에서 재인용.
16) 이상우, 위의 책, 149쪽.
17) 조선일보 70년사 편찬위원회, 『조선일보 70년사 제2권』(조선일보사, 1990), 1143쪽.

"며칠 전 우리 야당 의원 10여 명이 고문 폭로대회를 개최했을 때 모 야당 의원이 '나도 당했는데 그게 무슨 자랑이냐'고 말했다는 것을 저는 신문지상을 통해서 본 일이 있습니다. 소름이 끼칠 정도로 놀라지 않을 수 없었습니다. 도대체 어떠한 의식을 가진 사람이기에 그토록 무지한 말을 할 수 있다는 것입니까. 나도 당했으니 3천만 국민 모두가 당해도 아무런 문제가 없다는 말입니까."[18]

그랬다. 고문당할 일을 하지 않으면 되지, 고문에 분노할 필요는 없다는 게 당시 국회의원들의 생각이었고 일반 국민들의 생각이었을 게다.

"내가 단상에 올라가 고문의 실상을 조목조목 따져나가자 공화당의 여자 국회의원 이 모씨는 손수건을 꺼내 눈물을 닦으며 울기까지 했다. 이 일은 당시 『한국일보』 가십난에 보도되어 한동안 세인들의 입에 오르내리기까지 했다. 나중에 들은 얘기지만 그 여자 의원은 중앙당에 불려가 된통 야단을 맞은 모양이었다."[19]

김지하의 고문 폭로

박 정권은 일련의 고문 폭로에 대해 맞불을 놓겠다는 듯 또다시 고문으로 조작한 사건을 연출했다. 1975년 3월 20일 중앙정보부는 "나는 공산주의자이다"라는 김지하의 자필 진술서를 보도진에게 배포했다. 문공부는 100여 쪽에 달하는 '김지하 반공법 위반 사건 자료'를 영문과 일문으로 번역해 국내외에 발송했다.[20]

김지하는 5월 정보부의 고문 조작을 폭로하는 '양심 선언문'을 써서 어떤 출감자를 통해 교도소 밖으로 내보냈다. 후일 조영래가 쓴 것으로

---

18) 최형우, 『더 넓은 가슴으로 내일을』(깊은사랑, 1993), 147쪽.
19) 최형우, 위의 책, 142-143쪽.
20) 김충식, 『정치공작사령부 남산의 부장들 2』(동아일보사, 1992), 183쪽.

밝혀진 그 '양심 선언문'은 다시 종교인을 통해 외국에서 발표됐다.

"한국 정부는 정보부 5국 지하실에서 쓴 자필 진술서라는 것을 국내 외에 선전하고 있다 한다. 5, 6일간 나는 적색 오징어포가 되길 거부했다. 그전부터 빈혈 불면으로 시달리던 나는 5, 6일간 버티는 동안 체력의 한계에 도달, 의식마저 혼란 상태에 빠졌다. '공산주의자로 만들어내라'는 절대 명령을 받고 며칠씩 밤샘하며 양심에 위배되는 짓을 하고 있는 불쌍한 말단 수사관들과 피차 다툴 필요가 없다고 느껴졌던 것이다. 6일째 그들이 미리 작성해 가지고 온 소위 '자필 진술서' 내용을 그들이 부르는 대로 낙서처럼 받아 써 가지고 내던져 버렸던 것이다.……나 같은 '가톨릭을 믿는 공산주의자'란 '뜨거운 얼음'이나 마찬가지로 말이 되지 않는다."[21]

6월에 아시아 아프리카 작가회의는 김지하를 1975년 로터스상 수상자로 결정하였고, 구미학자와 일본작가 등은 그 해 노벨상(평화·문학상) 후보로 추천하였다. 박 정권은 행여 김지하가 노벨상을 받을까봐 두려웠다. 당시 스웨덴 대사관의 해외 공보관으로 일하던 최규장은 다음과 같이 말한다.

"나에게는 은밀한 미션이 떨어져 있었다. 담시(譚詩) '오적'을 쓴 김지하 시인의 노벨상 추천을 저지하라는 것이었다. '쳇, 노벨상을 타면 겨레의 영광인데 로비는 못할망정 저지는 또 무슨 저지란 말인가.' 나는 속으로 그런 생각이 들었다. 역설적이긴 해도 그를 세계적인 시인으로 만드는 것은 시인 자신이 아니라 박정희가 아닌가 싶었다."[22]

---

21) 김충식, 『정치공작사령부 남산의 부장들 2』(동아일보사, 1992), 183쪽에서 재인용.
22) 최규장, 『언론인의 사계』(을유문화사, 1998), 113쪽.

'어떤 조사(弔辭)' 사건

박정희의 '고문 공화국'에선 사형 제도를 비판하는 것도 반국가 단체의 활동에 대한 찬양 동조로 간주되었다. 그 봉변을 당한 사람이 바로 김지하의 변호를 맡은 변호사 한승헌이었다.

한승헌은 이미 이병린 구속 사건의 전말을 기자들에게 말했다는 이유로 박 정권의 보복 대상에 올라 있었다. 한승헌은 1974년 12월에 펴낸 『위장시대의 증언』이라는 책 때문에 1975년 1월 21일 남산 중앙정보부 지하실에 끌려가 2박 3일 동안 조사를 받았다. 그 책에 실린 〈어떤 조사(弔辭)〉라는 수필이 반공법 위반이라는 것이었다. 그 수필은 이미 2년 반 전에 발표된 것으로 사형제도를 비판한 글이었다.

그때엔 그렇게 조사를 받는 것만으로 끝났다. 그런데 한승헌이 김지하의 변호인을 맡자 중앙정보부는 한승헌에게 사퇴하라는 압력을 넣으면서 지난 1월에 반공법 위반으로 입건된 피의자임을 기억하라는 협박을 했다.[23]

한승헌이 그 협박에 굴복하지 않자, 박 정권은 3월 21일 한승헌을 구속한 것이다. 한승헌은 구속된 지 9개월 만에 항소심에서 몸은 풀렸으나, 다음해 11월 퇴임 직전의 한 대법원 판사가 유독 그 사건을 서둘러 기각하는 바람에 그의 변호사 등록은 취소되고 말았다.

이 사건에 대한 박 정권의 대응은 한 편의 코미디를 방불케 했다. 문학평론가 임헌영은 그 코미디의 한 장면에 대해 다음과 같이 말한다.

"법정을 웃음바다로 몰아넣은 또 하나의 코미디는 이 글 맨 끝 부분인 '이 세상에서 좌절된 당신의 소망이 명부의 하늘 밑에서나마 이루어지기를 빕니다. 한을 잠재우고 편히 쉬십시오'란 대목에서였다. 여느 필화와

---

23) 한승헌, 『불행한 조국의 임상노트: 정치재판의 현장』(일요신문사, 1997), 62쪽.

마찬가지로 복역중인 간첩, 월남 전향자, 대공 심리요원, 공안 기관원 등이 검찰측 증인으로 나와 막무가내로 피의자를 '북괴 동조자'로 몰아가기 십상인데 바로 이 마지막 대목을 일러 가로대, 저승에 가서라도 적화통일의 꿈을 이루기 바란다는 뜻으로 증언했겠다. 그러자 한 재치있는 변호인이 '저승에도 남북이 분단되어 북쪽에는 공산당이 정권을 잡고 있나요?' 하고 되받은 것이다."[24]

---

24) 임헌영, 〈한승헌의 '어떤 조사' : '사형폐지론' 체제 도전 규정〉, 『대한매일』, 1999년 7월 28일, 14면.

『조선일보』에서 내쫓긴 32명의 기자

박 정권을 닮아간 『조선일보』

자유언론실천운동을 벌이던 『조선일보』 기자들은 창간 55주년 기념일 다음 날인 1975년 3월 6일 한국기자협회 조선일보분회 집행부(분회장 정태기)의 주도로 "진실에 투철해야 하는 기자로서의 열과 성을 다해 언론 자유에 도전하는 외부권력과의 투쟁은 물론 언론 내부의 안이한 패배주의와도 감연히 싸우려 한다"라는 내용의 선언문을 채택하였다. 그와 동시에 정론지 제작을 요구하며 이의 관철을 위해 제작 거부에 들어갔다. 또 기자들은 정론지 제작을 요구하다 오히려 '편집권 침해'를 이유로 1974년 12월 18일 전격 해고당한 두 기자(백기범·신홍범)의 복직 약속도 지키라고 요구했다.

백기범과 신홍범의 해직은 『조선일보』 1974년 12월 16일자에 실린 유정회 소속 국회의원 전재구의 〈허점을 보이지 말자〉는 글의 게재에 대해 두 기자가 편집국장 김용원에게 항의한 데서 비롯되었다. 이 기고는 『조

선일보」가 청탁한 것이 아니었으며, 원래 2백자 원고지 35매의 분량이
던 것을 10매 정도로 줄여서 게재한 것이었다.[25)

두 기자는 그 글이 유신체제를 일방적으로 홍보하는 내용으로 보나
논설위원실의 가필을 거쳐 실리게 된 경위로 보나 『조선일보』가 지녀야
할 공정성과 균형에 어긋난다는 점을 지적했는데, 사측은 두 기자의 행
동을 위계질서를 무시한 하극상 행위로 몰아 해고했던 것이다.[26)

『조선일보』는 조선일보사상 최초로 1974년도에 전년도에 비해 광고
수입이 45.3%가 늘어나는 대기록을 세우게 되었다.[27) 그 기록에 고무되
었던 걸까? 『조선일보』는 자유언론실천을 부르짖는 기자들에게 매우 강
경한 자세를 보였다. 사장 방우영은 1975년 3월 7일 '가차없이 처단하겠
다'는 사장 명의의 경고문을 회사 안에 붙였는데, 그 내용이나 스타일이
박 정권의 무슨 긴급조치 경고문과 흡사했다.

"사규에 어긋나는 처사일 뿐 아니라 기존 질서에 도전하는 난폭한 수
법임을 확인하기에 이르렀다.……만약 끝까지 혁명적인 수법으로 55년
의 기나긴 전통을 미화시키기는커녕 오히려 먹칠과 분열을 일삼는 사원
이 만의 하나라도 잔재한다면 『조선일보』의 앞날을 위하여 분명히 그리
고 가차없이 처단할 것을 엄숙히 선언하는 바이다."[28)

자유언론투쟁을 '객기'로 매도한 『조선일보』

농성 6일째인 3월 11일 사장 방우영을 비롯한 경영진들은 편집국에
들어가 농성 기자들을 완력으로 모두 끌어냈고, 이 일로 32명의 기자를

25) 조선일보 70년사 편찬위원회, 『조선일보 70년사 제2권』(조선일보사, 1990), 1098쪽.
26) 조선자유언론수호투쟁위원회, 『자유언론, 내릴 수 없는 깃발: 조선투위 18년 자료집 1975-1993』(두레,
　　1993), 116쪽.
27) 조선일보 70년사 편찬위원회, 위의 책, 1100쪽.
28) 특별취재반, 〈심층해부 언론권력·권언유착: "내 말이 곧 편집 방침"〉, 『한겨레』, 2001년 4월 9일, 5면에
　　서 재인용.

해고했다(이 가운데 최준명은 1978년 5월 1일 '배신 행위'라는 동료들의 비난에도 불구하고 재입사). 해고된 기자들은 '조선자유언론수호투쟁위원회(조선투위)'를 구성하여 기나긴 투쟁에 들어갔다.[29]

『조선일보』는 바로 그 날 〈신문제작 거부 사태에 관한 우리의 견해〉라는 제목의 사설을 통해 기자들의 자유언론투쟁을 '객기'로 몰면서 다음과 같이 주장했다.

"어떤 조직체에서든지 소수가 자신들의 소견에 지나치게 집착하여 그것을 고집하고 정당성을 지닌 다수에게 강요하고 나설 때, 스스로를 신념하는 조직체가 취할 수 있는 방법은 소수가 다수의 의사를 납득하고 따를 것을 설득과 대화에 의하여 종용하는 것이며 그것이 이루어지지 않을 때는 그 소수가 자기 소신을 다수의 의사로 펼 수 있는 다른 조직체로 찾아가기 위한 자진용퇴를 바라거나, 그것조차 이루어지지 않고 전체의 정당성이 위협받을 때는 그 소수를 배제하고 조직을 재구성함으로써 전반의 질서를 회복할 수밖에 없는 것이다."[30]

함세웅에 대한 『조선일보』의 인신공격

3월 13일 『조선일보』의 폭거에 대해 천주교사제단과 민주회복국민회의가 각각 비판하는 성명을 내자, 『조선일보』는 3월 14일자 1면 박스 고딕체로 실은 〈천주교사제단과 민주회복국민회의 명의의 성명서에 대한 우리의 견해〉라는 제목의 사설에서 두 개의 성명을 '자유언론에 대한 명백한 도전'이라고 단정짓고 인신공격적 반박에 주력하였다.

이 사설은 천주교정의구현전국사제단의 주요 멤버이며 민주회복국민

---

29) 김민남·김유원·박지동·유일상·임동욱·정대수, 『새로 쓰는 한국언론사』(아침, 1993), 361-362쪽.
30) 김삼웅, 『유신시대의 곡필』(신학문사, 1990), 120쪽에서 재인용.

회의의 대변인인 신부 함세웅을 겨냥하여 '연민의 정을 가지고 말하려 한다'며 다음과 같이 주장하였다.

"첫째, 『조선일보』와 『동아일보』의 일련의 사태를 '현 독재권력 당국이 언론을 탄압, 봉쇄하려는 음모와 상호 관련된 것임을 쉽게 인지할 수 있다'고 단정한 점이다. 도대체 인간의 영혼을 다룬다는 신부가 그렇게 '쉽게 인지'하는 안이한 태도부터가 잘못이다. 어찌 그렇게 가벼울 수가 있을까. 신부가 아니더라도 신중한 사람이면 그렇게 사상을 안이하게 다루고 참견하지는 않는 법이다. (중략) 『조선일보』에 대한 불매운동을 전개한다고 하니 그런 운동에 응할 『조선일보』 독자도 없으려니와 사제들에게 그런 운동을 할 권리가 있는 것인지 묻고 싶으며 우리는 그런 행위가 법에 저촉되는 것은 아닌지 조용히 연구코자 한다. (중략) 당신은 자기에게 죄가 없다고 믿고 있는지, 남을 공격만 하면 그것으로 당신의 죄는 면책된다고 생각하는지 묻는다. 함 신부는 양심적으로 이 물음에 답배해야 할 것이다."[31]

자유언론선언을 상술로 이용한 『조선일보』

조선투위는 4월 11일, 『조선일보』의 상술(商術)과 관련하여 한 가지 놀라운 사실을 폭로했다. 그건 『조선일보』가 기자들의 순수한 자유언론 실천의지를 상업주의적 목적을 위해 이용했다는 것이었다. 그 '진상 보고서'의 일부를 인용하기로 한다.

"회사측은 71년 5월 『동아일보』 기자들이 자유언론수호선언을 한 이래 각사 기자들 사이에 자유언론선언운동이 번질 때마다 『조선일보』 기자들에게 '적어도 2등은 해야 한다'고 은근히 뒤에서 고무 격려해왔습니

---

31) 김삼웅, 『유신시대의 곡필』(신학문사, 1990), 122-124쪽에서 재인용.

다. 『동아일보』와 더불어 이른바 전통 있는 민족지를 자부해온 『조선일보』로서는 『동아일보』 기자들이 언론자유를 외칠 때 『조선일보』 기자들이 침묵할 경우 소위 '사쿠라 신문'이란 오해를 받을까봐 두려워했기 때문입니다. 따라서 『동아일보』 기자들이 자유언론선언을 하고 난 뒤 『조선일보』 기자들 사이에 아무런 움직임이 없을 때에는 간부들은 은연중 초조한 기색을 보였고, 이런 사정을 잘 아는 『조선일보』 기자들은 자유언론선언을 하는 것이 언론인으로서 대의명분에 합당할 뿐만 아니라 회사의 이익에도 합치하는 것으로 판단·솔직히 말해서 회사의 암묵적인 승인 아래 '어용 행사' 비슷한 일을 해오기도 했습니다.……그 중 대표적인 것은 73년 10월에 가졌던 자유언론수호궐기대회였습니다.……74년 10월 24일 역사적인 기자들의 자유언론실천선언 직후 회사측 태도도 마찬가지였습니다. 선언대회 직후 회사 간부들의 일반적인 태도는 '잘들 했어. 2등은 해야지. 『동아일보』를 바짝 뒤따라가야지'라는 것이었습니다. 그러나 『조선일보』 기자들이 회사측이 생각하는 어용성의 한계 안에 머물 것을 거부하고 종전과는 달리 자유언론을 성실하고 꾸준한 자세로 실천해 가려 하자, 회사측은 두 달이 못 가서 기자들을 탄압하기 시작했습니다. 그 첫 희생자가 신홍범, 백기범 두 기자였습니다.……2등은 해야 된다고 강조해오던 회사측은 금년 1월에 들어서서는 2등도 못하겠다면서 '자주노선'이란 그럴 듯한 말을 만들어냈습니다. 기자들은 이 말에 속지 않았습니다. 이 말은 『조선일보』의 위선을 감추기 위한 술수라는 것을 쉽게 간파할 수 있었기 때문입니다. 그것은 '자주노선' 이후 실제로 제작된 신문의 지면이 입증해 주고 있습니다."[32]

---

32) 조선자유언론수호투쟁위원회, 『자유언론, 내릴 수 없는 깃발: 조선투위 18년 자료집 1975-1993』(두레, 1993), 138-140쪽.

『동아일보』에서 내쫓긴 113명의 기자

폭력으로 밀어붙인 기자 축출 작전

시민들의 격려광고는 계속되었지만, 격려광고는 『동아일보』가 당면하게 된 경제적 위기를 해결해 줄 수는 없었다. 『동아일보』 사주는 투쟁의욕을 잃고 결국 박 정권의 광고탄압에 굴복하여 1975년 3월 8일 경영악화를 이유로 기구 축소를 단행한다면서 심의실·기획부·과학부·출판부를 없애고 사원 18명을 해고하였다. 이의 부당성을 지적한 기협분회장(장윤환) 외 1명(박지동)을 또 해고했다. 이렇게 시작된 『동아일보』 기자들의 해고는 신임 분회장(권영자) 등 17명의 해고로 이어졌다.[33]

『동아일보』 기자들은 『조선일보』 기자들이 강제로 해산된 다음 날인 3월 12일 자유언론실천을 위한 최후의 방법으로 제작 거부에 들어갔다. 기자들은 제작 거부 농성과 함께 23명이 공무국을 점거하여 단식투쟁을

---

33) 김민남·김유원·박지동·유일상·임동욱·정대수, 『새로 쓰는 한국언론사』(아침, 1993), 363-364쪽.

병행했지만, 마치 군사작전을 방불케 하는 회사측의 공격을 받았다. 이에 대해 정대수는 다음과 같이 말한다.

"회사 쪽은 농성 엿새째인 17일 새벽 술 취한 보급소 직원 등 폭력배 200여 명을 동원, 농성중이던 기자·프로듀서·아나운서·엔지니어 등 160여 명을 폭력으로 축출했다. 이 장면은 그야말로 아비규환의 처절한 참상의 현장이었다. 산소용접기·해머·각목·소방호스 등을 동원하여 새벽 3시부터 6시경까지 진행된 이 강제 축출 작전에서 닷새째 단식중이던 기자들이 마구 폭행당해 사회부 정연주 기자 등 여러 명이 부상했다. 방송국 강제 축출에서는 김학천 프로듀서가 무수히 구타당해 탈장과 뇌진탕 증세로 입원하기도 했다. 17일 새벽 동아일보사 주변 세종로 일대에는 정·사복 경찰 수백 명이 미리 포위하고 있어 『동아일보』 사원 축출 작전이 사전에 잘 짜여진 계획에 따라서 진행되고 있음을 보여 주었다."[34]

3월 17일 오전 10시 기협 동아분회와 동아방송 자유언론실행위원회는 기협 사무실에서 내외신 기자회견을 갖고 "이제 동아는 어제의 동아가 아니다. 폭력을 서슴지 않는 언론이 어찌 민족의 소리를 대변할 것인가"라고 묻고, "인간의 영원한 기본권인 자유언론은 산소용접기와 각목으로 말살될 수는 없다"라고 밝혔다. 쫓겨난 기자들은 '동아자유언론수호투쟁위원회(동아투위)'를 구성해 기나긴 투쟁에 들어갔다.

해직 기자들은 그때부터 만 6개월 동안 공휴일만 빼곤 날마다 아침에 회사 앞에 줄지어 서서 침묵 시위를 벌였지만, 유신독재의 벽은 너무 높았다. 이들은 강제 축출당한 뒤 유신체제가 끝날 때까지 모두 17명이 구속되었고, 7명이 구류 처분을 받았으며, 80여 명이 중앙정보부 등 수사기관에 연행되어 1일 내지 18일 동안의 조사를 받는 등 엄청난 고초를 겪

---

34) 김민남·김유원·박지동·유일상·임동욱·정대수, 『새로 쓰는 한국언론사』(아침, 1993), 364쪽.

었다.[35] 정연주는 후일 "82년 11월 미국으로 오는 비행기 속에서 내가 몇 번이나 그런 곳(중앙정보부나 경찰)을 드나들었는지 헤아려 보니 크고 작은 것을 죄다 합쳐 12번이었다"라고 술회했다.[36]

사주 김상만의 굴복

결국 『동아일보』는 3월 8일부터 5월 1일까지 7차례에 걸쳐 모두 1백 13명을 해고하였다. 『동아일보』에 쏟아진 격려광고는 광고탄압 넉 달째를 맞은 3월 25일까지 9천2백23건에 이르렀으며, 이에 따른 『동아일보』의 광고수입액은 1억 6백여 만 원으로 집계되었다. 그러나 『동아일보』가 정권의 탄압에 굴복해 기자들을 대량 해직시킨 이후엔 격려광고도 크게 줄어들어 5월 7일 이후 격려광고는 완전히 사라졌다.

당시 신민당 총재였던 김영삼은 자신의 회고록에서 다음과 같이 말한다.

"박정희와의 회담을 앞둔 어느 날, 김상만 회장이 나를 급히 만나고 싶다고 요청해 온 일이 있었다. 만나 보니 몇 달째 계속되는 광고탄압으로 인해 신문사가 쓰러지게 됐다는 것이다. 김 회장은 여러 가지 통로로 박정희에게 사정해 보았지만 소용이 없다면서, 내가 박정희에게 얘기해서 좀 살려 달라는 것이었다.……나는 청와대에서 나와서 김상만 회장을 만나 곧 해결될 것으로 본다고 말해 주었다. 김 회장은 '정말 고맙습니다. 내 대(代)는 물론 자손들까지 은혜를 영원히 잊지 않도록 하겠습니다' 하며 눈물까지 흘리며 감격해했다. 결국 사태는 해결의 방향으로 흘러갔고 1975년 7월 16일부터는 광고 게재가 정상화되었다."[37]

---

35) 김민남·김유원·박지동·유일상·임동욱·정대수, 『새로 쓰는 한국언론사』(아침, 1993), 364-366쪽.
36) 김상철, 〈동아투위 사람들 그 이후… '열외자' 시절 생활고 시달리고 공민권 박탈〉, 『기자협회보』, 2001년 2월 24일, 5면.

그러나 그건 김영삼의 주장과는 달리 '해결'이 아니었다. 무엇보다도 1백13명의 기자를 거리로 내쫓은 걸 어떻게 해결이라 할 수 있겠는가.

출판을 통한 대안 언론 활동

『동아일보』와 『조선일보』에서 해직된 기자들 가운데 일부는 출판을 이용해 일종의 대안 언론 활동을 계속했다. 동아투위 멤버들은 1975년 당시 동아일보사 건너편 국제극장 뒤에 있던 '세종여관'을 아지트로 삼아 "매일 아침 동아일보사 사옥 앞에 도열하여 침묵 시위를 하는 출근 투쟁을 벌이는 한편 자신들의 투쟁 상황을 유인물로 알리고 있었으나 실업 상태인 그들의 활동에는 한계가 있었다."[38] 그래서 모색하게 된 것이 출판 활동이었다. 동아투위 멤버 가운데 한 명인 이종대는 당시 상황을 다음과 같이 회고한다.

"사무실 유지비, 유인물 제작비, '투위' 위원들의 기본 활동비는 물론이고 구속자들의 뒷바라지와 법원에 계류중인 해임무효소송대책 등 돈쓸 곳이 한두 군데가 아니었다. 수사 기관원들의 눈을 피해 가며 성금을 전달해 주는 고마운 분들의 발걸음은 계속되고 있었지만 우리가 쓸 돈을 언제까지 성금에만 기댈 수는 없는 노릇이었다. 투위 집행부는 자체 수입 확보를 위한 몇 가지 방안들을 검토한 끝에 광화문 부근에 가게를 하나 내고 동시에 책을 출판해서 투위 위원들이 직접 팔기로 한다는 결정을 내렸다. 이때부터 가게를 차리는 일과 책을 펴내는 일을 각각 맡을 실무팀이 조직되고 이들은 곧바로 준비 작업에 들어갔다. 출판팀은 외국 도서를 번역해서 출판키로 했는데 번역할 도서로는 에리히 프롬의 『건전

---

37) 김영삼, 『김영삼 회고록: 민주주의를 위한 나의 투쟁 2』(백산서당, 2000), 86-87쪽.
38) 조상호, 『한국언론과 출판저널리즘』(나남, 1999), 239쪽.

한 사회』가 선정되었다."[39]

그 책이 1975년 8월 20일에 나오자 동아투위 위원들이 모두 책장수로 거리에 나서는 등 직접 판매에 돌입하여 당시로서는 대단히 많은 3만여 부의 판매를 기록할 수 있었다. 이에 자극을 받아 1976년 4월엔 '종각번역실'이 결성되어 해직 언론인들은 출판 활동에 몰두하게 되었다.[40] 그리고 직접 출판사를 차린 기자들도 있었다.

"해직 기자들 중 일부는 출판사를 차리고 제적당한 학생 운동권 후배들을 편집부 직원으로 채용하기도 했다. 그렇게 해서 한길사(김언호), 예조각(장윤환, 임채정), 과학과인간사(조학래), 청람출판사(권근술), 두레(신홍범, 정태기), 아침(정동익) 등이 태어났는데, 이들 출판사가 바로 80년대 사회과학 출판사의 효시가 되었다."[41]

39) 조상호, 『한국언론과 출판저널리즘』(나남, 1999), 239쪽에서 재인용.
40) 조상호, 위의 책, 236-238쪽.
41) 안철홍, 〈70, 80년대 재야운동 야사 ③ 유신 말기의 민주화운동: 지식인들, 노동자·농민과 만나다〉, 『월간말』, 1996년 6월, 190쪽.

해직 기자들의 수난과 고통

해직 기자들의 새로운 생활투쟁

기자들의 대량 해직으로 박 정권과 동아·조선 사주들은 자유언론실천운동을 원천 봉쇄하는 효과를 거두게 되었다. 그러나 하루 아침에 거리로 쫓겨난 기자들은 다른 직장에 취직하는 것마저도 금지된 채 오랜 기간 동안 고통스러운 삶을 살아야 했다. 앞서 말한 바와 같이, 그들 가운데 상당수는 재야 언론운동에 투신해 대안 언론으로서의 출판 활동에 적극 임하였다. 그러나 그 일만으로 생계를 유지할 수는 없었기에 많은 해직 기자들이 전혀 경험이 없는 새로운 생활 전선에 뛰어들어 엄청난 고생을 겪어야 했다. 동아투위가 1975년 12월 17일에 밝힌 동료들의 근황은 다음과 같다.

"양복점 외판원 S형―서울시내 안 돌아다니는 곳이 없다. 처음엔 쑥스럽고 말이 안 나와 혼이 났지만 이젠 제법 세일즈맨의 틀이 잡혀간다. 광산 십장이 된 J형―석면 가루가 든 비닐봉지를 싸 짊어지고 충남 보령서 서울로 오르락내리락 하기 바쁘다. 한약방 종업원 L형—독문학도가 요즘엔 한약 썰기에 바쁘다. 서툰 솜씨로 작두질을 하다가 새끼손가락이 나갔지만 별로 서운하게 생각하지 않는다. 보따리 장사 L여사—백화점에 보세품 스웨터를 납품하고 있는데 백화점 상인들의 텃세가 심해 신세 타령이 절로 나온단다. 제일 울고 싶을 때는 짐보따리 든 아줌마라고 버스 차장이 밀어낼 때. 당해 보지 않으면 그 쓰린 맛을 알 수 없단다."[42]

해직 기자들의 그런 새로운 삶에 대해 『조선일보』 해직 기자 신홍범은 후일 전두환 정권 치하의 법정에서 '보도지침'과 관련되어 구속된 상태에서 다음과 같이 말한 바 있다.

"받아들이는 곳이 없어 번역 등을 하며 생계를 이어가야 했다. 조선투위 한 분은 쫓겨난 후, 밤에는 야간대 시간 강사를 했고 새벽에는 용산시장에 가 고추 장사를 했다. 동아투위의 어떤 분은 옷장사 · 남대문 시장에서……. (이 부분에서 신홍범 씨는 감정이 격해진 듯 말을 잇지 못했다. 방청석 또한 숙연해졌다.) 양복점의 외판원, 한약방에서 약을 썬 사람도 있었다. 나는 지금 이렇게 조선투위의 일원이 된 것을 영광스럽게 생각한다. 그들은 현직 언론인보다 잘 살지는 못하지만 양심을 지켰기에 자랑스럽고 자유스러우며 어디에서나 당당하다. 나는 해직 언론인들을 참으로 존경한다."[43]

송건호와 조민기

편집국장 송건호는 자의로 해직 기자가 되었다. 그는 "기자가 1백30명이나 해직되는데, 그래, 내가 정부의 실정에 대해 장관에게 책임을 물어

---

42) 김상철, 〈동아투위 사람들 그 이후… '열외자' 시절 생활고 시달리고 공민권 박탈〉, 『기자협회보』, 2001년 2월 24일, 5면.
43) 민주언론운동협의회 편, 『보도지침』(두레, 1988), 76쪽.

야 한다고 쓴 사람인데 이런 판국에 더 이상 자리를 지키고 있을 수 있느냐"[44]라면서 『동아일보』 편집국장직을 사퇴한 것이다.

"두 번이나 울었어요. 기자들 앞에서 울고 또 이제 그만두면 다시는 언론계에 들어올 수 없을 것 같아 울고. 그만둘 것인가 말 것인가를 며칠을 두고 고민했습니다. 있으려면 그냥 있을 수도 있었는데……. 하여간 사주에게 백 몇 명은 복직시키라고 요구했는데 복직시켜 주겠어요?"[45]

그 후 송건호는 가난과 싸워야 했다.

"『동아일보』를 나와서는 생활고에 몹시 시달렸어요. 그때는 내일은 또 어떻게 사느냐가 제일 고민이었습니다. 아주 고민했어요. 심지어 자식들 대학 공부도 못 가르치고……."[46]

해직 후 투쟁도 하면서 새벽 시장에 나가 장사를 하다가 쓰러진 조민기에 대해 같은 해직 동료인 김학천은 다음과 같이 말한다.

"조민기는 서울대 역사교육과를 나와 동아방송 프로듀서로 재직하고 있었다. 그가 한창 중견으로서 일선에서 뛰면서 모처럼 장가도 들고 딸하나를 얻었을 무렵, 『동아일보』와 방송의 분노한 직원들이 저항의 깃발을 들었고 그는 정말 투사 같지 않은 표정을 한 채 대열의 앞에 섰다. 어렵게 얻은 직장에서 무 잘리듯 쫓겨나자 다시 감내하기 어려운 고통이 중첩되었다. 고통은 젊은 인생을 통째로 거는 위협에서부터 다음 날의 생계에 이르기까지 실로 다양했다. 서른 살 중반의 민초 투사에겐 하루하루가 온통 짐이었다. 금방 병마가 덮쳤고 어두운 그림자가 드리우기 시작했다. 주변의 걱정들이 대단했지만 당사자는 태연했다. 다만 그가 감추고 있던 가슴속의 슬픔과 분노를 그저 미루어 짐작할 뿐이었다. 그 나이가 어떤 나이인가. 애당초 그런 병마와 만날 일 없이 편하고 부유하

44) 정종주, 〈변절과 오욕의 언론사에 굴종 않은 언론인의 사표〉, 『바른언론』, 1996년 1월 6일, 5면.
45) 송건호 · 서중석 대담, 〈송건호, 형극으로 지켜온 언론자유와 현대사 개척〉, 『역사비평』, 제19호(1992년 겨울), 255쪽.
46) 송건호 · 서중석 대담, 위의 글, 255쪽.

게 살 수 있는 쪽에 끼이지 않고 신념 하나로 눌리고 쫓기는 쪽을 택한 형편에 얼마나 억울하고 허허로운 떠남이었는가. 그는 꼭 일 년을 투병하고 1976년 봄에 우리 곁을 떠났다. 투위로서는 최초의 돌이킬 수 없는 희생이었고 최고의 억울함이었다."[47]

강화된 언론사 폐쇄성

해직 언론인에 대한 박 정권의 그런 무자비한 탄압은 오늘날 한국 언론인들의 전문성을 저해하는 한 가지 이상한 문화를 고착시키는 결과를 초래했다. 박태견은 이렇게 말한다.

"전문성 부재는 기자 개개인의 산물이기도 하나, 보다 근원적인 원인은 동종 업종간 이직을 막아온 언론사의 폐쇄성에서 유래한다. 지난 70년대 유신 시절 이후 언론 사주들은 일종의 묵시적 協約을 통해 기자들이 타사로 이동하는 것을 원천 봉쇄해왔다. 동아투위 사태라는 거센 기자들의 저항을 경험했던 정치권력이 반골 언론인들의 언론계 내 재취업을 원천 봉쇄하기 위해 사주들에게 이를 강요했기 때문인 것으로 알려지고 있다. 그 후 언론계에는 각사별로 이른바 '기수 인맥' 이라는 것이 자리잡게 되면서 업종간 이동을 막는 칸막이로 작용해왔고, 그 결과 언론사 간 경쟁만 존재할 뿐 언론인 간 경쟁이 원천 봉쇄되면서 '언론 수준의 하향 평균화' 와…… '언론정신의 쇄락' 을 초래했다."[48]

민주화운동보상추진위원회는 2001년 2월 19일 동아투위 사건을 정권의 탄압에 맞선 민주화운동으로 결정했다. 위원회는 "113명의 언론인이 일시에 해직을 당하고 당시 최대의 일간지가 212일간 백지광고를 내야

---

47) 김학천, 〈언론운동의 뿌리를 찾아서 (6): 30대 중반의 '민초투사' 조민기〉, 『민주언론운동』, 1998년 1 · 2월, 9-10쪽.
48) 박태견, 〈" '기수 인맥' 이 '언론정신의 쇄락' 초래"〉, 『신문과 방송』, 1998년 7월, 23면.

했던 상황은 국가권력의 개입을 배제하고는 도저히 이뤄질 수 없는 사건이라고 판단했다"라고 밝혔다.[49]

---

49) 〈"동아언론투쟁위 사건은 정권탄압 맞선 민주화운동"〉, 「국민일보」, 2001년 2월 20일, 23면.

사법사상 가장 수치스러운 재판이었다

'사법사상 암흑의 날'

민청학련 및 인혁당 사건에 관련되었다고 사형을 선고받은 8명은 4월 8일 대법원에서 상고가 기각된 다음 날 형장의 이슬로 사라졌다. 새벽 6시에 사형을 집행했으니 상고가 기각된 지 채 하루도 안 된 20시간만이었다. 김용원, 도예종, 서도원, 송상진, 여정남, 우홍선, 이수병, 하재완 등이 바로 그들이었다.

그러나 한편 이 사건과 관련해 중형 선고를 받은 학생들은 형 집행정지로 석방되었으니, 이는 당시의 법이라는 건 박정희와 그 하수인들의 기분 내키는 대로였다는 걸 의미한다.[50] 김삼웅은 이 사건에 대해 이렇게 말한다.

"긴급조치 4호를 통해 반체제적인 학생들과 이들의 배후라고 판단한

---

50) 지명관, 『한국을 움직인 현대사 61장면』(다섯수레, 1996), 127-128쪽.

교수, 종교인들을 일망타진하고자 한 것이 민청학련 사건과 인혁당 사건의 조작이었다. 특히 인혁당 재건위라는 공안 사건을 통해 학생들에게 겁을 주고, 학생 시위가 북한측의 조종에 의해 움직이는 것처럼 국민에게 선전하여 이를 탄압하고자 했던 것이다.……인혁당 연루자들은 심한 고문으로 죽은 후에도 시신이 온전하게 가족에게 인수되지 못했다. 당국이 고문 사실이 폭로될까 두려워 유족의 동의없이 화장시키는 등의 방법으로 고문 사실을 은폐하고자 했기 때문이다.……이들에 대한 고문과 전격 처형, 사체 화장 등의 거듭되는 잔혹성과 의혹에 종교계에서 들고일어났다."[51]

무고한 국민의 피를 너무도 많이 흘리게 한 박정희에게도 일말의 양심은 있었던 걸까? 그는 후일 정부 요인들 앞에서 "크나큰 실책이라면 인혁당 8명을 처형한 것이 역사의 오점을 남겼다"라고 고백했다. 8명이 사형당한 지 20년 후인 1995년 4월 25일 문화방송이 사법제도 1백주년을 기념하는 다큐멘터리를 만들기 위해 판사 3백15명에게 보낸 설문 조사에서도 인혁당 사건 재판은 "우리 나라 사법사상 가장 수치스러운 재판"이라고 했다.[52] 그걸 이제 알았나? 그 날의 '사법 살인'에 대해 스위스 제네바에 본부를 둔 국제법학자협회는 그 날을 '사법사상 암흑의 날'로 선포했다.[53]

박 정권의 야수적 행위

국제사면위원회의 한 보고서는 인혁당 관련 피고인들이 당한 고문을 기록했는데, 여러 사례 가운데 하나만 소개하면 다음과 같다.

51) 김삼웅, 『한국 현대사 바로잡기』(가락기획, 1998), 141-142쪽.
52) 김삼웅, 위의 책, 136-145쪽.
53) 서영아, 〈인혁당 대책위 발족〉, 『뉴스플러스』, 1998년 11월 19일, 8면.

1975년 4월 8일, 민청학련 및 인혁당 관련 피고인 38명에 대한 상고심 판결 공판을 열고 있는 대법원 형사부. 그러나 만 하루도 지나지 않은 4월 9일, 사형 판결을 받았던 8명에 대한 사형이 집행되었다.

　"수사관들 가운데 한 명이 이렇게 말했다. '너는 최종길 교수가 중앙정보부에서 죽은 걸 아느냐? 쥐도 새도 모르게 죽는다. 죽으면 말할 사람이 하나도 없다. 우리는 너를 죽일 수도 있으며 너의 시체를 감쪽같이 처리할 수도 있다는 사실을 알아야 해! 그러면 모든 것이 끝장이야. 넌 중앙정보부가 얼마나 무서운 곳인지 몰랐지?' 이 말을 들었을 때 나는 내가 곧 죽을 것이라고 여겨졌다. 그 다음 그들은 나의 옷을 발가벗긴 다음 손목과 발목을 묶고 손목과 발목 사이에 나를 구타한 몽둥이를 집어넣어 천장에 매단 후 입에다 물을 퍼부었다.……그들은 내 온몸과 코와 입에 계속 퍼부었다. 그런 다음 내 생식기를 흔들면서 나를 어떻게 하겠다고 했다. 그때 나는 일 년 전 이화여대생 하나가 중앙정보부에서 강간당했다는 말을 들은 기억이 살아났다. 나는 나에게 이런 짓을 하는 자들이 인간이 아니라 짐승이라고 느껴졌다. 그렇기 때문에 아마 나는 수치 감을 느낄 수가 없었던 것 같다."[54]

하재완은 상고 이유서에 "혹독한 고문으로 창자가 다 빠져버리고 폐 농양증이 생겨 생명의 위협을 느낀 가운데 취조를 받았다"라고 썼고, 법정에서는 "무조건 아는 사람의 이름을 20명만 대라고 해서 정신 없이 적었는데, 나중에 내가 적어 준 사람이 잡혀와 15-20년 형을 받게 되었으니 괴로워 미칠 지경"이라고 말했다.[55]

검찰은 좀 달랐을까? 피고들이 검사 앞에서 중앙정보부에서 가혹한 고문과 함께 조서에 강제로 지장이 찍혔다는 사실을 이야기하면, 검사는 "이 새끼 아직 살아 있구나!", "너 아직 고문이 덜 되었구나!"라는 말을 내뱉으면서 폭행을 가하였다.[56]

박정희는 그렇게까진 원치 않았는데, 혹 중앙정보부와 검찰이 '과잉 충성' 하느라 이런 일이 저질러진 건 아니었을까? 오히려 정반대였을 가능성이 높다. 무기징역을 선고받았던 강창덕의 증언에 따르면, 당시 중앙정보부 수사관들은 "21명도 겨우 잡았는데 청와대에서 50명을 만들라고 한다"라며 투덜거렸다고 한다. 당시 중앙정보부 6국장이었던 이용택은 후일 언론 인터뷰에서 "박정희 대통령도 인혁당 사건에 상당한 관심을 갖고 있어서 한창 수사가 진행중일 때에는 신직수 부장과 내가 1주일에 두 번꼴로 청와대에 들어가 직접 보고를 드렸다"라고 말했다.[57]

사형수들은 사형을 당한 후에도 모독을 당해야만 했다. 박 정권은 사형수들이 자신들의 죄를 순순히 인정하고 반성한 것처럼 유언까지 조작

---

54) 한국기독교교회협의회 인권위원회, 『1970년대 민주화운동 (V)』(한국기독교교회협의회, 1987), 2187쪽에서 재인용.
55) 맹찬영·이충원, 〈인혁당 사건의 재조명〉, 천주교인권위원회 엮음, 『사법 살인: 1975년 4월의 학살』(학민사, 2001), 204-205쪽.
56) 김재명, 〈유신독재의 제물 인혁당 사건〉, 천주교인권위원회 엮음, 『사법 살인: 1975년 4월의 학살』(학민사, 2001), 181-182쪽.
57) 맹찬영·이충원, 위의 글, 208쪽.

했기 때문이다.[58] 어디 그뿐인가. 시신 탈취까지 저질렀다. 당시 무기징역을 선고받고 9년간 옥살이를 한 전창일은 다음과 같이 증언한다.

"사형수들은 나보다 20일 가량 먼저 잡혔는데 죽는 순간까지 가족들 면회를 금했다고 한다. 세상에 진실이 알려질까봐 두려워했던 것이다. 더구나 형 집행 후 시신을 화장해 '재'로 가족들에게 인계하려 하였다. 그래서 가족들이 운구차를 막아서며 시신을 되찾기 위해 경찰과 심한 몸 싸움까지 벌였다. 이 날 운구차를 몸으로 막다가 차에 치인 문정현 신부는 그 후유증으로 아직까지 다리를 절며 지팡이 없이는 거동이 불편하다. (고문은) 말로 다 표현할 수 없을 정도였다. 매일매일 죽음의 사선을 넘나들 정도였다. 사형수들의 시신을 화장한 것도 그때까지 남아 있는 고문 흔적을 감추기 위한 것이다. 물고문, 전기고문, 태형 등 세상에 알려진, 인간이 받을 수 있는 고문은 모두 받았다고 해도 과언이 아니다."[59]

사형수의 아내들에게 가해진 야수적 행위

사형수들의 가족이 당한 고통도 말로 다 표현할 수 없을 정도였다. 중앙정보부는 사형수들이 사형당하기 전 그들의 아내들을 연행해 잠을 못 자게 하는 등 온갖 정신적 · 육체적 고통을 가하면서 "남편이 간첩과 같은 행동을 했다. 앞으로는 구명운동을 안 하겠다"라는 각서를 쓰도록 강요했다.[60] 전 경기여고 교사 김용원의 부인 유승옥은 자살까지 시도했는데, 사건의 내용은 다음과 같다.

---

58) 맹찬영 · 이충원, 〈인혁당 사건의 재조명〉, 천주교인권위원회 엮음, 『사법 살인: 1975년 4월의 학살』(학민사, 2001), 207-208쪽.
59) 장현주, 〈인혁당 사건 때 무기징역 선고받았던 전창일 씨 회고 인터뷰: " '인민혁명당' 은 중정이 날조했다"〉, 『시민의신문』, 2001년 4월 16일, 19면.
60) 김재명, 〈유신독재의 제물 인혁당 사건〉, 천주교인권위원회 엮음, 『사법 살인: 1975년 4월의 학살』(학민사, 2001), 180쪽.

"정보부로 연행되자마자 그곳 취조요원 한 사람이 다짜고짜 유씨의 멱살을 움켜쥐고 이런 욕설을 퍼부었다. '이 간첩의 여편네, 왜 까불고 다녀!' 목요기도회 등에서 남편의 무죄를 주장했기 때문이었다. 그런 후 취조가 시작되었다. 반쯤 얼이 나간 부인 유씨는 목이 말라 물 한 컵을 청하였다. 그들이 건네준 물을 반 컵쯤 마셨는데, 조금 있다가 묘한 느낌이 그녀의 몸을 사로잡기 시작했다. 성적인 흥분이 일어나며 몸이 비비 꼬이는 것이었다. 어떤 약물 작용 때문임이 분명했다. 그녀는 어찌할 줄 몰라 의자 밑으로 굴러 떨어지기조차 했다. 이런 비정상적 상태에서 그녀는 요원들이 불러주는 대로 '내 남편은 간첩'이란 글을 쓰고 지장을 찍었다. 집에 돌아와서도 환각 증세는 여전했다. 귀에서 윙윙 소리가 나며 사흘이 지나도록 한 잠도 잘 수 없었다. 약기운이 떨어지면서 자책감이 밀려왔다. 남편을 간첩이라고 밀고한 꼴이 된 그녀는 자책감을 견디지 못하고 죽음을 결심하기에 이르렀다. 남편과 함께 찍은 사진 앨범을 불태운 그녀는 쥐약을 사다가 아이들 셋과 함께 일가족 집단 자살을 꾀했다. 그러나 눈치로 사태를 알아차린 큰딸 아이는 엉엉 울며 쥐약을 먹지 않으려 했다. 한참 실랑이를 벌이고 있는데, 마침 그녀의 친정 어머니가 찾아왔다. 일가족은 대성통곡 끝에 자살소동만은 면했다. 그러나 친정 어머니는 그때의 충격으로 1개월 후 숨을 거두고 말았다."[61]

일제시대보다 악독했던 '다카키 천국'

역사학자 최상천은 일제와 박 정권을 비교한다. 일제에 충성혈서를 썼던 다카키 마사오, 바로 박정희다. 최상천은 박정희 치하의 한국을 '다

---

61) 김재명, 〈유신독재의 제물 인혁당 사건〉, 천주교인권위원회 엮음, 『사법 살인: 1975년 4월의 학살』(학민사, 2001), 179-180쪽.

카키 천국'으로 부르면서, 인혁당 사건이 일제시대와 '다카키 천국' 시대를 비교해볼 수 있는 좋은 예라고 말한다.

"삼일운동 민족 대표에게 내린 일본제국의 최고형은 징역 3년이었다.……일본제국은 '빨갱이 두목' 박헌영이 미친 척하자 정신이상을 이유로 풀어줬다.……일본제국은 악독한 짓도 많이 했지만 그래도 지킬 건 지켰다. 독립운동가도 거의 정식 재판을 받았고 길어야 2-3년 정도 감옥살이를 했다."[62]

최상천은 "'다카키 천국'에서는 인민혁명당 근처에 가 보지도 않은 사람들을 잡아다 족치고는 8명에게 사형, 8명에게 무기징역, 6명에게 징역 20년을 선고하고 그 이튿날 번개같이 처형해버렸다"라며 다음과 같이 말한다.

"국민의 대표인 국회의원조차 무차별 고문하는 나라. 하루 16시간 노동을 하며 무한 착취에 시달려도 어디에도 하소연할 곳이 없는 나라. '내 죽음을 헛되이 하지 마라'고 절규하며 분신 자살하지 않고서는 아무것도 호소할 수 없는 나라. 유신반대 유인물 뿌린 죄로 징역 5년을 사는 나라, 노동운동 한다고 똥물을 끼얹고 작살내버리는 나라. '오적' 시 한 수로 졸지에 빨갱이가 되어 버리는 나라. 수많은 학생들을 감옥 보내고 대학에서 쫓아낸 나라. 대학에 탱크 끌고 들어가는 걸 밥먹듯 하는 나라. 조선(북한)에 끌려갔다 온 어민이 간첩이 되어 버리는 나라.……일제시대에도 이런 야만은 없었다. 박정희는 오직 자기의 두목 권력을 위해 감시, 협박, 매수, 미행, 전화 도청, 연행, 사생활 추적, 세무조사, 감금, 고문, 테러, 살인, 사건날조 등등 악행이라고 생긴 악행은 다 동원했다."[63]

---

62) 최상천, 『알몸 박정희』(사람나라, 2001), 274-275쪽.
63) 최상천, 위의 책, 275쪽.

'살인마 박정희 천벌을 받아라'

어디 그뿐인가. 앞서 지적했듯이, 박 정권은 1974년 10월 10일 기도를 통해 '인혁당 사건은 고문으로 조작된 것'이라고 주장하며 이를 국내외 기독교 단체에 알려 여론을 환기시키던 미국 감리교 선교사인 목사 조지 오글을 정치 활동을 했다는 이유로 한국에서 추방해 버렸다. 진실을 말했다는 이유 하나만으로 김지하도 다시 감옥에 가두고 또 고문을 했다.

1975년 가톨릭 정의구현사제단과 인혁당 가족이 정부당국에 진상 공개를 요구하자, 법무장관 황산덕은 "더 이상 이를 문제삼으면 반공법 위반으로 의법 처단하겠다"라고 협박했다. 황산덕은 "당시 우리 나라에서 형법 및 법철학 등의 태두로 공인된 자였"기에 더욱 기가 막힌 일이 아닐 수 없었다.[64]

이 모든 책임을 누가 져야 할까? 박정희가 아닐까? 인혁당 사건 희생자 가운데 한 명인 우홍선의 아내가 1987년에 작성한 호소문엔 이런 말이 있다.

"우리들의 남편들은 가족들 얼굴 한번 못보고 아침 이슬처럼 쓰러져 갔습니다. 저는 남편이 사형당한 이후 신문에 나온 박정희 사진을 그가 죽을 때까지 이가 아프도록 꼭꼭 씹어서 뱉곤 했습니다. 남편 산소에 매주 꽃을 들고 찾아가서 하늘을 향해 '살인마 박정희 천벌을 받아라' 하고 외쳤습니다. 한번 외치면 효과가 없을 것 같아 꼭 세 번씩 외쳤습니다.……택시를 타면 운전수에게 인혁당이 조작임을 폭로하면서 울부짖으며 거리를 누볐습니다."[65]

---

64) 박홍규, 〈인혁당 재건단체 사건과 법〉, 천주교인권위원회 엮음, 『사법 살인: 1975년 4월의 학살』(학민사, 2001), 232쪽.
65) 1998년 10월부터 천주교인권위원회는 '인혁당 사건 진상규명 및 명예회복을 위한 대책위원회'를 구성하여 활동하고 있다.

가족들에게 가해진 사회적 테러

1998년 11월 9일 '인민혁명당 사건 진상규명 및 명예회복을 위한 대책위원회(공동대표 변호사 이돈명, 신부 문정현)'가 발족되었고, 2002년 9월 12일 의문사진상규명위원회는 인혁당 재건위 사건이 중앙정보부의 조작극이라고 발표했다.

조작극의 모든 진상이 다 밝혀진 건 아니다. 앞으로 계속 진상규명이 더 되어야 할 것이고, 사형수의 가족들이 당한 수모와 고통에 대한 진상규명도 해야 할 것이다. 사형수 가족들은 평균 3개월에 한번꼴로 이사를 해야 했다니,[66] 이 세상이 지옥이 아니었을까?

"그 가족들이 당한 수모와 고통은 차라리 죽음보다 더한 것이었다. 고문에 의한 사건 수사와 조작, 일방적인 재판 진행, 여기에 공판 기록 변조까지 겹친 인혁당 사건은 그 사실 여부를 떠나서 그 불법부당함, 피고인과 그 가족들에 대한 인권유린이 극에 달한 것이었으며 '빨갱이 자식', '빨갱이 가족'이라는 손가락질 속에서 몇 번이나 자살을 기도하기도 하였다."[67]

사형수 가족들은 변호사조차 제대로 만날 수 없었으며 재판은 물론 사후 재판 기록조차 볼 수가 없었고, 변호사조차 소위 '빨갱이'를 변호해 주었다는 이유로 돌세례를 받기도 했다.[68] 심지어 이런 일도 있었다.

"하재완의 3세 먹은 어린애를 동네 애들이 끌어다가 목에 새끼줄을 매어 나무에 묶어 놓고 빨갱이 자식이니 총살한다고 하면서 놀이를 한 일이 있다. 그것을 보고도 동네 여자들은 쳐다보고만 있었다. 하재완의 자식인 초등학교 어린이가 소풍을 가서 점심을 먹는데 다른 급우들이 돌

---

66) 이경일, 〈대통령 아들과 '인혁당' 자녀〉, 「문화일보」, 1993년 12월 31일, 4면.
67) 한국기독교교회협의회 인권위원회, 「1970년대 민주화운동 (IV)」(한국기독교교회협의회, 1987), 1401쪽.
68) 한정희, 〈여의도 천막농성장에서 만난 인혁당 사건 칠순 미망인들: "억울한 죽음 명예회복 살아 생전 마지막 소원"〉, 「참여사회」, 1999년 2월, 42~43쪽.

을 던져서 그 어린이는 나무 뒤에 숨어서 먹었다고 한다."[69]

『참여사회』 1999년 2월호는 도예종의 부인 신동숙과 송상진의 부인 김진생과의 인터뷰를 통해 그들이 당한 비통한 수난에 대해 다음과 같이 말하고 있다.

> "시장에도 못 갔어요. 형사들이 늘 붙어다니고 사람들이 손가락질을 해서……. 남편이 빨갱이라 카면서 이웃에 이상한 사람 취급당하고……. 수상한 눈초리가 견디기 힘들었지요."
>
> 더구나 친척간에 왕래를 할 수 없었던 것은 물론, 심지어 외면당하기까지 했다.
>
> "한번은 제삿날인데 시동생이 안 오는 기라. 그래 내 물으니까, 형수님, 우선 내가 살아야 안 합니까 하는 기라."……
>
> 감시는 박정희 정권 때는 물론 전두환 정권, 이후 노태우 정권까지 이어졌다. 특히 간첩 사건 같은 게 터질 때마다 노골적인 감시가 행해졌다.
>
> "내 그럴 때마다 그랬어요. 보이지 않는 데서는 몰라도 내 눈앞에는 보이지 마라, 하도 억장이 터지고 화를 돋우니까……."……
>
> 그의 3남매들이 출가하기 전 어려운 생활을 하면서 바느질 부업을 했는데, 그때 "빨갱이집이라 가면 붙잡힌다"고 소문이 퍼져 같이 일하던 사람들이 발길을 끊었다고 한다.……인혁당 사건 이후 그들에게 친척, 친구란 없었다. 그렇게 20여 년을 넘게 살았다.
>
> "우리는 대한민국 국민이 아닙니다. 몸만 살아 있지……. 창살

---

69) 천주교정의구현전국사제단, 〈인혁당 사건의 진상을 밝힌다〉, 천주교인권위원회 엮음, 『사법 살인: 1975년 4월의 학살』(학민사, 2001), 288쪽.

아닌 창살 속에 살았어요."……

　암울했던 시기였지만 혹시 그 와중에도 도와 주는 사람이 있지 않았을까. 그런 사람이 있었냐고 묻자……"없었어요. 한 사람도 없었어요."[70]

---

70) 한정희, 〈여의도 천막농성장에서 만난 인혁당 사건 칠순 미망인들: "억울한 죽음 명예회복 살아 생전 마지막 소원"〉, 『참여사회』, 1999년 2월, 42-43쪽.

아아, 김상진

긴급조치 7호 발동

1975년 4월 8일 고려대에서 대대적인 시위가 발생한 직후 긴급조치 7호가 발동되었다.[71] 고려대엔 휴업령이 내려지고 군대가 진주하였다. 인혁당 사건 사형수들이 사형당하기 전날이었다. 그 날 사형수 가족들은 다음 날 아침 서대문형무소로 가면 남편과 면회를 할 수 있을 것이라는 말을 들었다. 그래서 그들은 새벽부터 서대문형무소 앞에서 기다렸다. 그런데 왜 그렇게 말해 놓고 새벽 6시에 사형을 집행했던 걸까? 이게 과연 인간의 탈을 쓰고 할 수 있는 짓이었을까? 다음과 같은 추론이 제기되었다.

"그 날(4월 8일) 오후, 고려대학에서는 이상하리만큼 격렬한 반 박 정권 데모가 일어났다. 학생들의 요구는 민주화 인권회복 혹은 유신헌법

---

71) 긴급조치 5 · 6호는 1 · 4호 해제 및 유보 조치이며, 나중에 나온 8호는 7호 해제 조치였다.

긴급조치 7호 발동으로 고려대에 휴업령이 내려지고 군대가 진주하였다.

개정에만 그친 것이 아니라, 정정당당하게 박 정권 퇴진 요구를 내걸고 나선 것이었다. 그렇지만 학생들은 그래도 만족하지 않았다. 학생들은 박 대통령 모습을 한 인형에 불을 붙이는 등, 돌과 각목을 손에 들고 경찰들과 격렬하게 부딪쳤다. 논리적으로는 이러한 새로운 과격 행동은 강경일로를 걷는 박 정권의 탄압에 직면하여 학생들의 분노가 높아진 결과라고 설명할 수 있겠다. 그러나 고려대학의 데모 정경을 지켜본 몇 명의 소식통은 이 날 오후가 되면서 이 데모를 오히려 정부 쪽에서, 특히 한국 CIA가 각종 학생기관을 통해 적극적으로 도발하여 그로 인해 과격하게 된 것이 아닌가 하는 의심을 가지게 되었다. 왜 그랬을까? 추리할 수 있는 단서를 잡은 것은, 오후 5시가 돼서 박 대통령이 긴급조치 7호를 선포하고 나서야였다. 이 조치에 따라 사립명문 고려대학은 폐쇄되었을 뿐 아니라, 대학 구내에 군대가 진주하게 되었다. (중략) 이에 덧붙여 박 대통령은 좀처럼 힘든 선물을 손에 넣고 있다는 사실을 알아 차렸다. 인혁당이라는 사기극을 폭로하는 데에 큰 힘이 된 구미의 유력한 저널리스트 『뉴욕타임스』의 리차드 핼로런이나 『워싱턴 포스트』지의 돈 오버도퍼 등 대부분이 한국에서 일어나는 사태들을 보도하지 않았던 것이다. 그들은 모두 인도차이나에서 티우 정권 붕괴를 쫓고 있었거나, 대만에서의 장개석 장례식을 취재하느라 바빠 동경지국을 비워둔 상태였기 때문이다."[72]

'민주주의란 나무는 피를 먹고 살아간다'

4월 9일, 인혁당 사건으로 8명이 대법원 판결이 내려지기가 무섭게 사형당했다는 소식에 치를 떨며 26세의 젊은이가 과도를 구입하였다.[73] 4월 11일 서울대 농과대 교정에서 유신헌법 철폐와 박 정권 퇴진 등의 구호 아래 성토대회가 진행되던 중 축산과 4학년 김상진이 선언문을 읽은 후 할복 자살을 하였다. 김상진은 재학중에 입대하여 3년간의 군대 복무를 마치고 4학년에 복학한 26세의 청년이었다. 그는 선언문에서 다음과 같이 외쳤다.

"무엇을 망설이고 무엇을 생각할 여유가 있단 말인가! 대학은 휴강의 노예가 되고, 교수들은 정부의 대변자가 되어 가고, 어미닭을 잃은 병아리마냥 우리들은 반응 없는 울부짖음만 토하고 있다. 우리의 주장이 결코 그릇됨이 아닐진대, 우리의 주장이 결코 비양심이 아닐진대 우리는 어떻게 더 이상 자존을 짓밟혀, 불명예스런 삶을 계속할 것인가. 우리를

---

72) 브라이언 J. 우드워드, 〈인혁당 처형과 그 이후〉, 천주교인권위원회 엮음, 『사법 살인: 1975년 4월의 학살』(학민사, 2001), 247-248쪽.
73) 임창룡, 〈민주열사 열전 ④ 김상진 서울농대생: 할복 자결…반유신의 혼으로 부활〉, 『서울신문』, 1998년 8월 27일, 6면.

대변한 동지들은 차가운 시멘트 바닥 위에 신음하고 있고, 무고한 백성은 형장의 이슬로 사라져 가고 있다. 민주주의란 나무는 피를 먹고 살아간다고 한다. 들으라, 동지여! 우리의 숭고한 피를 흩뿌려 이 땅에 영원한 민주주의의 푸른 잎사귀가 번성하도록 할 용기를 그대들은 주저하고 있는가! 들으라! 우리는 유신헌법의 잔인한 폭력성을, 합법을 가장한 유신헌법의 모든 부조리와 악을 고발한다. 우리는 유신헌법의 비민주적 허위성을 고발한다. 우리는 유신헌법의 자기중심적 이기성을 고발한다. 학우여! 아는가! 민주주의는 지식의 산물이 아니라 투쟁의 결과라는 것을!"[74]

언론 보도와 추도식을 막은 박 정권

김상진은 선언문 낭독이 거의 마지막에 이르렀을 때 20센티미터 가량의 등산 칼로 복부를 찔렀다. 학우들이 그를 병원으로 옮기기 위해 차에 태우기까지 그는 애국가를 불러달라고 애원하다가 정신을 잃고 말았다. 그는 두 번이나 수술을 받았지만 다음 날 아침 의식을 회복하지 못하고 숨지고 말았다. 그의 할복 자살은 언론 보도가 금지되었지만, 입에서 입으로 널리 알려졌다.[75]

4월 12일 서울농대는 휴교령을 발표하였다. 4월 15일 민주회복국민회의가 그의 죽음에 관해 언급하며 성명을 발표했다. 4월 18일 가톨릭학생 지도신부단 주관으로 명동성당에서 김상진 추도 미사가 열렸다. 1천 5백여 명이 참석한 이 날의 추도 미사에서는 김상진의 '양심 선언'과 '대통령께 드리는 공개장'이 낭독되었다.

4월 22일 민주회복국민회의가 명동성당 내 가톨릭문화관에서 김상진

---

74) 김삼웅 편저, 『사료로 보는 20세기 한국사: 활빈당 선언에서 전·노 항소심판결까지』(가람기획, 1997), 330쪽.
75) 지명관, 『한국을 움직인 현대사 61장면』(다섯수레, 1996), 136쪽.

추도식을 거행하려고 하자 경찰은 명동성당 봉쇄로 맞섰다. 4월 24일 천주교정의구현전국사제단이 개최한 인권수호기도회에서는 경찰의 명동성당 봉쇄에 항의하는 '우리의 결의'가 발표되었고, '고 김상진 군의 죽음에 답하라'와 조시 '아아, 김상진'이 발표되었다.[76]

월남 패망이 살려준 박 정권

김상진의 할복 자살은 광주에서 고등학생들까지 들고일어나게 만들었다. 학내 시위를 주도하다가 중도에 발각되어 경찰서에 끌려간 황광우는 다음과 같이 말한다.

"서울대의 김상진 선배가 할복으로 독재권력에 항거했다는 소식은 우리를 수근거리게 만들었다. 데모를 하기로 결의했다. 웃기는 일은 당시 선동문을 작성하는 과정에서 '북괴가 남침하면, 우리는 제일 먼저 전선으로 달려갈 것이다'는 내용을 삽입했던 것이다. 시위는 불발로 끝났고, 서광주경찰서에서 조사를 받고 있는데, 베트남이 무너졌다. 학우들은 모두 공설운동장에서 북괴의 남침 규탄대회를 벌이고 있었다. 조사를 받는 과정에서 한 형사가 '누구를 존경하느냐?'고 묻길래, 얼떨결에 '김대중씨요' 하고 대답했더니, 형사는 나의 숨통을 조이면서, '요 빨갱이 새끼' 하고 겁을 주었다. 조사만 끝나면 나가는 것으로 알고 있었는데, 나를 실은 차는 광주교도소로 향했다."[77]

그랬다. 김상진의 할복 자살은 대대적인 민주화 시위를 촉발시킬 수 있었지만, 4월 30일 베트남의 패망은 순식간에 대한민국을 북괴의 남침 규탄대회의 소용돌이로 몰아가고 말았다. 박 정권은 그 분위기를 이용해

---

76) 한국기독교교회협의회 인권위원회, 『1970년대 민주화운동 (II)』(한국기독교교회협의회, 1987), 656~659쪽.
77) 황광우, 『잎새에 이는 바람에도 나는 괴로워했다』(거름, 1992), 4~5쪽.

아예 민주화 시위를 원천적으로 봉쇄해 버리겠다는 듯, 5월 13일엔 헌법에 대한 논의 자체를 금지하는 긴급조치 9호를 선포하였다. 세상은 그렇게 계속 미쳐 돌아가고 있었던 것이다.

월남 패망

신뢰를 잃은 박 정권

1974년 11월 15일 경기도 고랑포 부근의 비무장지대 안에서 북한군이 남쪽으로 파내려온 땅굴이 발견된 지 4개월 뒤인 1975년 3월 20일 또다시 강원도 철원 동북방 13킬로미터 지점에서도 북한군이 판 땅굴이 발견되었다. 이에 대해 당시 청와대 대변인이었던 김성진은 다음과 같이 말한다.

"그러나 불행한 일은 국내외적으로 우리 정부의 신뢰도가 도전을 받고 있었다는 사실이다. 이처럼 명백한 북한측 침략 의도가 확증으로 드러났는데도 불구하고, 이것을 오히려 우리 정부가 꾸며낸 일이 아닌가 의심하는 외국 언론이 있었다. 나는 몹시 분통이 터졌다. 잘못된 선입견과 고정 관념은 하루 아침에 바로잡혀지지 않는다. 일부러 외신 기자들을 불러와 보여 주어도 그들은 그 터널이 북쪽에서부터 파내려 왔다는 사실을, 지면에 나타난 흔적으로 보고서 확인하고도 사실 그대로 보도하는 데 주저했다. 그 이유는 뻔했다. 김대중 납치 사건을 계기로 국내외에서 유신체제에 대한 비판이 증폭되어 나갔으며, 이후락 부장의 사임도 이 같은 비판을 축소시킬 수는 없었기 때문이다."[78]

정략으로 이용된 반공 캠페인

1975년 4월 18일 김일성은 14년 만에 중국을 방문해 등소평이 주최한 연회 연설에서 "베트남 방식에 의한 남반부 해방도 고사(固辭)하지 않는다"라고 했으며, "잃는 것은 국경선이며 얻는 것은 통일"이라고 발언했다.[79]

이는 『김영삼 회고록』에서 인용한 것이다. 비단 이 책뿐만 아니라 70년대를 다룬 많은 책들에 그런 식으로 쓰여 있다. 두말 할 필요 없이, 북한의 호전성을 부각시키기 위해서다. 그러나 지나치게 거두절미(去頭截尾)했다는 점은 지적되어야 할 것이다.

당시 김일성은 "만일 남조선에서 혁명이 일어난다면, 우리는 단일민족이면서 같은 민족으로서 팔짱을 끼고 있지 않고 남조선 인민을 적극 돕겠다"라고 말했다. 그는 이어 "만일 적들이 무모하게 전쟁을 일으키면 단호하게 전쟁으로 대답할 것"이며 "이 전쟁에서 우리가 잃을 것은 군사분계선이요, 얻을 것은 조국의 통일"이라고 말했다.[80]

김일성의 이 발언은 "월맹의 승리와 베트남에서의 미군 철수에서 고무된 김일성의 정세관을 표출시킨 것"[81]으로 볼 수도 있을 것이나, 중요한 건 당시 국제정세가 김일성에게 고무적인 건 아니었다는 점이다. 김

78) 김성진, 『한국 정치 100년을 말한다: 우리들이 꼭 알아야 할 한국 정치의 실상』(두산동아, 1999), 361쪽.
79) 김영삼, 『김영삼 회고록: 민주주의를 위한 나의 투쟁 2』(백산서당, 2000), 81쪽에서 재인용.
80) 김학준, 『북한 50년사: 우리가 떠안아야 할 반쪽의 우리 역사』(동아출판사, 1995), 315쪽; 전인영, 〈남북 관계의 전개와 통일정책의 허실〉, 한홍수 편, 『한국정치동태론』(오름, 1996), 692쪽.
81) 전인영, 위의 글, 692쪽.

일성은 중국에 지원을 요청했지만, 4월 26일에 발표된 공동성명은 중국이 그 요청을 거절했다는 걸 잘 말해 주고 있다. 서방의 언론매체들은 "김일성은 호랑이처럼 으르렁거리며 중국을 찾아왔다. 그러나 그는 순한 양처럼 맥이 빠진 모습으로 돌아갔다"라고 썼다.[82]

김일성을 더욱 맥 빠지게 만든 건 소련이었다. 소련은 김일성의 방문 요청을 아예 거절해 버린 것이다.[83] 그러나 남한에서는 북한이 중국과 소련의 전폭적인 지원을 받으면서 내일이라도 당장 남침을 할 것처럼, 공포 분위기가 조성되고 있었다.

4월 17일 캄보디아 적화(赤化)와 4월 30일 월남 패망은 그런 분위기의 불길에 기름을 퍼붓는 효과를 낳았다. 박 정권은 '총력안보궐기대회'를 잇달아 열고 대대적인 반공 캠페인을 전개하였다.[84] 이와 관련, 역사학자 서중석은 다음과 같이 말한다.

"1975년 3, 4월 학원에서의 반유신투쟁은 전보다 훨씬 규모가 컸다. 그러나 4월 말의 인도지나 사태가 유신체제를 구원하였다. 반유신투쟁에 동정적이던 보수반공 세력의 태도가 돌변했고 극우 세력이 단결하였다."[85]

베트남 파병의 결산

패망한 월남(베트남)은 한국에게 무엇이었을까? 한국은 파병 군인들의 송금, 미군의 물자 조달 등을 중심으로 연간 2억 달러의 수입을 얻었다.[86] 다시 말해 한국은 베트남 특수(월남으로 상품 수출과 파월군 관계의

82) 김학준, 『북한 50년사: 우리가 떠안아야 할 반쪽의 우리 역사』(동아출판사, 1995), 315~316쪽.
83) 김학준, 위의 책, 316쪽.
84) 조국, 〈한국 근현대사에서의 사상통제법〉, 『역사비평』, 창간호(1988년 여름), 337쪽.
85) 서중석, 〈1960년 이후 학생운동의 특징과 역사적 공과〉, 『역사비평』, 제39호(1997년 겨울), 32쪽.
86) 문부식, 〈 '광주' 20년 후─역사의 기억과 인간의 기억〉, 『기억과 역사의 투쟁: 2002년 당대비평 특별호』(삼인, 2002), 301쪽.

1973년 베트남평화협정이 조인되면서 베트남전에 파병되었던 한국군들이 속속 귀국하고 있다.

서비스)를 누리게 되었다.[87]

한국은 1964년 9월 22일부터 1973년 3월 23일까지 연 32만의 병력을 베트남에 파병하였는데, 사망자는 5천여 명, 부상자는 1만 6천여 명에 이르렀다. 미국의 경우 1961년에서 1975년까지 베트남전쟁에 참전하지 않기 위해 징집을 거부 또는 기피하고 해외로 망명한 숫자가 57만이었던 데 비해 한국에서는 징집 거부 사태가 일어나지 않았다.[88]

---

87) 베트남 특수를 각 연도별로 총액(괄호 속은 수출 총액에서 차지하는 비중)을 보자면, 1965년 1천9백만 달러(11.1%), 1966년 6천1백만 달러(24.4%), 1967년 1억 5천1백만 달러(47.3%), 1968년 1억 6천8백만 달러(37.0%), 1969년 2억 달러(32.2%), 1970년 2억 4백만 달러(24.5%), 1971년 1억 3천3백만 달러(12.5%), 1972년 8천3백만 달러(5.1%)였다. 한도현, 〈베트남 참전: 연 31만 명 '젊은피' 대가 베트남 특수 누려〉, 『한국일보』, 1999년 7월 27일, 14면.
88) 이병천 · 이광일 편, 『20세기 한국의 야만 2』(일빛, 2001), 71쪽.

그랬던 만큼 그들의 목숨 값도 쌌다. 최규장은 다음과 같이 말한다.

"당시 (미) 국방성이 상원에 제출한 자료에 따르면 1965년 파병 이래 5년 동안 5만 명의 한국군이 받은 수당은 1억 3,000만 달러였다. 그때까지 7,000여 명의 사상자를 낸 피의 대가가 이것이었다. 전투 수당은 협상 과정에서부터 논란거리였다. 당시 한국군은 2등병이 1일 1달러, 대위가 5달러를 받았다. 이 액수는 미군의 1/20이고, 베트남군에 비해서도 1/5밖에 안 되는 금액이었다. 또 전사자 및 전상자 보상금도 제대로 책정되지 않아 전사한 사병은 11년 전에 정해진 급여액만을 지급받는 기막힌 실정이었다."[89]

그러나 최규장은 "고작 1억 3,000만 달러를 받고 국제 사회에서 용병 소리를 듣는 것이 야속하지만 우리 나라가 그만큼 가난했다는 사실을 잊고 말하는 것이 문제"라면서 다음과 같이 말한다.

"90년대의 시각으로 60년대를 재단할 수 없다. 당시 우리의 외화 보유고는 3억 달러에 못 미쳤으므로 피의 대가는 한국은행 금고의 절반을 채워준 금액이 아닌가. 『두개의 한국』의 저자 돈 오버도퍼는 당시 한국군이 벌어들인 전투 수당은 총 수출액의 40%를 차지했음을 지적하고 있다."[90]

또 최규장은 "우리 나라 간판기업 현대가 '포춘 100대 기업'으로 급성장한 것은 베트남이 발판이었다"면서 다음과 같이 말한다.

"베트남 경기가 좋지 않자 중동 붐을 타고 달려갈 수 있었던 것도 베트남에서 쌓은 기반과 노하우 덕이었다. 정주영 현대 명예회장은 파월군을 따라가 베트남에서 따낸 미 해군 캄란만 준설 공사가 오늘의 현대를 일으킨 첫 고동이었음을 인정하고 있다. 태국 고속도로 건설 공사를 따

---

89) 최규장, 『언론인의 사계』(을유문화사, 1998), 51~52쪽.
90) 최규장, 위의 책, 51~52쪽.

냈을 때는 기술자들이 김포공항을 떠날 때 KBS가 중계방송을 할 정도였다."[91]

베트남 특수가 '한강의 기적'을 이루는 데에 큰 기여를 했다는 걸 부인할 수는 없을 것이다. 그러나 정부는 파병 군인들에 대한 보상을 제대로 해주지 않았다. 베트남 파병 군인들은 지금까지도 고엽제 피해와 다른 전쟁 후유증으로 고통받고 있지만, 정부는 그간 그들을 외면해왔다.

또다른 문제도 있다. 문부식은 베트남전쟁과 광주민중항쟁이 무관치 않다며 한국 군인들이 베트남에서 저지른 끔찍한 폭력을 소개한 후 다음과 같이 말한다.

"그런 참전 용사들이 벌어들인 달러는 그들의 부모 형제가 사는 한국 사회의 농촌 구석구석까지 전해졌다. 한국인들이 그야말로 고루고루 '달러의 맛'을 본 시기가 그때이다. 그것을 대가로 한국인들은 폭력에 대한 무감각, 다수의 이익을 위해서는 소수가 희생되어도 된다는 윤리적 감각의 황폐화, 말하자면 '성장의 열매'와 폭력이 공존하는 현실에 적응하는 법을 배웠다."[92]

---

91) 최규장, 『언론인의 사계』(을유문화사, 1998), 52쪽.
92) 문부식, 〈'광주' 20년 후─역사의 기억과 인간의 기억〉, 『기억과 역사의 투쟁: 2002년 당대비평 특별호』(삼인, 2002), 302쪽.

긴급조치 9호

'민주정치를 박살내는 핵폭탄'

앞서 지적했듯이, 4월 30일 베트남의 패망은 순식간에 대한민국을 북
괴 남침 규탄대회의 소용돌이로 몰아가 버렸고, 박 정권은 그 분위기를
이용해 아예 민주화 시위를 원천적으로 봉쇄해 버리겠다는 결단을 내리
게 된다.

그게 바로 5월 13일에 공표된 긴급조치 9호였다. 헌법에 대한 논의 자
체를 금지한 것이다. "일체의 유언비어 날조 및 헌법 비방 행위의 금지,
학생 집회 및 시위의 금지" 등도 당연히 따라 붙었다.[93] 그러나 그 정도
론 긴급조치 9호가 무엇인지 실감이 안 날 것이다. 변호사 이정석의 다
음과 같은 해설이 적절할 것이다.

"이름하여 긴급조치 9호! 산천이 떠는 법률이었다. 극단적으로 말하

---

93) 김동원, 〈동아일보 백지광고 사태와 지지 · 격려광고〉, 『미디어오늘』, 1996년 1월 24일, 12면.

긴급조치 9호가 선포되었음을 알리는 당시 신문 기사들.

면 주권자이고 헌법 재정 권력자로서의 국민이 '헌법'이라고 입만 벙긋해도 긴급조치 9호의 올가미가 다가오고 있었고, '헌법'이라는 글자가 인쇄된 유인물만 들고 다녀도 수사기관에 불려가야 했다.……일본의 식민지하에서도 이런 법은 없었다. 하물며, 자유민주주의를 내건 유신 선포하에서 이러한 법률이 있었다고 하는 것은 참으로 한탄할 수밖에 없다. 박 대통령은 유신체제를 고수하기 위하여 긴급조치 9호로 정계와 국민여론을 완전히 봉합해 버린 것이었다. 망치질도 이만저만한 것이 아니었으며, 제3의 쿠데타임과 동시에 민주정치를 박살내는 핵폭탄이었다."[94]

이처럼 긴급조치 9호는 1974년 1월 8일에 나온 긴급조치 1호 이래로 그간 공표된 긴급조치의 모든 반(反)민주성을 포괄한 긴급조치의 결정판

---

94) 이정석, 『분단과 반민주로 본 한국 정치 이야기 상(上)』(무당미디어, 1997), 332쪽.

이었다.[95] 긴급조치는 한시적인 것임에도 불구하고 긴급조치 9호는 햇수로 5년, 날수는 1천6백69일(4년 6개월)이나 지속되면서 8백여 명의 구속자를 낳는 대기록을 세우게 된다.[96]

학도호국단 결성과 5·22 시위

긴급조치 9호가 중점적으로 겨냥한 건 역시 대학이었다. 5월 14일 문교부는 각 대학 내의 서클(동아리)들의 해산을 지시했고, 5월 20일 전국 98개 대학 총학장회의에선 전 고교 및 대학에 학도호국단을 결성하고 대학의 군사교육체제를 강화하도록 지시했다.

대학가는 숨을 죽였다. 그러나 다시 숨을 쉬기까지 오래 걸리진 않았다. 긴급조치 9호가 나온 지 열흘도 안 된 5월 22일 서울대에서 1천여 명의 학생들이 김상진을 추도하는 추도식을 거행한 뒤 긴급조치 9호의 철폐를 외치는 대규모 시위를 일으켰기 때문이다. 일명 '오둘둘 사건'으로 불리는 5·22 시위는 '긴급조치 9호에 정면으로 도전하고 나선 최초의 공개 시위'였다.[97]

박 정권은 최후의 야심작으로 내놓은 긴급조치 9호마저 학원 시위를 원천 봉쇄할 수 없다는 것에 내심 당혹스러워 했을 것이다. 그러나 박 정권은 그저 '파국으로 치닫는 강경 대응'으로 사태를 몰아갔다. 박 정권은 시위 학생 31명을 구속하고 다수의 단순 참여자들에 대해서도 제명

---

95) 긴급조치 1호(1974. 1. 8)는 헌법 반대 행위 금지, 긴급조치 2호(1974. 1. 8)는 비상군법회의 설치, 긴급조치 3호(1974. 1. 14)는 저소득층 조세 감면, 긴급조치 4호(1974. 4. 3)는 학원 데모 금지, 긴급조치 7호(1975. 4. 8)는 고려대학교 휴교령, 긴급조치 9호(1975. 5. 13)는 헌법논의 중지, 긴급조치 5·6·8호는 1·2·3·4·7호의 해제를 위한 것이었다.
96) 김삼웅 편저, 『사료로 보는 20세기 한국사: 활빈당 선언에서 전·노 항소심판결까지』(가람기획, 1997), 334쪽; 한국기독교교회협의회 인권위원회, 『1970년대 민주화운동 (IV)』(한국기독교교회협의회, 1987), 1339쪽.
97) 박세길, 『다시쓰는 한국현대사 2: 휴전에서 10·26까지』(돌베개, 1989), 276쪽.

등 가혹한 징계조치를 취하였다. 박 정권은 애꿎은 사람들에게도 책임을 물었다. 이 사건으로 서울대 총장 한심석이 사표를 제출했고, 치안본부장과 남부경찰서장이 경질되었다.[98]

서울대 앞 '동양 최대의 파출소'

긴급조치 9호 이후의 대학 캠퍼스엔 시위를 할 수 있는 최소한의 자유마저 없었다. 기관원들이 아예 대학 캠퍼스에 죽치고 있었기 때문이다. 서울대의 경우엔 1975년 2월 28일 동숭동 캠퍼스 철수식을 갖고, 3월 14일 관악캠퍼스로 이전하여 개강하였는데, 서울대 정문 앞에는 기동경찰 3백여 명이 휴식하며 대기할 수 있는 지상 2층 지하 1층 규모를 자랑하는 '동양 최대의 파출소'가 건립되었다.[99]

군사작전식의 '5분 대기조'가 대학 정문 앞에 죽치고 있는 상황에서 어떤 시위건 5분 이상을 끌기가 어려웠다. 서울대 5·22 시위도 그런 어려움을 뚫고 감행된 것이었다. 이 시위를 주도했던 학생들 가운데 한 명인 김정환은 다음과 같이 말한다.

"날이 밝고 정보가 새서 기관원들이 교정에 쫙 깔리고, 음산하고 초조한 분위기가 이어지다가 오후 1시께 꽹과리 소리가 하늘을 찢는 것을 신호로 장례식이 거행되었다. 순식간에 사람들이 모여들었지만, 그보다 더 순식간에 경찰 병력이 인디언 말 달리듯 쳐들어와 집회를 해산시켰다. 그 동안에, 숨가쁘게, 겨우 조사가 읽히고 조시가 읽혔다. 그러다가 무한하게 흩어져, 대부분은 잡히고 일부는 관악산을 넘어 안양으로, 일부는 뒷문을 통해 낙성대로 빠졌다. 전경들은 교수실까지 쳐들어가 교수 뺨따

98) 박세길, 『다시쓰는 한국현대사 2: 휴전에서 10·26까지』(돌베개, 1989), 276쪽.
99) 김경재, 『혁명과 우상: 김형욱 회고록 3』(전예원, 1991), 248쪽.

귀까지 쳤다던가."[100]

'하' 사건까지 낳은 5분 시위

5·22 시위 이후엔 시위를 하는 것이 더욱 어려워졌다. 박 정권의 감시망과 긴급 출동 체제가 더욱 강화되었기 때문이다. 이영미는 다음과 같이 말한다.

"긴급조치 9호가 선포되고 정치 상황이 극도로 경직된 75년 이후의 교내 시위는 대개 10분 이내에 끝이 나는 식이었다. 주동자가 구호를 외치자마자 경찰차가 와서 주동자를 끌고 갔으며 일반 학생들은 경찰의 눈이 무서워 단순 가담조차 하지 못하고 그 광경을 그대로 보고만 있다가, 착잡한 심정으로 학교 앞 술집으로 몰려가곤 했다. 주동자들은 전단 100여 장과 5분 정도의 시위를 위해서 몇 달 동안이나 준비를 하였다. 시위나 농성은 단순히 논리적인 설득뿐만 아니라 감정적인 설득도 필요한데, 이들의 짧은 시위는 그 자체로 강한 감정적인 충격을 주기에 충분하였다. 이는 시위의 방법이 뛰어나서가 아니라 경직된 상황 때문이었고, 또한 당시의 학생운동의 역량으로써 그러한 상황하에서 할 수 있는 거의 유일한 시위 형태였다."[101]

그런 숨막히는 상황으로 인해 심지어 '하' 사건이라는, 사건 아닌 사건까지 세인의 입에 오르내렸다. 이에 대해 장세현은 다음과 같이 말한다.

"시위가 계획되면 학생식당이나 도서관 앞 같이 학생들이 많이 모이는 장소를 잡고 주동을 뜨게 된다. 시위라고 해봤자 학교 곳곳에 감시의

---

100) 김정환, 〈긴급조치 9호: 긴급조치 9호 발표 이후 첫 시위, '5·22'〉, 월간조선 엮음, 『한국 현대사 119대 사건: 체험기와 특종사진』(조선일보사, 1993), 229쪽.
101) 이영미, 『민족예술운동의 역사와 이론』(한길사, 1991), 51쪽.

눈초리가 번뜩이기 때문에 짧으면 몇십 초, 잘해야 5분을 넘기기 어려운 시절이었다. 시위가 시작된다는 신호는 먼저 첫 마디를 '학우여!' 하고 크게 외치는 것이다. 그런데 어떤 경우는 '학우여!' 도 다 못하고 '하' 하고 입을 떼면 곧바로 경찰이 들이닥쳐 끌고 가는 바람에, 이를 일컬어서 '하' 사건이라는 별명이 붙었다는 얘기다. 시위다운 시위도 못하고 무지막지 머리채를 잡혀 끌려가는 동료들을 보다가 가슴에 모두들 혹을 하나씩 달고 선술집에 가 울분과 회한을 삭인다. 그러다가 막걸리를 몇 사발 먹고 유신독재의 악랄함에 울화통을 터뜨리면 그때 몇 마디 한 것이 화근이 되어 긴급조치 위반으로 끌려간다. 막걸리 마시다 한 말 때문에 잡혀갔다고 해서, 이른바 '막걸리 긴급조치' 로 불리는 이 어처구니없는 해프닝. 이 대목에 이르면 차라리 비애를 넘어 공허한 웃음만 나온다."[102]

---

102) 장세현, 〈긴급조치 9호 세대의 독립선언: 1995년, 우리는 징검다리 세대다〉, 『사회평론 길』, 1995년 6월, 131쪽.

박정희와 김영삼의 회담

비밀에 붙인 회담 내용

4월 23일 신민당 총재 김영삼은 박정희에게 면담을 제의했다. 박정희는 즉답을 하지 않았다. 그 후 월남 패망, 긴급조치 9호 발동 등으로 인해 안보 무드는 상승 일로를 치닫고 있었다. 이게 김영삼의 기를 죽였던 걸까? 김영삼의 제의 28일 만인 5월 21일에 있은 박정희와 김영삼의 회담은 박정희의 폭압정치에 날개를 달아 주는 불행한 결과를 낳고 말았다.

김영삼은 대변인 이택돈과 비서실상 박권흠을 데리고 청와대로 갔다. 회담 내용은 일체 비밀에 부쳐졌다. 청와대는 "좋은 분위기 속에 기탄없이 의견을 교환, 난국 극복을 위해 여야가 국가적 차원에서 노력을 기울여야 한다는 데 의견을 같이 했다"고만 밝혔다. 김영삼은 회담 후 "국정 전반에 관해 이야기를 주고 받았으며 당과 나에게 유익한 회담이었다"라고만 말했을 뿐이다.[103]

의혹만 남긴 회담

김영삼은 회담 이후 이해할 수 없을 정도로 방향을 급선회하여 박 정권에 대해 타협적인 태도를 보였다. 김충식은 다음과 같이 말한다.

"김영삼은 함정에 빠져들고 있었다. 비록 '여야 지도자가 흉금을 털어놓고 내일을 진지하게 논의하기 위하여'라는 명분을 내걸었지만 자충수(自充手)를 놓고 있었다. (중략) 정가에선 시비가 일기 시작했다. 이민우, 유제연, 고재청 등은 '회담 내용을 다 말하진 않더라도 알릴 건 알려야 방향을 알고 따라갈 게 아닌가'고 불만을 털어놓았다. 의심이 증폭되면서 회담 당일 김 총재가 당사 도착이 늦은 데에 대해서도 설왕설래했고, 거기에 이택돈은 '회담 내용 중 정리할 게 있어서 남산을 한 바퀴 드라이브하고 왔다'고 말해 의혹을 부채질했다. 몇억 원이 오고갔다더라 하는 금품수수설까지 나돌았다."[104]

김영삼을 총재로 만드는 데에 큰 기여를 했던 고흥문은 이렇게 말했다.

"어느 날 갑자기 김 총재는 박 정권에 대한 전면 반대에서 체제 내의 비판으로 선회했다. 아무런 설명도 없이 그저 상황이 급변했다는 이유만으로 그는 당보 『민주전선』 편집 방침에까지 세심한 신경을 썼다. 그래서인지 금품수수설까지 나돌았으나 나는 그 회담을 그렇게 보진 않는다. 김 총재는 오른쪽 주머니에 돈이 생기면 왼쪽 주머니의 돈까지 써버릴 정도로 돈에 관한 한 관대한 사람이다. 그가 돈과 정치를 맞바꿀 만큼 야심 없는 이도 아니고……"[105]

그런가 하면 당시 신민당 대변인으로 김영삼의 청와대 방문에 동행했

103) 김교식, 『다큐멘터리 박정희 4』(평민사, 1990), 48쪽.
104) 김충식, 『정치공작사령부 남산의 부장들 2』(동아일보사, 1992), 197-198쪽.
105) 김충식, 위의 책, 198쪽에서 재인용.

던 이택돈은 후일 그때를 다음과 같이 증언했다.

"1975년 5월, 박정희-김영삼 회담 때의 일입니다. 제가 신민당 대변인으로 김 총재를 모시고 청와대에 갔었습니다. 회담이 끝난 뒤 무슨 얘기를 나눴느냐고 제가 물어보았죠. 그때 김 총재는 특유의 어법으로 이렇게 말하더군요. '요점은 이거야. 여당은 지가 하고, 야당은 나보고 맡으라는 거야.' 그래서 제가 '김대중 씨는 어떻게 하고요?'라고 반문했죠. 김 총재는 '김대중이는 끝났어!'라고 잘라 말하더군요. 박-김 회담 이후로 김 총재의 태도가 많이 달라졌지요. 제가 유신 정권을 공격하는 발언을 할 때마다 김 총재가 제지를 하는 겁니다. 왜 자꾸 호랑이 코를 쿡쿡 쑤시냐고 말입니다. 호랑이 코를 쑤시라고 주문할 때는 언제고 이제 와서 그러냐고 했죠. 그래서 대변인을 그만두었죠."[106]

김옥선 파동

10월 8일 남장(男裝) 여성 의원으로 유명했던 신민당 의원 김옥선은 의정 발언을 통해 긴급조치로 개헌 논의도 집회도 시위도 금지하고 있는 현실을 비판했다. 김옥선은 5월 13일자 미국 『워싱턴 포스트』의 보도 내용을 예로 들면서 다음과 같이 말했다.

"지난 여름의 전국을 뒤흔든 각종 관제안보궐기대회, 각 민방위대 편성, 각종 학도호국단 조직, 요즘 TV에 나오는 군가 그리고 정부의 끊임없는 전쟁 위협 경고 발언, 싸우면서 건설하자는 구호 등은 국가 안전보장을 빙자한 정권연장의 수단이다. 전쟁도발 가능성의 판단은 오로지 독재자의 전유물이며 독재라는 자신의 결정을 국가안보라는 절대적 명제로 깔아뭉개고 국민을 사병화하여 국민 생활을 끊임없는 전투와 같은 상

---

106) 『월간조선』, 1995년 6월호.

황에 놓이게 하고 있는데 지금과 같은 전쟁위기 조성의 이면에는 남침 대비라는 정도를 넘어선 정치적 의도가 숨겨져 있다."[107]

김옥선의 이와 같은 발언에 대해 공화당·유정회 의원들이 벌떼처럼 들고일어나 김옥선의 발언은 7분 만에 중단되었다. 여당 의원들은 김옥선의 제명을 요구했다. 신민당은 김옥선이 제명당하면 소속 의원 전원이 운명을 같이 하기로 했다. 그런데 이때에도 김영삼은 이해할 수 없는 반응을 보였다. 김옥선은 총재 계보 의원인데도 불구하고 매우 소극적인 태도를 보이더니 결국 10월 13일 김옥선이 스스로 의원직 사퇴서를 내게 만들었다. 김옥선의 자진 사퇴는 '김옥선 의원의 굴복이고 야당의 패배'였다.[108]

이 사건에 대해 당시 신민당 의원 이기택은 다음과 같이 말한다.

"비주류에서 일제히 김영삼 씨에게 '책임을 지고 물러나라'고 요구한 것은 너무나 당연한 반응이었다. 비주류 소장 의원들이 '분명한 지도노선을 제시하라'는 요구와 함께 당수 인책을 위한 서명운동까지 전개했다. 이민우, 정해영 등 중도파 중진들이 이견 조정에 나섰으나 별반 성과를 거두지 못했고, 오히려 김영삼 씨는 '해당 행위자를 배격하겠다'고 선언하여 새로운 불씨를 던졌다."[109]

김영삼은 후일 다시 대여 투쟁을 불태우긴 하지만 이때엔 확실히 변절의 길을 걷고 있었고, 박정희는 야당의 적극적인 반대도 없이 독재권력을 한껏 만끽하였다. 이와 관련, 역사학자 서중석은 다음과 같은 평가를 내린다.

"75년 5월 21일 청와대에서의 박정희·김영삼 회담은 많은 의혹을 뿌렸고, 그나마 존재 의의조차 약했던 야당의 기회주의적 모습을 그 해 10월

107) 김삼웅, 『유신시대의 곡필』(신학문사, 1990), 152쪽에서 재인용.
108) 이영석, 『야당 40년사』(인간사, 1987), 335쪽.
109) 이기택, 『호랑이는 굶주려도 풀을 먹지 않는다』(새로운사람들, 1997), 334쪽.

8일 있었던 김옥선 의원 국회 발언 파동이 입증하듯 여실히 보여 주었다. 야당은 유신독재와 싸우려는 의지 대신 박 정권의 안보논리에 안주하였다."[110]

박정희에게 속았다?

김영삼의 침묵은 놀라운 것이었다. 김교식이 잘 지적한 대로, "박 · 김 회담이 구설수에 올라 김영삼이 사쿠라로 몰려 당권을 빼앗기고 나중에 국회에서 제명당하는 등 모진 박해를 받았을 때조차 김영삼은 함구로 일관했다."[111]

당시 변절했다는 세간의 비판에 대한 김영삼 자신의 변명은 어떤 것일까? 그는 자신의 회고록에서 자신이 박정희에게 속았다고 말한다.

"박정희가 그때 흘린 눈물이며, '대통령 오래 할 생각 없습니다. 민주주의 하겠습니다' 하는 말은, 지금 생각하면 처음부터 나를 속이려고 꾸며 낸 거짓말이었다."[112]

그러나 당시 김영삼이 박정희의 거짓말을 그대로 믿었다 하더라도 그것이 그렇게 변절의 의혹을 받을 만큼 자신의 태도를 변화시켜야 했던 이유가 될 수 있었을까?

110) 서중석, 〈3선 개헌 반대, 민청학련투쟁, 반유신투쟁〉, 『역사비평』, 창간호(1988년 여름), 86~87쪽.
111) 김교식, 『다큐멘터리 박정희 4』(명민사, 1990), 48쪽.
112) 김영삼, 『김영삼 회고록: 민주주의를 위한 나의 투쟁 2』(백산서당, 2000), 89쪽.

'4대 전시입법' 통과

대한민국의 병영체제화

1975년 7월 8일 사회안전법, 민방위기본법, 방위세법, 교육관계법 개정안 등 소위 '4대 전시입법'이 발표되었고, 7월 16일 국회 회기 만료 직전에 휴회 선언을 틈타 새벽 3시에 여당 의원들만으로 날치기 통과되었다.[113]

사회안전법은 반공법, 국가보안법 위반자에 대해 출옥 후에도 보안처분을 하도록 규정하였고, 보안처분은 2년 단위로 무제한 연장 가능하게 만들었다. 민방위법은 '베트남 사태'를 계기로 안보 위기 의식을 고조시키면서 제정된 것으로 17-50세의 남자를 대상으로 준군사적인 민방위대를 조직하도록 규정하였다. 교육관계법 개정안은 교수 재임용제의 신설을 주요 내용으로 하는 것이었다.[114] 이 법들은 모두 대한민국의 병영

---

113) 조국, 〈한국 근현대사에서의 사상통제법〉, 『역사비평』, 창간호(1988년 여름), 337쪽.

체제화를 위한 것이었다.

전향 공작이라는 '테러'

4대 전시입법 가운데, 가장 잔인한 것은 바로 사회안전법이었다. 2년 전으로 돌아가 박정희의 6·23 선언을 상기해보자. 이 선언은 북한에 정부가 존재하고 있다는 현실을 인정하면서 상호 공존 논리를 제시하였다.

그런데 6·23 선언이 발표된 바로 그 해 6월, 중앙정보부와 법무부는 대전·광주·전주·대구교도소에 전향 공작반을 설치해 비전향 장기수 4백여 명에 대한 무자비한 테러를 시작하였다. 한국전쟁을 전후로 검거된 좌익 사범들이 4·19 직후 20년 형으로 감형되면서 1974-75년 출소를 앞두고 있었기 때문에 가해진 것이었다지만, 겉과 속이 달라도 너무 다르지 않은가. 이에 대해 문부식은 다음과 같이 말한다.

"법무부 장관을 책임자로 하는 전향 공작 전담반이 설치되고 본격적인 이 공작 사업이 개시되자, 비전향 사상범들은 0.7평의 방에 18명, 19명씩 갇히게 된다. 그리고 그 날부터 야구 방망이를 들고 나타난 '독봉'들에게 시도 때도 없이 끌려나가 폭행을 당하거나 머리가 뻐근할 정도로 물을 먹다가 기절하기를 반복하는 물고문을 당한다. 그러나 그래도 전향하지 않는 사람들은 흉악범 두 명씩이 있는 방에 한 사람씩 들어가야 했다. 그 방에서 그들은 하루종일 바늘에 찔리고 죽도록 얻어맞았다.……이러한 혹독한 전향 공작 과정에서, '급외 B급'으로 수용자 중에서도 가장 적은 밥덩어리에 의존해야 했던 나이 든 사상범들은 11명이 죽음을 맞아야 했으며……1973년에서 1974년 사이에 집중적으로 가해

---

114) 안병용, 〈남민전: 유신 말기 대표적 '반독재·반제' 지하투쟁조직에 대한 본격 조명〉, 『역사비평』, 제10호(1990년 가을), 254쪽.

진 살인적인 전향 공작으로 비전향수들의 반수가 전향을 했다."[115]

죽은 비전향수들의 사망 원인은 제대로 규명되지 않았다. 2002년 8월 29일 의문사진상규명위원회는 1974년과 1976년 대전교도소와 대구교도소에서 숨진 최석기·박융서·손윤규 3인은 "전향 공작중 폭행을 당해 숨졌다"라고 밝혔다. 1957년 체포되어 광주교도소에 수감되었던 한창호는 1973년의 전향 공작에 대해 다음과 같이 증언하였다.

"오늘부터 당신은 운동이 없다. 의무과 치료를 못 받는다. 책을 보지 못한다. 당신들은 영치금을 못 쓴다. 매점의 물건을 살 수 없다. 당신들은 편지를 못 쓴다고 소장이 말하면서 전향 공작이 시작되었죠. 가마니 하나 되는 방에 12-13명의 사람을 넣고 서 있지도 못하고, 앉으면 서로 발이 엇갈리게 놓고, 운동을 하려면 자세를 조금씩 바꿔야 하는 상황이었어요. 좁고 긴 의자에 뉘여 놓고 목 부분은 움직이지 못하게 해놓고, 코는 젖은 광목으로 덮으면 입은 자연스레 벌려지고 입에다 물을 붓는 고문을 당했어요. 고춧가루를 붓기도 하고, 한겨울에 마룻바닥에 물을 뿌려 얼게 한 후 발가벗겨 앉히고 정수리에 얼음물을 떨어뜨리는 고문을 당했습니다."[116]

서준식의 증언

1971년 4월 '간첩' 조작 사건에 연루된 서준식은 7년의 형기를 다 마치고도 복역 기간 중인 1975년에 제정된 바로 이 사회안전법에 소급 적용당하여 모두 4차례에 걸친 보안감호 처분으로 계속 감옥살이를 하였

---

115) 문부식, 〈누구도 미안하다고 말하지 않았다: 죽음과 희생에 대한 예의〉, 『당대비평』, 제16호(2001년 가을), 211-212쪽. 서승은 "1973년 12월부터 1974년 4월경까지 계속된 테러로 말미암아 비전향수 중 3분의 2가 전향했다"라고 말하고 있다. 서승, 『서승의 옥중 19년: 사람의 마음은 쇠사슬로 묶을 수 없으리』(역사비평사, 1999), 178쪽.
116) 이병천·이광일 편, 『20세기 한국의 야만 2』(일빛, 2001), 112쪽에서 재인용.

다. 감호소 안에서의 생활은 어떠했던가? 1980년에 감호소 내에서 단식 투쟁이 있었는데, 그때 입에 호스를 넣는 등 강제 급식을 당하다 두 사람이 죽은 사건이 있었다는 것만 말해 두자. 서준식은 1987년 3월, 50일간의 살인적인 단식투쟁을 벌인 적도 있었다. 죽음보다 더 고통스러운 감호소 생활을 하던 서준식은 1988년 5월 보안처분심의위원회의 보안처분 종류 변경 결정(주거 제한)에 따라 17년 1개월 만에 세상 구경을 할 수 있게 되었다. 20대 초반의 젊은이가 나이 40이 넘어서 바깥 세상에 나오게 되었으니 이 얼마나 잔인한 일인가.[117]

서준식은 석방 후 다음과 같이 증언했다.

"보안감호 처분의 실체는 '재범의 현저한 위험성'과는 아무런 관계도 없어요. 억지요, 거짓말입니다. 생각해보세요. 피감호자들은 평균 연령이 64세인 노인들입니다. 오랜 세월 동안 매나 맞고, 고문당하고 쇠창살 속에 갇힌 채 늙어왔고 결국은 얼마 안 있어 감옥살이로 고달픈 인생을 마감할 사람들입니다. 저는 이들에게 재범의 현저한 위험성은 단연코 없다고 장담합니다. 이것은 어디까지나 그들을 볼모로 잡아 교도소에서 복역하고 있는 미전향자들을 전향시키기 위한 은근한 압박이자 사회안전법상의 주거 제한 처분을 받은 사람, 시국 관련 사범 및 재야 인사, 더 나아가 국민들에 대해 정신적으로 압박을 가하는 협박 장치라 할 수 있어요."[118]

서준식은 자신의 저서에서도 다음과 같이 말한다.

"무엇보다도 잔인한 것은 불치의 병으로 시한부 인생을 선고받은 노인들의 얼마 남지 않은 인생을 가족과 함께 살다가 죽을 수 있도록 석방하지 않고 숨이 끊어지기 직전 아슬아슬한 시점까지 감금해 둔 채로, 전

---

117) 강준만, 〈인간은 과연 존엄한 존재인가: 인권 전도사 서준식의 삶과 투쟁〉, 강준만 외, 『레드 콤플렉스: 광기가 남긴 아홉 개의 초상』(삼인, 1997), 289~312쪽.
118) 박몽구, 『화려한 식민지: 시인 박몽구의 세태추적기』(도서출판 눈, 1989), 29쪽에서 재인용.

향하면 즉시 석방해 준다는 미끼를 계속 던진다는 점이다. 이것은 누구의 눈에도 '재범의 현저한 위험성' 때문에 감금해 놓고 있는 것이 아님이 명백하다. 나는 이곳에서 오랫동안 살면서 이와 같은 유혹에 굴복하여 다만 한두 달이라도 바깥 세상에서 살다가 죽기 위해 전향하고 석방되는 삶을 한 사람만 보았다. 그 밖의 사람들, 다가오는 자신의 죽음 앞에서 끝까지 의연하게 양심과 인간존엄을 고수하고 죽기 바로 직전까지 고독한 독거 감방에서 투병하다 거의 석방과 동시에 죽어간 송순의(간암), 공인두(뇌종양), 문갑수(위암), 이상률(뇌낭충증) 노인들을 나는 결코 잊을 수가 없다."[119]

---

119) 서준식, 『나의 주장: 반(反)사회안전법 투쟁 기록』(형성사, 1989), 258-259쪽.

의문의 죽음

장준하 암살설

8월 17일 민주화 인사 장준하가 경기도 포천군 이동면 도평리 약사봉에 등산을 갔다가 의문의 추락사를 당하는 사건이 발생하였다. 평소 장준하를 '형님'으로 부르면서 민주화투쟁을 같이 해온, 장준하의 가장 가까운 민주화운동 동지인 백기완은 장준하가 암살당했다고 주장한다.

"장준하는 결사의 각오로 박정희 정권에 마지막 일격을 가하기 위하여 나와 둘이서 중대 시국성명 발표를 모의하고 추진했다. 김대중 선생을 두 번 만났고, 서명 동조자들을 은밀하게 포섭했다. 해위 윤보선 전 대통령께는 문안 인사 핑계로 접근, 내락을 얻었고 전남 광주에 가서 홍남순 변호사와 은명기 목사를 접촉했다. 감시기관들을 자극할 우려가 있으니 직접 광주를 가지 말고 인편에 연락해서 두 분이 서울로 오시도록 하라고 내가 극구 만류했다. 그러나 고집 센 장준하는 기어코 등산복 차림으로 광주에 내려가 두 분을 만났고 무등산 등반으로 위장했으나 이것이 화근이 된 것으로 믿는다. 이 유신철폐 시국성명 발표 예정은 바로 장준하가 암살된 8월 17일 발표 예정이었으나 당시 윤보선 전 대통령이 시골에 내려가 올라오지 않았기 때문에 발표 시기를 미루고 있었다. 발표 일자의 결정은 보안 유지를 위해 장준하와 나만이 알고 있었고 다음 예정은 8월 23일경으로 잡고 있다가 주모자인 장준하가 암살되어 불발로 그쳤다."[120]

장준하 사망의 의문점

'장준하 암살설'은 장준하의 죽음이 갖는 너무나 많은 의문점 때문에 큰 설득력을 얻고 있다. 장준하의 시신을 직접 사고 현장에서 운구해 내려온 백기완은 등산용 피켈로 찍힌 것 같은 후두부 함몰상과 시신 검안 시 발견된 두 군데의 주사 자국을 결정적인 의문으로 제기하는 동시에 다음과 같은 의문을 제기하였다.

"절벽에서 추락했다는 시신이 멀쩡하다니 말이 안 된다. 그 상태에서는 시신이 처참하게 일그러질 지형과 높이였다. 모든 조문객들도 암살의 기미를 눈치채고도 누구 하나 입을 열어 암살 혐의를 거론조차 하지 못했다. 당시의 시국 상황이 얼마나 살벌했었는지 짐작할 수 있겠는가? 멀쩡한 김지하가 사형 확정 판결을 받았었고 숨쉬는 것조차 박정희나 그 졸개들의 허가를 받아야 했었다고 과장해야 할 정도였으니까."[121]

그런 상황이었으니 언론인들 감히 의문을 제기할 수 있었겠는가. 『동아일보』 기자 성락오가 '장준하 사인(死因)에 의문 있다'고 보도했다가 중앙정보부에 끌려가 곤욕을 치렀고, '야당 지도자의 괴사(怪死)'라는 기

---

120) 〈장준하는 암살됐다: 백기완 소장의 증언〉, 『일요시사』, 1997년 2월 16일, 34면.
121) 위의 글, 34면.

사를 쓴 『파 이스턴 이코너믹 리뷰』의 기자 로이 황은 추방령을 받았다.[122] 이후 의문 제기는 먼 훗날까지 자취를 감추고 말았다.

2002년 8월 국정원이 의문사진상규명위원회에 보낸 당시 문서에 따르면, 중앙정보부는 장준하를 정권에 해가 되는 '위해분자'로 분류해 조직적인 프락치 활용 등을 통해 밀착 감시를 했던 것으로 밝혀졌다. 그 문서는 1975년 3월 31일에 작성된 〈위해분자 관찰계획 보고〉로 이는 장준하가 죽기 4개월여 전에 작성된 것이라 암살설에 신빙성을 더해 주었다.[123]

친미반공주의에서 민족주의로

장준하는 원래 친미반공주의자였다. 장준하는 박 정권 치하에서 모두 9번이나 감옥살이를 했는데, 그가 반유신투쟁의 선봉이 된 것에 대해 임대식은 다음과 같이 말한다.

"라이벌인 박정희와의 대결이 격화되는 가운데 그는 이전의 노선에서 일탈해 갔다. 마치 김구가 라이벌 이승만과 대결하는 과정에서 그러했듯이, 반공주의자인 김구가 남북협상을 추진하는 등 통일운동에 나섰듯이, 장준하도 어떠한 통일도 선(善)이라고 했다."[124]

장준하의 그런 변화된 면모가 잘 드러난 것이 7 · 4 남북공동성명에 대한 그의 지지였다. 장준하는 "7 · 4 성명은 우리 민족의 거울이다. 이 놈을 우리 민족의 현실 앞에 걸어 놓고 있으면 조만간에 가짜와 진짜가 가려질 것이다"라고 주장했다.[125] 그는 『씨알의 소리』 1972년 9월호에

122) 정경모, 『찢겨진 산하: 김구 · 여운형 · 장준하가 말하는 한국 현대사』(한겨레신문사, 2002), 156쪽.
123) 김희균, 〈장준하 씨 중정서 밀착 감시〉, 『세계일보』, 2002년 8월 9일, 21면.
124) 임대식, 〈1950년대 미국의 교육원조와 친미 엘리트의 형성〉, 역사문제연구소 편, 『1950년대 남북한의 선택과 굴절』(역사비평사, 1998), 185쪽.
125) 정용욱, 〈현대사 다시 쓴다/7 · 4 남북공동성명: 남북 '정권안정용' 이해 맞아 '대화' 이용〉, 『한국일보』, 1999년 9월 7일, 19면.

쓴 〈민족주의자의 길〉이라는 글에서도 "모든 통일은 좋은가? 그렇다. 통일 이상의 지상 명령은 없다"라고 역설했다.[126]

유신 이후 모든 사람들이 다 속았다고 할 때에도 장준하는 『씨알의 소리』 1973년 11월호에 쓴 글에서 "7·4 공동성명은 파기되어서는 안 될 뿐 아니라 그 성명의 정신이 조금이라도 후퇴되거나 사실상의 휴지로 화해서는 안 된다"라고 말했다.[127]

가족까지 희생시킨 투철한 언행일치

장준하의 5남매(3남 2녀) 중 딸 호경을 제외하고는 모두 학력이 고졸이다. 돈도 없었지만 독재 정권 치하에서 자녀의 대학이 급하지 않다는 게 그의 생각이기도 했다.[128] 장준하를 따르던 전대열은 장준하가 세 아들을 한 명도 대학에 보내지 못했고, 큰 아들의 대학 등록금으로 빚을 내온 돈마저 자신의 선거운동을 도왔던 지구당 당원이 찾아와 똑같은 사정으로 도움을 청하자 그냥 내주어 버렸다는 일화를 거론하면서 "해방 이후 우리 나라에서 자신은 물론 가족들까지 희생시켜 가며 언행을 일치시킨 유일한 분이 장준하 선생"이라고 말한다.[129]

---

126) 박경수, 『평전 재야의 빛 장준하』(해돋이, 1995), 408쪽에서 재인용.
127) 박경수, 위의 책, 411쪽에서 재인용.
128) 박경수, 위의 책, 418쪽.
129) 전대열, 〈인간 장준하의 참모습〉, 『일요시사』, 1997년 2월 16일, 34면.

남북한의 국제적 이미지 경쟁

남북간 경제 및 외교 경쟁

"60년대 초반만 하더라도 북한이 남한보다 더 발전했다는 세계은행 자료에 근거한 외신 보도를 번역·송고한 기자가 당국에 붙들려 가 곤욕을 치를 정도로 남한측의 열등감은 컸다."[130]

박정희는 그런 열등감을 개인적으로 내재화시켜 집권 기간 내내 자신의 경쟁자가 김일성이라는 점을 분명히 했다. 과잉 집착이라고 해도 좋을 정도로 박정희의 경쟁심은 유별났다. 청와대 비서관을 지낸 김두영은 다음과 같이 말한다.

"박 대통령은 늘 김일성을 의식하고 있었다. '김일성의 북한보다는 우리가 잘 살아야지' 하는 오기가 대통령의 언동에서 자주 비쳤다. 8·15 사건 이후 박목월 시인이 박 대통령과 담소하다가 김일성 이야기가 나왔

---

130) 노재현, 『청와대 비서실 2』(중앙일보사, 1993), 258쪽.

다. 박 대통령은 담배개비를 손가락으로 탁 튕겨서 식탁 밑에 떨어뜨리더라는 것이다. 박목월 씨는 박 대통령이 얼마나 분하면 저렇게 할까 하는 생각이 들었다는 이야기를 나에게 한 적이 있다."[131]

박정희의 그런 경쟁심은 급속한 경제성장을 가져오게 한 원동력을 구성하기도 했지만, '수출의 국가 종교화' 못지 않게 '반공의 국가 종교화'를 낳아 엄청난 인권유린 사태를 낳기도 한 것이다. 남북간 경제력 차이가 언제부터 역전되었는가에 대해선 설이 분분하다. 브루스 커밍스의 견해를 소개한다.

"미국 중앙정보국의 자료에 따르면 75년까지는 1인당 국민 총생산에서 북한이 앞섰고 75년에 남북이 같아졌다가 역전되기 시작했다. 북한의 위기는 세 가지 원인에 기인한다. 첫째 소련의 몰락에 따른 외부 지원의 중단이고, 둘째 연이은 홍수라는 자연 재해이고, 마지막으로 박정희 모델과 마찬가지로 낡은 모델의 효용성이 소진했다는 것이다."[132]

외교도 남북간 경쟁이 치열한 분야였다.

"월남이 붕괴된 후인 1975년 5월 현재, 유엔 가맹국 중에서 한국을 승인한 나라의 수는 93개국, 북한을 승인한 나라의 수는 80개국이었다. 1년 전에는 한국이 90, 북한이 59로 그 차이가 31개국이었으나 이 1년 사이에 13개국으로 좁혀진 것.……남북이 극심한 국제적 이미지 경쟁시대에 돌입했다고 하겠다."[133]

70년대 전반까진 특히 아프리카에서의 '외교전쟁'이 치열했다.

"아프리카에서 70년대 초까지 28개국과 새로 외교 관계를 수립한 한국과, 25개국과 수교한 북한은 현지에서 그야말로 치열한 '총성없는 외

---

131) 김두영, 〈가까이에서 본 인간 박정희: 전 대통령 부속실 비서관의 체험적 기록〉, 『월간조선』, 1990년 12월, 442-443쪽.
132) 『한겨레』, 1998년 8월 15일, 5면; 조한혜정·김수행, 〈민중, 희생자인가 공범자인가: 반공·반제 규율 사회의 문화와 권력〉, 『당대비평』, 제12호(2000년 가을), 75쪽에서 재인용.
133) 林建彦(하야시 다께히꼬), 최현 옮김, 『한국현대사』(삼민사, 1986), 331쪽.

교전'을 전개할 수밖에 없었다. 남·북한은 서로 무리하면서 유엔에서의 한국 문제 토의에서 더 많은 지지표를 획득하기 위하여 아프리카 지역에 상주 대사관을 계속 증설해 나갔다. 가장 많았을 때는 아프리카 대륙에만 남·북한의 대치 공관이 15개나 있을 정도였다."[134]

심지어 1973년 5월 제네바에서 개최된 세계보건기구(WHO) 총회에서 북한이 이 기구에 가입했을 때 그걸 저지하는 책임을 맡았던 제네바 대사 박동진은 그 책임을 지고 박정희에게 사의를 표명하기까지 했다. 비록 박정희가 "더 열심히 조국을 위해 싸워 달라며 친절하게 격려해" 주었다지만,[135] 이것은 당시의 외교 전쟁이 얼마나 치열했던가를 잘 말해준다.

김일성의 제3세계 외교

북한은 중국과 소련에 지원을 요청했다가 퇴짜를 맞고 다각 외교로 전환하는 듯한 모습을 보여 주었다. 김일성은 1975년 8월에 열릴 '비동맹국가 외무장관회의'에 '비동맹국가회의' 회원국 가입 신청을 해놓고 그걸 염두에 둔 듯 순방 외교에 나섰다.

김일성은 아내 김성애를 동반하고 5월 22일부터 6월 9일까지 루마니아, 알제리, 모리타니, 불가리아, 유고슬라비아 등 5개국을 순방하였다. 그 순방 외교의 덕택이었는지 8월 25일부터 30일까지 페루의 수도 리마에서 열린 '비동맹국가 외무장관회의'에서 북한은 8월 30일 회원국으로 가입된 반면, 남한의 가입은 거부되었다.[136]

---

134) 김창훈, 『한국외교 어제와 오늘』(다락원, 2002), 116쪽.
135) 박동진, 『길은 멀어도 뜻은 하나: 박동진 회고록』(동아출판사, 1992), 61쪽.
136) 김학준, 『북한 50년사: 우리가 떠안아야 할 반쪽의 우리 역사』(동아출판사, 1995), 316-317쪽. 이와 관련된 자세한 내용은 김창훈, 〈'리마' 비동맹 전체 외상회의〉, 『한국외교 어제와 오늘』(다락원, 2002), 120-124쪽을 참고하기 바랍니다.

1975년 6월 유고슬라비아를 방문한 김일성이 티토 대통령을 만나고 있다.

북한이 1975년 12월 말 현재 외교 관계를 맺은 나라는 90개국에 이르렀다. 국제기구 가입도 활발히 진행되었다. 1974년 5월 만국우편연합(UPU), 9월 국제원자력기구(IAEA), 10월 국제연합교육과학문화기구(UNESCO), 1975년 5월 세계기상기구(WMO), 8월 국제의회연맹(IPU), 1977년 11월 국제연합식량농업기구(FAO) 등에 가입하였다.[137]

김학준은 이러한 "북한의 승리감은 1976년 여름에 판문점에서 미군 장교를 살해한 도전적인 자세로 나타났다"라고 주장하는데,[138] 이 사건은 좀 있다가 살펴보기로 하자.

---

137) 김학준, 『북한 50년사: 우리가 떠안아야 할 반쪽의 우리 역사』(동아출판사, 1995), 317쪽.
138) 김학준, 위의 책, 318쪽.

박정희의 대미(對美) 언론플레이

김일성이 제3세계 외교에 주력한 반면, 박정희는 대미(對美) 외교에 주력하였다. 박정희의 대미 외교는 주로 자신의 독재 정치에 대한 미국의 반감과 반대를 무마하기 위한 것이었기 때문에 개인적인 이미지 메이킹에 집중되었다. 물론 북한도 이런 수법을 병행하였다. 김재홍은 박정희의 이미지 메이킹을 위한 미국에서의 로비 활동에 대해 다음과 같이 말한다.

"세계적으로 영향력 있는 시사주간지 『타임』지 표지에 박정희의 얼굴 사진을 게재하려는 로비 사건이 당시의 로비 대상자였던 미국인 교수에 의해 폭로됐다. 3선 개헌 후 유신체제로 가는 문턱인 1970년 초여름의 일이었다. 한국의 로비스트가 미국의 영향력 있는 대학교수 겸 프리랜서에게 박정희의 얼굴을 『타임』지 표지 사진으로 게재하게 주선해 주면 5만 달러를 제공하겠노라고 제의했다고 이 미국인 교수가 1996년 8월 11일 저자에게 증언했다. 그 당시 5만 달러라면 지금의 실질 화폐 가치보다 훨씬 높아 큰돈이었다. 미국 교수들에 따르면 1970년대 거물 교수들의 가장 큰 연구 프로젝트가 2만 5천 달러를 넘지 않았다는 것이다."[139]

박정희의 대미 로비스트 김한조가 『뉴욕타임스』 1975년 1월 8일자에 박정희 찬양문을 기고하자 박정희는 크게 기뻐했다.[140] 박정희는 미국 언론인들과 잦은 면담을 하면서 이미지를 쇄신시키고자 하였다. 주미대사 함병춘은 박정희에게 올린 1975년 7월 9일자 편지에서 다음과 같이 말한다.

"각하께서 그 동안 미국 언론인들을 널리 만나 주신 덕분에 미국 언론

139) 김재홍, 『박정희의 유산』(푸른숲, 1998), 211쪽.
140) 김충식, 『정치공작사령부 남산의 부장들 2』(동아일보사, 1992), 255쪽.

의 대한관(對韓觀)과 논조가 크게 개선되어 가고 있사옵니다. 물론 저희들이 원하는 대로 각하의 경륜이 100퍼센트 보도되고 기자나 신문의 주관은 배제되어 버렸으면 제일 좋겠사오나 그래도 각하의 경륜이 가능한한 많이, 그리고 자주 보도되는 것이 절대로 중요합니다. 북괴는 막대한경비를 지불해 가면서 광고를 내고 있사오나 각하께서 (미 언론인을) 면담해 주신 것은 그들 스스로가 일면 톱으로 게재하고 있사옵니다. 더욱이 각하께서 그들을 만나 주신다는 사실 자체가 그들의 태도에 좋은 영향을 주고 있음은 물론이고 각하의 영도력을 몸소 느끼게 됨이 그들의기사를 통해서 나타나고 있사옵니다."[141]

박정희는 한국을 방문하는 미국 기자들에게 면담 이외에 특별한 선물을 주었다. 앞서도 인용했다시피, 주미 대사관 공보관으로 일하다가 미국에 망명한 이재현은 자신이 미국 학계와 언론계를 상대로 벌였던 로비에 대해 다음과 같이 증언했다.

"미국 언론의 반유신 기사를 막고 친유신 기사가 실리게 하기 위해 미국 기자들에게 접근해 서울 방문을 권유했습니다. 그렇게 모집한 기자들이 서울에 도착하면 고급 양복점에 데리고 가서 양복을 맞춰 주고 기생관광도 시켜 주었습니다."[142]

---

141) 최규장, 『언론인의 사계』(을유문화사, 1998), 118쪽에서 재인용.
142) 문명자, 『내가 본 박정희와 김대중』(월간 말, 1999), 268쪽에서 재인용.

학도호국단 부활

학생회를 없애고 생긴 학도호국단

4·19 이후 폐기되었던 이승만 시기 어용의 대명사인 학도호국단이 이름 하나 바뀌지 않은 채 25년 만에 다시 등장하였다. 학도호국단 창설 설치령은 박정희와 김영삼의 회담이 있은 후 5월 21일 국무회의 의결을 거쳤고, 그 결과 9월 2일 중앙학도호국단이 발단하였다. 그 대신 기존의 대학 및 고등학교 학생회는 해체되었다. 『이화 100년사』는 이화여대의 경우를 다음과 같이 적고 있다.

"정부에서 발표한 학도호국단 설치령은 대학을 전국 단위의 군사 편제로 만들었으며 대학교는 마치 군대의 사단 편제를 방불하게 했다. 총장을 당해 대학교의 학도호국단 단장으로 했는데 이는 마치 군대 사단의 사단장과 같은 것이다. 그리고 학도호국단의 부단장은 학생처장이 맡게 했다. 이화여자대학교에서도 이 편제에 따라 문리대학을 제1연대, 체육·사범·법정대학을 제2연대로, 음악·미술·의과·간호·약학·가

정대학을 제3연대로 편성했다. 그리고 학도호국단 간부는 이전의 학생회의 회장처럼 직접 선출이 아니라 임명제로 했다. 모든 간부는 5학기 이상 등록된 학생 중에서 사상이 건전하고 신체 건강하고 지휘통솔력이 있는, 전학기 성적 B학점 이상, 출석률 90% 이상인 사람 중에서 임명하게 했다."[143]

그 시절 학도호국단을 직접 겪은 이영미는 다음과 같이 말한다.

"학도호국단 간부들은 일 주일씩 경주 화랑 수련원에 보냈는데, 일정에는 매일 한두 시간씩 박정희 전 대통령 어록을 들으며 명상하는 시간이 있었다. 그 정신 교육이 얼마나 효과적이었는지, 일 주일 후 퇴교할 때에는 정말로 애국심에 불타 올라 태극기를 보며 애국가 부르면서 감격에 겨워 엉엉 울면서 나오게 만들었다. 나치 치하 독일이나 북한 이야기가 아니라 불과 몇십 년 전 대한민국의 이야기이다. 박정희 전 대통령이 바랐던 청년의 모습은 이런 것이었으니, 그에게 당시의 청년문화는 사회악으로 여겨졌을 것이다. 대마초 사건을 겪으면서 청년문화의 자유주의 분위기는 완전히 부서졌다. 단지 미국 자유주의의 껍데기를 빌어 오는 데 불과했다 하더라도 나름대로 새롭고 참신한 발상과 사고를 보여 주던 청년문화는 이제 완전히 위축되었다. 사회는, 다양하고 참신한 발상이 완전히 사라져 그야말로 군기가 팍 잡힌 상태가 되어 버린 것이다. 그 위에 울려 퍼진 노래가 〈새마을노래〉와 〈나의 조국〉이었다."[144]

병영으로 변한 학원

학도호국단 체제는 대학과 언론을 포함한 지식계의 병영화를 몰고 왔

---

143) 이화여자대학교, 『이화 100년사』(이화여자대학교 출판부, 1994), 396쪽.
144) 이영미, 『흥남부두의 금순이는 어디로 갔을까』(황금가지, 2002), 183쪽.

서울 여의도에서 열린 중앙학도호국단 발단식이 끝나고 시가 행진을 하는 학생들.

다. 이에 대해 리영희는 다음과 같이 말한다.

"'학도호국단' 법으로 대학교는 군사훈련소로 변했다. 교수는 자기가 강의하고 있는 교실에 어떤 자가 끼여들고 있는지 눈치를 살펴야 했고, 항상 감시받고 있다는 두려움에 움츠러들었다. 그런 판에서는 으레 재주 부리는 자가 나오게 마련이다. 파쇼 정권과 일인영구독재를 옹호 변론하느라고 입에 거품을 물고 날뛰는 교수·지식인들이 대량 생산되었다. '학문 깊고 덕망 높은 저명 인사'들이다. 그들은 온갖 요사스러운 궤변으로 대중을 현혹했다. 무민혹세(誣民惑世)의 시대가 온 것이다. 온 세상에 논리는 간데없고, 도덕은 얼굴을 돌렸으며, 정의는 오로지 '힘의 정의'가 난무했다. 이에 대항해야 할 언론은 권력의 강간을 당했다. 신문과 방송, 출판과 표현의 자유는 목을 졸렸다. 단말마의 신음 소리가 사회에 가득 찼다. 이른바 '언론인' 들이라는 많은 직업인들이 그 직업적 자리를 이용해서 권력의 시녀가 되어 알몸으로 아양을 떨고 있었다. 화간(和姦)이라 하기에조차 너무도 구역질나는 타락이었다."[145]

사격술 훈련 시간이 된 체육 시간

학도호국단의 출범과 동시에 군사교육을 강화한 결과, 어린 여학생들에게까지 체육 시간에 사격을 가르치게 되었다. 이영미는 자신이 "바로 그때 국가에서 장려하는 것이라는 체육 선생님의 설명과 함께 칼빈 소총을 들고 사격을 배웠던 중학생들 가운데 한 명"이었다면서 자신의 체험을 다음과 같이 말한다.

"월남전 간호 장교 출신인 고등학교 때 교련 선생님은 '만약 전쟁이나면 머리나 기르고 다니면서 만날 데모나 하는 대학생들은 결코 나라를 지키지 않을 것이다. 그러니 바로 여러분 고등학생들이 전쟁터에 나가 나라를 지켜야 한다'고 말하면서 전쟁 때에 어떻게 부상병들을 다루는가를 생생한 실전 경험과 함께 설명해 주었다. (배에 총을 맞아 창자가 터져 나오면 절대로 다시 넣으려고 하지 말고 붕대로 감아 의사에게 후송해야 한다. 고통이 심한 환자에게 아편 주사를 하고 나서는 반드시 주사 횟수를 적어놔야 한다 등등.)"[146]

교사 독재체제

황병주는 유신 치하의 병영화한 학교 생활은 한 마디로 '교사 독재체

---

145) 리영희, 『역설의 변증: 통일과 전후세대와 나』(두레, 1987), 270-271쪽.
146) 이영미, 『흥남부두의 금순이는 어디로 갔을까』(황금가지, 2002), 182-183쪽.

제' 였다며 다음과 같이 말한다.

"교사는 모든 가치·진리에 대한 판단권을 독점했다. 신체의 차이로 학생들을 배열·배치하는 것부터 성적 관리에 이르기까지 교사는 권력과 지식의 복합체이자 독점자였다. 그는 면담이라는 형식을 통해 교무수첩과 생활기록부에 학생을 등록하여 모든 기록과 판단을 독점했다. 가정 환경, 성격, 성적 심지어 IQ까지 기록되어 있을 그 서류철은 실질적으로 나를 구성하는 실체였다. 교실은 하나의 소우주였다. 그 안의 권력과 진리는 교사라는 절대자를 중심으로 편제되어 교단으로부터 책상들 하나하나로 내리꽂혔다. 책상은 진리가 씌어지는 칠판을 배경으로 한 교단과 교탁을 향하도록 배열되었고, 아이들의 시선은 교사라는 소실점으로 소멸되어야 했다. 칠판 위 제일 높은 곳에는 태극기가 걸려 있었고, 마치 칠판의 진리를 보증이라도 하듯이 국기에 대한 맹세를 거느리고 있었다."[147]

그러나 그러한 병영체제에 시달리며 고통스러워 한 교사들도 많았다. 병영체제에 순응하고 그걸 내면화하지 않으면 살아가기가 정말 힘든 세상이었다. 학교의 병영체제화는 전두환, 노태우 정권까지 계속되었기 때문에, 사실상 한 세대 가까이 세뇌가 된 셈이다. 이와 관련, 박완서의 단편 〈너무도 쓸쓸한 당신〉에 나오는 한 대목을 인용해보자.

"새마을정신이 어린이들 의식까지 짓누른 유신시대였다. 그녀는 그때 생각을 하면 지금도 숨이 막혔다. 그(남편)가 담임 맡은 반은 온통 국민교육헌장으로 도배를 했고, 한 아이도 빠짐없이, 지진아까지 그걸 달달 달 외우는 반으로 유명했다. 그걸 입술로만 외우는 게 아니라 뜻을 충분히 새겼다는 걸 알아보려는 경시 대회가 군내에서 있었는데 그의 반은

---

147) 황병주, 〈민중, 희생자인가 공범자인가: 박정희 시대의 국가와 '민중'〉, 『당대비평』, 제12호(2000년 가을), 46~47쪽.

거기서도 일등을 먹었다. 교감이 되고, 교장이 된 것은 전두환, 노태우 정권을 거치면서였는데 그의 교장실에는 정권이 바뀔 때마다 대통령 사진이 가장 높은 정면에 으리으리하게 걸렸다. 그건 시골 학교라서가 아니라 장관실이라 해도 아마 사정은 비슷했을 것이다. 문제는 갈등 없는 추종이었다. 마치 주인이 바뀐 노예처럼 주인의 이름이나 인품 같은 건 중요하지 않았다. 주인이라는 게 중요할 뿐이었다."[148]

---

148) 박거용, 〈군사 파시즘의 잔재와 교육〉, 『당대비평』, 제8호(1999년 가을), 101쪽에서 재인용.

중동 진출 붐

'공기 단축' 신화를 선보인 삼환

이른바 '베트남 특수'가 끊기면서 한국은 새로운 '특수'를 찾기 위해 때마침 오일 달러로 흥청대는 중동으로 눈길을 돌리게 되었다. 오일 쇼크로 석유의 위대성을 새삼 절감한 한국으로서는 중동 진출만이 살길이라는 판단을 내렸음직하다.

월남에 진출한 한국업체들 가운데 가장 먼저 중동 시장을 두드린 업체는 삼환이었다. 삼환은 1973년 6월 6일 사우디의 카이바-알울라 간 고속도로 1백64Km 구간에 대한 국제입찰에서 낙찰되어 12월 1일 2천4백5만 9천 달러짜리 공사 계약을 체결하였다. 1974년 9월엔 두 번째로 제다시(市) 미화(美化) 1차 공사(2천4백30만 달러 규모)를 국제입찰에서 수주하였다.

당시 사우디 당국은 제다 공항에서 성지(聖地) 메카로 가는 공항로 1.2Km 구간을 40일 이내에 완공시켜 달라는 무리한 요청을 하였다. 여기서 한국업체들의 공통된 장점인 '공기 단축' 신화가 탄생하게 되었다. 『삼환 30년사』는 다음과 같이 말한다.

"너무도 짧은 공기였으나 삼환팀은 24시간 3교대 작업으로 이를 33일 만에 완성시켜 현지 당국자들을 놀라게 했고 삼환의 성가가 높아졌다. 그 도로에는 당시 가로등이 없었으므로 시공팀은 밤새도록 횃불을 켜들고 야간 작업을 했는데, 마침 제다 공항에 내린 파이잘 국왕이 처음 보는 광경에 감탄하여 부지런하고 성실한 한국인들인 삼환에게 후속 공사도 맡기라는 특명을 내리게 되었다. 당시 한국의 삼환이 진출하기 전까지는 사우디의 모든 건설 공사는 유럽이나 미국업자들이 수행하는 독무대였으며, 이들은 폭리에 가까운 높은 가격으로 수주하고 있었다. 73년까지 사우디 정부의 기록에 의하면 그 많은 공사 중 공기 내에 완공된 것은 하나도 없었다. 그러므로 공기 내에 끝내 주기 위해 횃불을 켜들고 야간 작업을 감행한다는 것은 사우디인들이 상상조차 해보지 못한 일로써 그들을 충분히 놀라게 한 사실이었다."[149]

한국의 세 가지 장점

국가적인 차원에서 중동 진출을 강력히 추진하게 된 데엔 박정희의 경제브레인 오원철의 역할이 컸다. 그가 박정희를 설득하려고 보고를 한 게 1974년 1월 30일이었다. 그는 박정희에게 한국의 세 가지 장점을 역설하였다.

"첫째는, 우수한 인력을 보유하고 있다는 것입니다. 중동은 작업 환경이 가장 나쁜 곳입니다.……선진국 기술자는 돈을 아무리 준다고 해도 갈 사람이 없습니다. 그런데 우리 나라에는 군인 정신으로 무장한 수십

---

149) 조성관, 〈다큐멘터리·한국 현대사의 결정적인 순간들 ③ 1973년 10월 1차 오일 쇼크: 기름이 바닥났다!〉, 『월간조선』, 1992년 9월, 524~525쪽에서 재인용.

만 명의 제대 장병이 있습니다. 월남에서의 경험도 있습니다.……두 번째의 장점은 우리 나라 남자 기능공의 인건비는 선진국보다는 훨씬 싸고 기술 수준은 후진국보다 월등히 높다는 점입니다.……세 번째가 공기(工期) 단축 문제인데, 우리 나라가 자신 있는 점입니다. (중략) 각하! 중동에 진출하자면 뒷거래가 꼭 필요하다고 합니다. 그런데 우리 나라는 이 방면에는 소질이 있지 않습니까?"[150]

오원철의 주장에 박정희가 설득되어 4월 25일 중동에 첫 번째 각료급 사절단이 파견되었다. 9월 18일 새로 취임한 건설부 장관 김재규에게 박정희는 "오일 쇼크로 인한 외환 위기는 오일 쇼크로 부자가 된 중동에서 처방책을 찾아야 한다"라며 중동건설 진출 진흥책을 마련하라는 강력한 지시를 내렸다.[151]

박정희에 대한 충성심이 강한 김재규의 저돌성이 한몫을 했다. 김재규는 1975년 7월 18일 해외건설업자 대표자 회의에서 "우리 경제에 중동 건설시장은 크나큰 행운이다. 천재일우의 기회를 잃을 수 없으므로 정부와 업계가 '한국건설 주식회사'의 구성원으로서 혼연일체가 되어야 한다"라고 역설하였고, 업자들의 건의를 받아들여 12월 해외건설촉진법을 제정케 하였다. 이 법의 핵심은 "도급허가의 통보를 받게 되면 관계기관은 이에 협조해야 할 의무가 생긴다"라는 조항이었는데, 이후 해외건설업체들은 금융 혜택을 비롯한 각종 특혜를 받게 되었다.[152]

70년대 후반 연평균 76%의 성장률

그런 파격적인 지원 덕분에 1975년부터 중동에서의 수주가 활발히 진

---

150) 오원철, 『에너지 정책과 중동진출』(기아경제연구소, 1997), 439-440쪽.
151) 오원철, 위의 책, 448쪽.
152) 주태산, 『경제 못살리면 감방간대이: 한국의 경제부총리, 그 인물과 정책』(중앙 M&B, 1998), 128쪽.

1970년대 중반, 정부의 특혜를 받은 해외건설업체들은 중동 건설시장에 앞다투어 진출하였다.

행되었다. 총 수주액이 1974년 8천9백만 달러에서 1975년 7억 5천1백만 달러로 급격히 늘어난 것이다. 박정희는 건설부와 중앙정보부에 "중동 진출 업체들을 철저히 감독해서 부실 공사가 나오지 않도록 할 것이며, 한국 업자끼리 부당한 덤핑 입찰을 못하도록 하라"라고 지시함으로써, 중앙정보부가 중동 진출 업체를 감독하게 되었다.[153]

중앙정보부의 특기가 무엇이던가? 언론통제였다. 한국 기업들의 중동 진출 실적은 보도통제의 대상이 되었다. 경쟁 국가들을 의식한데다 북한의 방해 공작을 우려해 취한 조치였다.[154]

월남전 이후 대부분의 해외 송금은 중동 지역이었다. 파견 노동자들에게서 유입되는 송금액은 1973년 1억 달러를 넘어선 뒤 1975년엔 1억 5천8백만 달러, 1976년엔 3억 3백만 달러, 1977년엔 5억 8천4백만 달러, 1978년 7억 6천9백만 달러, 그리고 1979년엔 11억 5천8백만 달러에 이르렀다.[155] 정부는 중동에 파견된 노동자들에게 80% 이상의 월급을 한국은행을 통하여 송금하도록 하는 강제 송금 규칙을 적용하여 은행에 예치하는 금액을 극대화시키고자 하였다.[156]

정부의 강력한 지원에 힘입어 재벌들이 앞다투어 중동시장에 진출한 결과 중동건설 수주액은 1975년 7억 5천만 달러에서 1980년 82억 달러로 크게 늘어 1975-79년의 GNP 증가율 7.2%와 수출 증가율 25.0%를 훨씬 뛰어넘는 연평균 76.1%의 성장률을 기록하였다.[157] 1977년 최초로 1천2백만 달러의 경상수지 흑자를 기록하였는데, 이는 중동건설 붐에 따른 외환 수입에 힘입은 것이었다.[158]

현대의 활약

개별 업체로는 현대의 활약이 눈부셨다. 현대는 1975년 10월 바레인의 아랍수리조선소 건설공사 수주를 시작으로 12월엔 사우디 해군기지

---

153) 오원철, 『에너지 정책과 중동진출』(기아경제연구소, 1997), 451쪽.
154) 주태산, 『경제 못살리면 감방간대이: 한국의 경제부총리, 그 인물과 정책』(중앙 M&B, 1998), 130쪽.
155) 신광영, 『동아시아의 산업화와 민주화』(문학과지성사, 1999), 67쪽.
156) 신광영, 위의 책, 68쪽.
157) 역사학연구소, 『강좌 한국근현대사』(풀빛, 1995), 339쪽.
158) 이후 최초의 경상수지 흑자를 이룬 해는 46억 달러의 흑자를 기록한 1986년이다. 사공일, 『세계 속의 한국경제』(김영사, 1993), 21쪽.

해상 공사를 따냈다. 1976년 현대는 사우디아라비아의 쥬베일 산업항 공사를 9억 3천만 달러에 수주하는 개가를 올리게 되었다. 정부도 만세를 불렀고, 이는 '국가적인 경사'로 여겨졌다.[159] 그도 그럴 것이 9억 3천만 달러라는 수주액은 그 해 정부 예산의 약 25%를 점하는 것이었으니, 어찌 흥분하지 않을 수 있었으랴. 경쟁사는 15억 2천만 달러를 써낸 것에 비해 현대는 그것보다 6억 달러나 낮은 액수로 공사를 따냈기 때문에 경제부총리 남덕우 등 일부 사람들은 입찰가가 너무 낮아 현대가 손해볼까 우려를 하기도 했지만, 현대는 그런 우려를 불식시키는 솜씨를 보여주었다.[160]

현대는 이어 사우디 해군의 육상 및 해상기지와 주택성 발주의 주택전용 항만공사도 수주하여 인근 지역 내에 합계 18억 달러 이상의 대형 공사를 동시에 추진하게 되었다.[161] 1975년 중동 진출 이후 1979년까지 현대는 약 51억 6천4백만 달러의 외화를 벌어 들였으며, 현대 총매출 이익 누계 가운데 60%가 해외 건설 공사의 이익이었다.[162]

'월남 특수'와 '중동 특수' 덕분에 현대는 1976년 미국 경제전문지 『포춘』에서 꼽은 세계 5백대 기업에 들어가게 되었고, 1976년에 현대건설은 10억 달러 건설 수출탑, 현대조선은 9억 달러 수출탑을 받게 되었다. 1976년에 현대건설 총 매출액도 1천억을 넘어 1천3백50억 원이 되었다. 1978년엔 『포춘』은 세계 1백대 기업 가운데 현대를 98위로 기록하였으며, 1979년엔 총 매출액 36억 달러로 현대는 『포춘』 목록의 78위 기업에 오르게 되었다.[163]

---

159) 오원철, 『에너지 정책과 중동진출』(기아경제연구소, 1997), 453쪽.
160) 주태산, 『경제 못살리면 감방간대이: 한국의 경제부총리, 그 인물과 정책』(중앙 M&B, 1998), 131쪽.
161) 이춘림, 〈나의 현대 40년〉, 아산 정주영과 나 편찬위원회, 『아산 정주영과 나: 백인 문집』(아산사회복지사업재단, 1997), 337-338쪽.
162) 정주영, 『이 땅에 태어나서: 나의 살아온 이야기』(솔, 1998), 228쪽.
163) 정주영, 위의 책, 246쪽.

재벌을 키운 종합무역상사 제도

국가의 자본 통제력 저하

박 정권의 경제정책은 그 내재적 속성상 재벌 육성정책이기도 했다. 박 정권은 매년 한 건씩 재벌들이 쌍수를 들고 환영할 만한 큼지막한 걸 터뜨렸다. 1972년의 8·3 긴급경제조치, 1973년의 중화학공업화 정책, 1974년의 5·28 특별조치, 그리고 1975년의 종합무역상사 제도는 모두 다 재벌을 육성하는 효과를 낳았다.

임혁백은 "박정희 정권은 미온적인 대자본가들을 중화학공업화 프로젝트에 끌어들이기 위해 대자본가들이 부담해야 할 투자 위험도를 경감시켜 주는 조치를 취해야만 했다"면서 다음과 같이 말한다.

"박정희 정권은 먼저 광범위한 내자 동원체제를 구축하여 국민투자기금을 조성하고 이 중 70%를 정책금융의 형태로 중화학 부문에 집중 지원하였으며, 다양한 조세 감면, 관세보호, 수입규제 조치 등을 통해 중화학 제품에 대한 이윤을 보장하였다. 또한 대자본가들에게 종합상사의 설립을 허용하고 중소 하청기업들을 수직적 또는 수평적으로 계열화시켰다. 이러한 국가의 지원과 유인책은 대자본가들의 중화학공업 투자에 따른 위험 부담을 국가가 대신 감당해 주는 효과를 가져다 줌에 따라 대자본가들은 경쟁적으로 중화학 프로젝트에 참여하게 되었다. 박정희 정권의 중화학공업 정책은 대자본가 계급을 육성하는 결과를 가져왔고 이는 국가의 자본에 대한 구조적 자율성을 저하시켰다. 즉 대자본가들이 국가 경제에서 차지하는 비중이 커짐에 따라 국가에 대한 대자본가들의 협상 능력이 높아지게 되었고 이는 위기시에 국가의 행동의 자유를 제한하는 결과를 빚었다."[164]

물론 그런 결과는 한국이 훗날 민주화한 이후에 본격적으로 나타나게 된다.

중소기업의 몰락

1974년의 '5·28 특별조치'는 기업을 공개하는 것과 사채시장을 양성화하여 투자신탁·신용협동조합 등 제2금융권을 만든다는 내용이었다. 재벌들은 기업공개를 이용하여 부실기업을 인수하고 적극적으로 기업을 합병하고 중소기업을 하청화하였다. 전체 중소기업 수 가운데 하청 관계에 있는 중소기업의 수는 1966년에는 12.6%를 차지하였으나, 1980년에는 30.1%로 늘어나게 된 것도 5·28 특별조치가 큰 계기가 되었다.[165]

5·28 특별조치에 뒤이어 나타난 박 정권의 재벌 육성정책은 1975년에 선보인 종합무역상사 제도였다. 이는 일본의 것을 본떠 도입한 것이

---

164) 임혁백, 『시장·국가·민주주의: 한국 민주화와 정치경제이론』(나남, 1994), 321쪽.
165) 역사학연구소, 『강좌 한국근현대사』(풀빛, 1995), 340쪽.

었다. 종합상사로 지정받으면 수출금융 혜택을 받았고, 시중 금리 15-19%의 반도 안 되는 7-9%로 돈을 빌릴 수 있었기 때문에, 기업들은 전쟁하듯이 수출에 매달리게 되었는데, 이게 바로 박 정권이 노린 효과였다. 이 제도의 도입 결과, 1977년 30대 재벌이 수출에서 차지하는 비중은 38.5%에 이르렀다.[166]

반면 중소기업은 가속적으로 몰락하였다.[167] 재벌들의 '문어발' 수만 더욱 늘어났다. 1978년 말을 기준으로 11개 종합상사 그룹들이 거느린 기업군은 럭키 47, 대우 41, 삼성 38, 현대 33, 쌍용 20, 국제 24, 선경 27, 금호 19, 삼화 30, 한일합섬 8개 등 모두 312개 업체에 달했다. 한국의 종합상사 그룹의 기업 수는 일본의 10대 종합상사가 거느린 계열 기업군 258개보다 훨씬 많은 것이었다.[168]

수출 증가와 재벌의 경제력 집중

박 정권의 이런 일련의 조치들이 수출을 크게 늘린 것은 분명하다. 총수출액은 1975년 50억 달러에서 1976년 77억 달러를 거쳐 1977년에 1백억 달러를 돌파하게 되었다. 그 대신 더욱 증가한 것은 재벌의 경제력 집중이었다. 1973-78년간 국내 총생산(GDP)은 연평균 9.9%의 성장을 보인 데 비하여 46대 재벌은 같은 기간 동안에 연평균 22.8%나 성장했다. 그 결과 GDP에 대한 46대 재벌 비중은 1973년의 9.8%에서 1978년에는 17.1%로 높아졌다. 규모가 큰 재벌일수록 빨리 성장했는데, 하위 25개 재벌의 연평균 성장률은 12.8%인 데 비해 상위 5대 재벌의 성장률은

---

166) 역사학연구소, 『강좌 한국근현대사』(풀빛, 1995), 339-340쪽.
167) 임영일, 〈한국의 산업화와 계급정치〉, 한국사회학회·한국정치학회 편, 『한국의 국가와 시민사회』(한울, 1992), 185쪽.
168) 역사학연구소, 위의 책, 340쪽.

30.1%에 이르렀다.[169]

---

169) 사공일, 『세계 속의 한국경제』(김영사, 1993), 88-89쪽.

반공 드라마와 정책 홍보 드라마

일일연속극에 대한 비판

70년대 중반 박 정권의 폭압적인 통치는 그 도를 더해 갔지만, 그러한 폭압성이 텔레비전의 브라운관에까지 모습을 드러낸 건 아니었다. 당시의 TV는 대단히 재미있는 오락매체였다. 특히 일일연속극의 인기가 대단했다. TV는 어찌나 인기가 높았던지 서울시경은 1974년 10월 16일 황금 시간대에 도둑에 대한 특별경계령을 내리고, 좀도둑이 들어온 것도 모를 정도로 TV에 푹 빠진 서울 시민들에게 주의를 당부하는 담화까지 발표하였다.[170]

그러나 일일연속극에 대한 비판도 만만치 않았다. 연속극을 비판하는 건 긴급조치 위반도 아닌데다 '유신 정신'을 내세우면서 비판하는 것도 얼마든지 가능했기 때문에 이념과 정치 쪽으로 꽉 막힌 비판 욕구는 방

---

170) 정순일·장한성, 『한국 TV 40년의 발자취: TV 프로그램의 사회사』(한울아카데미, 2000), 116쪽.

송 비판에서 그 출구를 찾고자 했던 건지도 모르겠다. 또 주된 비판자였던 신문들의 경우엔 광고시장을 놓고 텔레비전과 경쟁 관계에 있는 만큼 텔레비전이 매우 재미있는 걸 마냥 반길 수만은 없는 노릇이었을 것이다. 당시 일일연속극에 대해 홍수처럼 쏟아진 신문들의 비판 내용은 대략 다음과 같은 것이었다.

"혼외정사·혼전임신 등의 비도덕적 소재(퇴폐적), 질질 끈다·진전 없이 맴돈다(무절제), 천편일률·겹치기 출연(식상), 주제 의식의 빈곤·신변잡기·통속적 애정 행각·삼각 관계·울고 짜는 퇴영적 여성 취향(비생산적), 현실과 거리가 멀다(비현실적), 드라마 수가 많다(과다), 등장인물간의 갈등 심화(화합 저해), 도시 중심(농촌 소외), 상류층 소재(계층 간 위화감), 고증이 안 되어 있거나 빈약하다(사극의 고증 부재), 암투·모략·음모투성이(역사의 희화화) 등."[171]

박 정권은 '오락'에 대해 다소 모호한 태도를 취했다. 오락은 국민들이 정치에서의 도피를 부추길 수 있다는 점에선 내심 환영할 만한 것이었지만, 병영국가를 이룬 총사령관 박정희를 비롯한 그의 참모들의 정서상 인내하기 어려운 점이 있었던 것이다.

과유불급(過猶不及)의 원칙이라고나 할까? 이는 월남 패망의 경우에도 마찬가지였다. 박 정권은 월남 패망을 정략적으로 이용하였지만, 그렇다고 대중매체가 그걸 크게 부각하는 것엔 위험이 있다고 보았다. 패배주의를 갖게 될 수도 있다고 보았을 것이다. 그래서 박 정권은 월남 패망을 전가의 보도처럼 이용하면서도 언론엔 월남의 공산화 사례를 크게 취급하지 말 것을 요구했던 것이다.

박 정권은 텔레비전의 오락 프로그램에 대해서도 과유불급의 원칙을

---

171) 오명환의 연구를 조항제가 재구성·보충한 것임. 조항제, 〈1970년대 한국 텔레비전의 구조적 성격에 관한 연구: 국가정책과 텔레비전 자본간의 관계를 중심으로〉, 서울대학교 대학원 신문학과 박사학위 논문, 1994년 2월, 185쪽.

적용하여 제재를 가하였다. 박 정권은 '퇴폐 드라마'의 조기 종료,[172] 편수의 감축, 방송시간대 제한 등과 같은 지침을 하달하는 동시에 소재를 유도해 일일극의 파급력과 인기를 이용하려는 적극적인 정책을 구사하였다.[173] 그러한 소재 유도의 결과 반공극이 많이 제작되었지만, 이미 기존 일일극의 재미를 맛본 시청자들의 눈높이에 맞추고자 했던 제작자들의 시도는 정책 당국의 불만을 자아냈다.[174]

정책 홍보성 드라마 『팔도강산』

'반공 드라마'보다는 한 단계 세련된 홍보 감각을 보여 준 것이 바로 '정책 홍보성 드라마'였다. 1975년 4월 15일부터 10월 5일까지 398회를 기록한 KBS의 『팔도강산』이 대표적인 '정책 홍보성 드라마'다.

"『팔도강산』은 정책 홍보성이라는 기본적인 성격에 멜로 드라마적 요소를 가미해서 시청자들을 흡인했는데, 그 출연진도 영화의 인기를 그대로 물려받기 위해 김희갑·황정순·최은희·장민호·황해·박노식·태현실 등 당대의 톱스타들을 총출연시킨 드라마였다. 녹화 차와 야외 촬영망을 자유롭게 활용하여 전국 각지를 두루 누비고, 문자 그대로 안방에 앉아서 팔도를 유람하며 이야기 줄거리를 즐길 수 있도록 한 것이 인기의 비결이었다."[175]

어디 톱스타들의 면면과 정권 홍보 의도는 물론 극적 흥미의 구성 요소에 대해서도 더 자세히 살펴보자. 이 프로그램의 기획에 대해 가장 강

---

172) 70년대에 방송이 중지된 일일극은 모두 7편이었다. 조항제, 〈1970년대 한국 텔레비전의 구조적 성격에 관한 연구: 국가정책과 텔레비전 자본간의 관계를 중심으로〉, 서울대학교 대학원 신문학과 박사학위 논문, 1994년 2월, 185쪽.
173) 조항제, 위의 글, 185쪽.
174) 조항제, 위의 글, 192쪽.
175) 최창봉·강현두, 『우리 방송 100년』(현암사, 2001), 230쪽.

경하게 반대론을 폈지만, 어쩔 수 없이 연출을 강제로 떠맡았던 PD 김수동은 "『꽃피는 팔도강산』은 영화계, 연극계의 연기자들을 대거 출연시킨 초호화 캐스트로 출발하였다"라며 다음과 같이 해설한다.

"김희갑, 황정순의 노부부 밑에 큰딸 내외(최은희, 장민호. KIST의 박사로 전문 분야를 빼면 무능), 둘째 딸 내외(도금봉, 박노식. 유랑극단의 떠돌이로 양자를 키움), 셋째 딸 내외(김용림, 황해. 남매를 둔 목장 경영인, 아들애가 백혈병에 걸린다), 넷째 딸 내외(태현실, 박근형. 6·25 전쟁 때 외팔이가 된 퇴역 해병 중위, 아내의 횟집 경영으로 생활 유지), 다섯째 딸 내외(윤소정, 문오장. 포항제철 기사), 여섯째 딸 내외(전양자, 오지명. 울산공단의 맞벌이 부부), 일곱째 딸이 한혜숙으로 대한항공의 스튜어디스, 재벌 승계자로 인생 수업차 신분을 숨기고 속초에서 물지게를 지고 있는 민지환이 그 짝이다."[176]

『팔도강산』은 원래 큰 성공을 거둔 영화였다. 1967년 영화 『팔도강산』이 성공하자 뒤이어 1968년엔 『팔도강산 세계편』이 제작되어 해외 곳곳에서 활약하는 한국인의 활동상을 소개했다. 영화 『팔도강산』에서는 원래 황정순이 교통사고로 사망하게끔 되어 있었다. 당시 문공부 장관의 강력한 요청으로 황정순을 살리느라 영화는 엉망이 되고 말았다. 나중에 윤주영은 당사자들에게 사과하면서 『팔도강산』을 텔레비전 드라마로 만들기 위해서 그랬다고 실토했다.[177]

그러나 『팔도강산』은 이미 영화로 모두 5편이나 제작해 우려먹을 대로 우려먹었기 때문에 그걸 TV 연속극으로 만드는 것에 대한 시각은 곱지만은 않았다. 당시 드라마의 대본 집필을 의뢰받았던 작가 신봉승은 다음과 같이 말한다.

---

176) 김수동, 〈꽃피는 팔도강산〉, 한국TV방송50년위원회, 『한국의 방송인: 체험적 현장 기록 한국방송 1956-2001』(커뮤니케이션북스, 2001), 317쪽.
177) 1992년 7월 24일에 방영된 KBS 2의 『출발! 시간여행』에서 나온 김희갑의 증언.

제6장 폭력과 고문이라는 이름으로 · 1975년___**295**

"당시로서는 파격적인 원고료에다 새마을 훈장도 주선해 주겠다는 조건이었지요. 내가 동양방송(TBC)에 전속돼 있어 어렵다고 난색을 표하니까 윤주영 문공장관은 'TBC측의 양해를 얻어 놓을 테니 염려 말라' 는 거예요. 친한 친구들과 의논했더니 괜히 정치적으로 이용만 당한다며 한결같이 말려요. 그래서 아예 잠적해 버렸습니다. 문공부와 KBS에서는 나를 찾느라 비상이 걸렸지요. 인천 올림푸스호텔, 서울의 앰배서더 · 세종호텔을 열흘 가까이 전전했습니다. 결국 필자는 윤모씨로 바뀌었습니다."[178]

그런 문제에도 불구하고 노부부(김희갑과 황정순)가 팔도에 출가한 딸들의 집을 찾아다니면서 경제발전을 찬양한 TV 드라마 『팔도강산』은 "박 대통령의 통치 기간 중 가장 성공적인 홍보물에 속한다"라는 평가를 받았다.[179]

실화(實話)의 이용

『팔도강산』의 후속으로는 여성 새마을 지도자를 모델로 한 『꿈꾸는 해바라기』가 10월 6일부터 방송되었다. 이 당시 이런 성격의 드라마들은 꼭 실화(實話)에 근거하거나 실화를 차용해 만들었다는 공통된 특성이 있다.

1975년 조총련계 재일동포 추석 성묘단을 염두에 두고 만들어진 드라마는 '반공 드라마' 와 '정책 홍보성 드라마' 의 두 가지 요소를 다 갖춘 드라마라고 볼 수 있을 것이다. KBS가 1977년에 발행한 『한국방송사』는 다음과 같이 말한다.

---

178) 노재현, 〈영화 · TV 드라마 '팔도강산' 3공 홍보역 "톡톡"〉, 『중앙일보』, 1992년 8월 8일, 26면에서 재인용.
179) 노재현, 위의 글, 25면.

"실화극장 『대동강』은 1950년 6·25 발발까지……1975년 11월 29일에 1백99회로 일단 종료되고 이 해(1975년) 온 국민을 감동시키고 혈육의 정이 얼마나 고귀한가를 재확인시켜 준 조총련계 재일동포의 추석 성묘단의 실화로 그 방향을 돌렸다. KBS는 작가 김동현과 PD 김연진을 11월 일본에 급파하여 대상 인물을 취재케 한 후 12월 1일부터 『타향』을 방송하기 시작했다."[180]

당시 '반공 드라마'는 강압적으로 제작되었기 때문에 탤런트는 물론 배우들도 출연을 거부하기가 어려웠다. 지난 1993년 영화배우 신성일은 자신의 '최초 TV 드라마 출연' 기록과 관련해 다음과 같이 말했다.

"중앙정보부의 강압에 못 이겨 20여 년 전 김신조 사건을 다룬 TBC 특집 반공 드라마에 '강제 출연'한 적이 있다. 그러나 이는 타의에 의해 선전요원으로 TV에 동원된 것이지 엄격한 의미의 TV 드라마 출연은 아니었다. 당시는 유명 연기자들이 중정의 지시에 따라야 했던 어두운 시절이었다. 당시도 영화만을 고집해온 나로서는 그때의 TV 드라마 출연을 '외도'라고 생각하지 않으며, 자의에 의한 안방극장 외도는 이번의 『여자의 남자』가 처음이다."[181]

---

180) 한국방송공사, 『한국방송사』(한국방송공사, 1977), 586쪽.
181) 〈신성일 씨 TBC엔 '강제 출연'〉, 『조선일보』, 1993년 5월 12일, 13면.

가요 금지곡 양산과 대마초 파동

네 차례나 시달된 방송 정화 실천요강

긴급조치 9호는 방송계에도 찬바람을 몰고 왔다. 『문화방송 30년사』는 다음과 같이 기록하고 있다.

"1975년은 한국 방송계가 타율에 의한 규제로 자율성이 크게 위축되는 시기였다. 연 네 차례에 걸쳐 시달된 방송 정화 실천요강이 제정, 통보되면서 시작되었다. 5개항의 실천 사항과 6개항의 방송금지 사항으로 된 실천요강 중 금지 사항을 보면 △ 국론 분열 및 공공질서를 문란케 하는 내용 △ 민족 주체성 저해 내용 △ 경제질서나 노사분규 조장 내용 △ 불선선한 남녀 관계 묘사, 미풍양속을 해치는 퇴폐 풍조의 조장 내용 △ 장발 과다 노출 등의 저속감을 주는 내용 등으로 되어 있다. 그 해 6월에는 대통령 긴급조치 9호에 의한 논리 규정을 각 방송국에 통보했는데 △ 방송내용 사전 심의 후 방송 △ 방송 내용의 원고는 1년간, 녹음 녹화는 1개월간 보관토록 하는 강경 조처가 내려졌다. 그 결과 TV 방송국은

연속극이 3편으로 줄고 외화 부문의 장발 출연자 커트 등 방송 내용이 제한을 받았으며, 그 해 7월 28일에는 심야방송 정화지침 8월 29일 추계 방송 편성지침이 잇따라 통보되어 편성을 규제했다."[182]

대마초 파동

긴급조치 9호의 살벌한 분위기가 가장 큰 타격을 입힌 건 가요계였다. 1975년 한 해에만 2백25곡이 금지곡으로 묶였으니 더 말해 무엇하랴.[183] 특히 포크 음악계는 이른바 '대마초 파동'까지 가세해 파국 상황에 내몰리게 되었다. 박 정권의 대마초 단속은 1975년 12월 1일부터 시작되어 12월 3일엔 이장희, 이종용, 윤형주 등 27명이 구속되었고, 12월 6일에는 신중현, 김추자, 권용남, 손학래 등 신중현 사단의 핵심 인물들이 구속되었다.[184]

1974년 그룹사운드 '신중현과 엽전들'을 결성해 '한국적 록'의 새로운 경지를 보여 주었다는 평가를 받은 신중현은 대마초 파동으로 음악 활동을 중단하게 되었다. 중단 직전까지 신중현의 활동에 대해 강헌은 "신중현과 엽전들 1집은 당시 1차 오일 쇼크로 뿌리채 흔들리던 음반 산업에 새로운 기운을 불어넣었다. 앨범 머리곡 〈미인〉은 글자 그대로 '3천만의 애창곡'이 되었다"라는 평가를 내리고 있다.[185]

하긴 〈미인〉은 1974년 당시로선 놀랍게도 레코드가 1백만 장이나 팔리는 대기록을 세웠다.[186] 신중현이 만든 수십 개의 곡은 '가요계 정화조치'라는 미명하에 금지곡으로 묶이게 되었는데, 박 정권은 이렇다 할 이

182) 문화방송, 『문화방송 30년사』(문화방송, 1992), 741~742쪽.
183) 신현준, 『글로벌, 로컬, 한국의 음악 산업』(한나래, 2002), 199쪽.
184) 노재명, 『신중현과 아름다운 강산』(새길, 1994), 81쪽.
185) 강헌, 〈록에 타령장단 접목, 실험적 대중음악 창조〉, 『조선일보』, 1997년 12월 15일, 34면.
186) 장석주, 〈신중현: 영혼으로 노래하는 영원한 록커〉, 『이 사람을 보라』(해냄, 2000), 36쪽.

유도 제시하지 않았다. 〈미인〉에서 〈봄비〉에 이르기까지 당시 히트했던 그의 노래들은 모두 사랑을 표현했던 것들인데, 사랑도 해선 안 된다는 것이었을까?

방송 금지 사유

신중현이 작사 작곡한 노래들 가운데 금지된 곡은 1969년에서 1974년 까지 4곡, 그리고 1975년 한 해에만 17곡이나 되었다.[187] 우회적 은유와 풍자도 금지 이유가 되었으니 모든 게 '엿장수 마음대로' 식이었다고 해도 과언이 아니다. 노재명은 다음과 같이 말한다.

> 1969년에 발표된 신중현 작편곡, 김상희 노래의 〈어떻게 해〉는 크게 히트하던 중 방송 금지되었다. "어떻게 해" 부분의 가사를 성행위를 나타내는 "앉아서 해! 누워서 해!"라는 가사로 바꾸어 부르는 것이 일반인들 사이에서 유행하게 되자, 방송심의위원회는 '창법 저속'이라는 이유로 방송 금지시켰다. 〈거짓말이야〉는 가사가 불신감을 조장한다는 이유로 금지되었다. 그러나 실제 이 곡이 금지된 데에는 다른 이유가 있었다. 박 정권은 365일을 만우절같이 생각했는지, 국민에게 거짓말을 밥먹듯 했다. 거짓을 정권 유지의 수단으로 사용했고 그 거짓을 갈수록 부풀렸다. '늑대의 소년' 이야기가 주는 교훈처럼, 누군가를 몇 번 속이면 나중에는 무슨 말을 해도 믿지 않게 된다. 〈거짓말이야〉가 히트한 데에는 바로 이러한 국민적 정서가 배경이 되었다. 박정희에게는 "거짓말이야, 거짓말이야, 거짓말이야, 거짓말이야"라는 노랫말

---

187) 노재명, 『신중현과 아름다운 강산』(새길, 1994), 78쪽.

이 국민의 외침으로 들렸을 것이다. 결국 "도둑이 제 발 저린다" 는 말처럼 박 정권은 그 곡을 금지시켰다. 애국심을 담은 곡 〈뭉치자〉의 금지 이유는 '방송 부적'이었다. 나라 위해, 평화 위해 뭉치자는 내용의 곡인데 '방송 부적'이라니 말도 안 되는 이유다. 그러나 이 곡 역시 금지시킨 이유는 다른 데 있다. 이 곡이 데모로 쓰일 우려가 있기 때문이었다. 비정상적인 정치체제를 유지해야 했던 박 정권은 늘 데모 공포증에 시달려야 했다. "뭉치자! 우리 모두 다, 나라 위해 뭉치자"라는 가사가 박 정권에게는 자신의 퇴진을 외치는 애국자들의 목소리같이 들렸을 것이다. 그래서 이곡은 발표되자마자 금지되었다.[188]

〈아침이슬〉도 금지곡

〈아침이슬〉도 금지곡으로 묶였다. 너무 큰 인기를 누린 게 문제였을까? 이 노래는 한때 정부가 선정한 '건전가요'의 지위를 누리기도 했지만 얼마 후 금지곡이 되었다. 당시 당국이 문제삼은 것은 〈아침이슬〉의 '태양은 묘지 위에 붉게 떠오르고'란 구절이었다. '붉은 태양'이 북(北)의 어떤 인물을 의미하는 것이라나.[189]

박 정권은 아마도 학생들이 "〈아침이슬〉을 부르면서 자신의 험난한 미래를 예감하고 강렬한 동료 의식을 느꼈으며, 〈친구〉를 부르면서 감옥에 간 선배와 동료를 생각했다"라는 점을 문제삼았을 것이다.[190]

사실 〈아침이슬〉은 형식상의 그 어떤 장점에도 불구하고 내용상으로

---

188) 〈어떻게 해〉는 1969년 9월 27일, 〈거짓말이야〉는 1975년 7월 5일, 〈뭉치자〉는 1975년 11월 27일에 금지되었다. 노재명, 『신중현과 아름다운 강산』(새길, 1994), 77~79쪽.
189) 김성호, 〈왜 사랑이 이루어질 수 없냐고〉, 『서울신문』, 1998년 6월 13일, 14면.
190) 김창남, 『삶의 문화, 희망의 노래: 김창남 문화평론집』(한울, 1991), 130쪽.

는 "막연한 시련과 막연한 고난만을 예견"[191]한 것에 지나지 않았다. 〈아침이슬〉이 정치적 의미를 띠게 된 것은 노래 자체의 내용과는 무관하게 "다분히 김민기가 관여한 실천적 활동과 그로 인해 가해진 정치적 규제에 의해 촉발되었다"라고 보아야 할 것이다.[192]

1975년 공륜은 〈아침이슬〉을 공식적인 금지곡으로 묶었지만,[193] 이미 이 노래는 비공식적인 제재를 받았기 때문에 정확히 언제부터 금지곡이 되었는지 관련자들의 증언이 각기 다르다. 한 가지 분명한 건 박 정권의 그런 제재와 무관하게 이 노래는 대학가에서 계속 불려졌고, 젊은이들의 지속적인 사랑을 받았다는 사실이다.

---

191) 문승현의 말. 김창남, 『삶의 문화, 희망의 노래: 김창남 문화평론집』(한울, 1991), 130쪽에서 재인용.
192) 김창남, 위의 책, 175쪽.
193) 장석주, 〈김민기: 유신의 어둠을 밝힌 신화적 존재〉, 『이 사람을 보라』(해냄, 2000), 161쪽.

영자의 전성시대

시내버스 여차장의 삶

1975년의 최대 화제 영화는 김호선 감독의 『영자의 전성시대』였는데, 이 영화는 2월 국도극장에서 구정 프로로 개봉되어 88일 만에 36만 명의 관객을 끌어들였다.[194] 이 영화는 밑바닥 삶을 살고 있는 때밀이 청년 창수와 의수를 끼운 외팔이 창녀 영자의 사랑을 다룬 것이었다.

창녀가 되기 전 여자의 직업은 시내버스 여차장이었다. 1961년 6월 17일 처음으로 도입된 '여차장제'는 1978년 1만여 명에까지 이를 정도로 한국 교통문화의 중요한 몫을 담당하였다. 여차장들의 '삥땅'과 '알몸 수색' 시비 등 그들에 대한 인권유린 사태도 수없이 많이 발생하였다. 여차장제는 1982년 '토큰제'가 도입되면서 사라졌지만,[195] 70년대 한국

---

194) 1982년엔 심재석 감독의 『속 영자의 전성시대』, 1987년엔 유진선 감독의 『87 영자의 전성시대』가 만들어졌다. 정종화, 『자료로 본 한국 영화사 2: 1955-1997』(열화당, 1997), 90-91쪽.
195) 김홍수, 〈대한민국 50년 우리들의 이야기 ⑩ 교통-여행〉, 『조선일보』, 1998년 8월 21일, 4면.

사회의 빼놓을 수 없는 한 중요한 풍경임이 틀림없다.

『영자의 전성시대』는 다른 의미를 떠나 여차장의 고된 삶을 보여 주고 있다는 점에서 주목할 만하다. 김은형은 이 영화의 배경이 된 당시의 시대상에 대해 다음과 같이 말한다.

"상경은 이 영화의 가장 중요한 모티브다. 근대화가 시작된 60년대부터 70년대 말까지 두 손에 보따리를 든 상경객들로 북적이는 서울역은 서울의 대표적인 풍경이었다. 60년대 말 80만 명에 불과하던 서울 인구는 70년 550만 명으로 불어났다. '기회의 땅' 서울로 향하는 이들 가운데 많은 이는 초등학교나 중학교를 졸업한 단발머리 소녀들이었다. 이들에게는 병든 어머니의 약값과 남동생의 학비를 벌어야 하는 소임과, 핸드백을 메고 높은 빌딩으로 출근하다가 건설회사나 무역회사에 다니는 남자를 만나 결혼하는 꿈이 있었다. 그러나 배우지 못한 여성들이 선택할 수 있는 것은 세 가지뿐. 부잣집에 식모로 들어가는 운이 따라주지 않으면 남는 것은 먼지 자욱한 봉제공장과 위험한 버스 뒷문이었다. 두 갈래로 머리를 묶고 앞에는 돈주머니를 찬 소녀들은 가녀린 팔로 억세게도 사람들을 버스 안으로 밀어넣으며 첫차부터 막차까지 쉬지 않고 '오라이'를 외쳤다. 문도 닫히지 않는 만원 버스에 매달려 다녔던 '누나'들의 위험천만한 묘기는 70년대 서울의 빼놓을 수 없는 초상이었고 신문에서는 간간이 이들의 예견된 죽음을 1단 기사로 보도했다. 버스에 매달려 있던 영자를 다른 버스가 스치면서 잘린 영자의 팔이 고층빌딩 위로 떠오르는 장면은 희생양을 필요로 했던 고속도로 근대화의 비극을 압축해서 보여 주는 명장면이다."[196]

---

196) 김은형, 〈세상이 서러운 '청량리 드림'〉, 『한겨레21』, 2000년 7월 27일, 79면.

'고속도로 근대화의 비극'

김은형이 잘 지적한 대로, 이 영화엔 '고속도로 근대화의 비극'이 흘러 넘쳤다. 70년대 후반 공장에서 일하는 여성 노동자들의 인권투쟁 구호 가운데 가끔 등장하곤 했던 것이 "우리를 사창가로 내몰지 말라"라는 것이었다. 왜 그랬을까? 당시 선택의 여지는 많지 않았다. 김은형은 다음과 같이 말한다.

"70년대 이곳에는 아직 시골티를 벗겨내지 못한 아가씨들이 몰려들었다. 하루 18시간의 고된 공장 노동과 버스 안내양 일에 지치고 극악스런 도시로부터 상처입은 젊은 여성들이 꾸역꾸역 청량리로 밀려왔다. 한국전쟁으로 폐허가 된 서울 변두리에 둥지를 튼 이 유곽촌은 도시에 하나둘 고층건물이 들어서는 속도에 맞추어 붉은 전구의 수를 늘려갔다. 서울의 도시화가 본격화된 70년대부터 88올림픽으로 도시정비가 정점에 이른 80년대 말까지 청량리 588은 전성기를 구가하면서 1천 명이 넘는 매춘 여성들이 구겨진 이불 아래 몸을 뉘었다. 『영자의 전성시대』(1975)는 페인트 냄새가 가시지 않은 고층빌딩과 아파트, 한강 다리로 채워진 70년대 서울의 풍경, 그 명화(明畵) 뒷면에 그려진 암화(暗畵)이다."[197]

물론 소설도 그러했다. 1974년 민음사에서 작품집으로 출간된 『영자의 전성시대』에 대해 문학평론가 안낙일은 다음과 같이 말한다.

"'호스티스 문학'의 소재에서 한 걸음 더 나아가 '창녀'라는, 우리 사회에서 소외된 계층의 여인을 소재로 그 삶을 형상화한 것은 대단한 충격이자 화젯거리였다. 이 작품은 『별들의 고향』과 마찬가지로 발표 이후 영화로 만들어져 크게 성공을 거두었다는 점에서, 당시 상업적 대중소설

---

197) 김은형, 〈세상이 서러운 '청량리 드림'〉, 『한겨레21』, 2000년 7월 27일, 79면.

1970년대 유행했던 대표적인 호스티스 영화 중의 하나인 『영자의 전성시대』(1975).

들의 궤적과 유사하다. 그러나, 이는 소설이 형상화하고 있는 소재적 성격에서 비롯된 것일 뿐, 이 작품은 다른 '호스티스 문학'들과는 변별되는 특성을 보여 주고 있으며, 바람직한 의미에서의 대중문학의 가능성과 존재 의의를 시사한다고 하겠다."[198]

'전성시대'의 역설

영자는 의수를 끼운 외팔이 창녀로 제법 돈도 모으고 앞날에 대해 희

---

198) 안낙일, 〈1970년대 대중소설의 두 가지 서사 전략: 『별들의 고향』과 『영자의 전성시대』를 중심으로〉, 정덕준 외, 『한국의 대중문학』(소화, 2001), 177쪽.

망도 있었지만, 그녀의 그러한 '전성시대'는 경찰의 대대적인 사창가 단속으로 곧 끝이 난다. 그녀는 포주에게 맡겨놓은 돈을 찾으러 갔다가 사창가의 화재로 불타 죽는 비참한 최후를 맞는다. 안낙일은 '전성시대'라는 역설적인 제목은 "참혹한 하층의 삶, 날로 더욱 비참해지는 아픔의 반어적 표현"이라며 다음과 같이 말한다.

"작가는 이러한 비극의 원인을 당대 사회의 구조적 모순에서 찾는다. 이 작품에서 영자의 비극적 죽음은, 당국이 창녀들의 사후 대책은 전혀 안중에도 없이 사창가를 일제 단속한다거나, 또 포주들이 창녀의 돈을 불합리하게 갈취하는 데서 연유하는 것만은 아니다. 영자의 삶이 그녀 개인의 문제에 국한되는 것이 아니라 보편적인 사회 문제에 맞닿아 있는 것이라는 작가의 인식은 작품의 곳곳에서 드러난다. '밭 두 뙈기밖에 없는 시골'에서 도시로 생활 터전을 옮긴 영자가 식모살이를 전전하다가 버스 차장 생활에서 한 쪽 팔을 잃고 창녀로 전락한다는 설정과, 그녀를 그렇게 만든 사회에 대한 작가의 비판적 분노는, 당대의 도시화나 도시적 삶의 양식이 수없이 많은 '영자'들을 속출케 했다는 현실 인식을 기반으로 하고 있다. 이 소설을 '단순한 호스티스 문학 또는 창녀 문학으로 비하할 수만은 없다는 지적'이 설득력을 얻는 것도 바로 이러한 이유에서이다."[199]

---

199) 안낙일, 〈1970년대 대중소설의 두 가지 서사 전략: 『별들의 고향』과 『영자의 전성시대』를 중심으로〉, 정덕준 외, 『한국의 대중문학』(소화, 2001), 181쪽.

'세계 여성의 해'와 한국 여성

여성 인권 위협한 충효 이데올로기

1975년은 유엔이 선포한 세계 여성의 해였다. 한국 여성계는 '세계 여성의 해'를 맞는 준비 작업으로 1974년 9월 전국대회의 주제를 '세계 여성의 해와 한국 여성의 현실'로 잡았다. 이 대회에는 2천여 명의 여성 회원들이 참가했으며, 이들은 정부를 향해 가족법 개정안의 통과와 여성 지위 향상을 위한 정책 수립 등을 촉구했다.[200]

그러나 당시 여성운동은 전반적으로 험난한 장애물들에 직면해 있었다. 무엇보다도 "일제시대부터 일부 여성 단체에게 씌워진 '유한 부인들의 사교장'이라는 오명은 70년대 중반까지 여전히 유효하였"기 때문에,[201] 이를 돌파해내는 것이 쉽지 않았다. 또 "독재 정치가 강화되면서

---

200) 이효재, 『한국의 여성운동: 어제와 오늘』(정우사, 1989, 증보판 1996), 181쪽.
201) 박혜란, 〈주체성을 살리면서 사회를 바꾸기: 한국 여성운동의 흐름 20년〉, 김병익 · 정문길 · 정과리 엮음, 『오늘의 한국지성, 그 흐름을 읽는다 1975-1995』(문학과지성사, 1995), 257쪽.

대부분의 여성단체가 어용화되고 새마을 부녀회를 통한 정부의 여성 통제가 날로 심화되"고 있었기 때문에,[202] 운신의 폭이 매우 좁았다.

1975년 멕시코에서 개최된 유엔 국제여성대회엔 정부의 공식 대표로 5명이 참가하였지만, 국내적으로 여성 인권이 신장되기는커녕 반동의 물결마저 일고 있었다. 이에 대해 이효재는 다음과 같이 말한다.

"여성의 해의 이러한 모든 행사가 형식에 그쳤으며 정부에서는 정책적 대응이 없었을 뿐만 아니라, 정권의 차원에서는 1974년 한국 예지원(禮知院)의 조직과 기능을 뒷받침함으로써 여성운동에 반동적으로 대응하였다. 이 기관은 한국의 미풍양속과 부덕을 조장하며 계승하는 교육을 실시하려는 목적에서 설치되었다. 특히 사회의 지도적 위치에 있는 여성들과 고급공무원의 부인들을 상대로 교육하는 기관이다. 이것은 박 정권의 충효의 이데올로기를 강조하는 문화정책에 부응하는 여성 교육기관인 것이다."[203]

크리스천 아카데미의 의식화 교육

여성 문제에 대한 의식화 교육은 1974년 크리스천 아카데미에서 처음 시작되었다. 1977년 이화여대에 여성학이 정규 강좌로 설치되기까지 크리스천 아카데미는 여성의 의식화 교육에 큰 기여를 하였다. 박혜란은 젊은 여성들을 대상으로 한 이 의식화 교육을 "새로운 여성운동의 방향 정립에 큰 몫을 한 것"으로 평가하면서 다음과 같이 말한다.

"여성단체 실무자, 여성 지도자, 노조 여성 간부, 교회 여성, 농촌 여성 그리고 전업 주부 등 다양한 집단을 대상으로 한 이 교육의 영향력은

---

202) 박혜란, 〈주체성을 살리면서 사회를 바꾸기: 한국 여성운동의 흐름 20년〉, 김병익·정문길·정과리 엮음, 『오늘의 한국지성, 그 흐름을 읽는다 1975-1995』(문학과지성사, 1995), 259쪽.
203) 이효재, 『한국의 여성운동: 어제와 오늘』(정우사, 1989, 증보판 1996), 250쪽.

엄청난 것이었다. 여성의 인간화를 중심으로 의식화 교육을 받은 여성들은 각자 자신들이 선 자리에서 소규모의 모임들을 만들어 독특한 활동을 전개해 나가기 시작하였는데, 예를 들면 주부들 중심의 주부아카데미협의회, 젊은 여성들의 여성사회연구회, 여성 노동자들의 여성해방노동자기수회 등이 그것들로 이전의 여성단체들과는 판이한 성격을 띠는 단체들이었다."[204]

가족법 개정은 빨갱이나 하는 짓?

60년대부터 시작된 가족법 개정운동은 1973년 범여성적인 연대로 확대되어 61개 여성단체가 연합하여 '범여성가족법개정촉진회'를 결성하기에 이르렀다는 건 앞서 이야기한 바 있다. 여성계는 1974년 가족법 개정안 및 이유서를 작성해 그 해 7월 8일 여성 국회의원들을 통해 국회에 제출을 의뢰했다.

그러나 국회의 반응은 싸늘했다. 전반적인 민심이 아직 가족법 개정의 반대편에 있었기 때문이다. 1975년 한 여성 사회학자는 가족법 개정을 위해 국회를 방문했다가 "그런 건 빨갱이나 하는 소리다"라는 말까지 들었다.[205]

사적으론 개정에 동조하는 의원들도 공적으론 그럴 수 없는 고충을 이 운동의 주도자인 이태영에게 토로했다. 종로가 지역구인 국회의원 이종찬의 부인은 "종로 지역에는 자칭 양반들이 많이 살아서 가족법 개정에 동조하면 선거 때 표가 안 나오는 것을 어떻게 해요?"라고 하소연했고, 가족법 개정에 선봉장 역할을 했던 국회의원 김영정도 젊은 여성이

---

204) 박혜란, 〈주체성을 살리면서 사회를 바꾸기: 한국 여성운동의 흐름 20년〉, 김병익 · 정문길 · 정과리 엮음, 『오늘의 한국지성, 그 흐름을 읽는다 1975-1995』(문학과지성사, 1995), 259-260쪽.

205) 〈진해로 거처 옮긴 이효재 선생〉, 『여성신문』, 1997년 4월 25일자; 권혁범, 〈반공주의 회로판 읽기: 한국 반공주의의 의미 체계와 정치사회적 기능〉, 『당대비평』, 제8호(1999년 가을), 68쪽에서 재인용.

든 신식 교육을 받은 여성이든 모두 민법 개정에 관심이 없고, 전 국민의 80% 정도가 가족법 개정에 반대하는 것으로 판단된다고 고충을 토로했다.[206] 심지어 성균관대 교수 김주수는 가족법 개정을 주장했다는 이유로 성균관대학에서 쫓겨나기까지 했다.[207]

가족법 개정운동은 80년대에도 계속되었는데, 이태영이 1984년 10월에 작성된 법안을 들고 의원 서명을 받기 위해 의원회관을 찾은 적이 있었다. 그러나 5명의 의원만이 서명을 해줘 이 법안은 국회에 제출조차 못하고 말았다. 놀라운 사실은 당시 민정당 소속 전국구 의원인 8명의 여성들이 단 한 명도 서명하지 않았다는 사실이다. 두 명은 처음엔 서명했으나 나중에 취소해 버렸다.[208]

유림의 반격

유림의 반격도 만만치 않았다. 전국유림대표자회의는 각계 지도층 인사들을 규합하여 1975년 11월 15일 가족법개정저지 범국민협의회를 결성하였다. 이 협의회 회장엔 경제계 대표인 정주영이 추대되었고, 고문단으로 각계 지도층 인사들이 총동원되었다. 전직 장관, 전·현직 국회의원, 전·현직 대학총장 및 교수, 예비역 장성, 언론계 인사, 경제계 중진, 전직 법관 및 현직 변호사 등 모두 73명이었다.

이 협의회엔 8개의 각 시도민협의회, 108개 국민협의회, 210개 각 부녀협의회, 70개 각 향교협의회, 75개 유도회협의회, 95개 각 종교협의회, 그리고 1천여 명의 통일주체국민회의 대의원 등이 참여하였다.

유림은 1백만 명의 반대 서명날인을 받아 그 해 12월 국회에 반대측

206) 허도산, 『한국의 어머니 이태영』(자유지성사, 1999), 405쪽.
207) 허도산, 위의 책, 406쪽.
208) 허도산, 위의 책, 407쪽.

청원을 제출하였다. 이들은 개정안이 전통윤리를 도외시하였다고 주장하면서 "한국의 아름다운 가족제도를 가속도로 파괴시킬 독소를 내포하고 있으며, 이로 인해 국론이 분열되고 총화유신에 차질을 자아내서 국가안보가 근본으로부터 와해될 것"을 우려하였다.[209]

가족법 개정은 이런 완강한 반대에 부딪혀 좌절되었고, 1976년 박 정권이 종합인구정책을 발표하면서 다소 활기를 띠게 되었다. 가족계획의 성과가 점차 둔화되면서 인구 문제로 고심하던 정부가 "남아선호사상이 인구억제의 장애 요소"라는 이유를 들어 민법상의 남녀차별 철폐에 대한 계획을 세웠기 때문이었다. 그러나 정부는 과감한 법 개혁보다는 각종 사회 혜택을 통해 가족계획 시책의 한계를 극복하려는 쪽으로 주저앉고 말았다.[210]

천신만고 끝에 가족법 개정안은 상정된 지 3년 만인 1977년 12월 17일 국회 본회의를 통과하여 1979년 1월 1일부터 시행되게 되었는데, 극히 지엽적으로 개정 보완되었을 뿐이다. 개정 조항은 소유불분명 재산에 대한 부부 공동 소유, 협의이혼 제도의 합리화, 재산 상속에 있어 여자 몫의 증가, 유류분 제도의 신설 등이었고, 부모의 친권 공동 행사는 일부 수정 통과되었고, 나머지 핵심적인 것들은 원안에서 삭제하여 개정되지 않았다.[211]

노동계의 여성 차별

가족법 개정 운동과 함께, 1974년과 1975년 조흥은행과 산업은행에서 제기된 결혼각서 폐지운동도 주목할 만한 것이었다. 당시 은행들은

---

209) 이효재, 『한국의 여성운동: 어제와 오늘』(정우사, 1989, 증보판 1996), 256쪽.
210) 소현숙, 〈호주제, 식민주의와 가부장제의 공모: 가족법 개정운동〉, 여성사 연구모임 길밖세상, 『20세기 여성 사건사: 근대 여성교육의 시작에서 사이버 페미니즘까지』(여성신문사, 2001), 162~163쪽.
211) 이태영, 『'정의의 변호사' 되라 하셨네: 이태영 선생 유고변론집』(한국가정법률상담소, 1999), 264쪽.

입사시 여성에게만 결혼과 동시에 사직한다는 이른바 결혼각서를 받았는데, 이를 폐지하기 위한 운동을 벌였던 것이다.[212)

그러한 노력의 결과, 1976년에는 결혼각서가 폐지되었으나 오히려 더욱 현저하게 여행원을 차별하는 분리호봉제와 승진의 동등한 기회를 막는 인사규정이 노사협의를 거쳐 시행되었다. 이에 대해 이효재는 다음과 같이 말한다.

"이는 남성 지배의 은행노조측이 전체 조합원의 3분의 1 이상을 차지하는 여성조합원들의 반대 의견을 무시한 채 여성조합원의 권익을 대변하지 않고 이에 합의한 것이다. 차라리 노조의 내부에서 여성을 차별하는 벽이 더 두터운 실정이다. 노조 안에서 여성 문제에 대한 이해가 적을뿐만 아니라 연구도 안 해보고 거부 반응부터 즉각적으로 나타내는 예가 많다는 것이다."[213)

이와 같은 노조 내부의 여성 차별은 비단 은행뿐만 아니라 모든 산업현장에서 일어나고 있었다. 이효재는 다음과 같이 말한다.

"일부 남자들은 노조 내에서 여성조합원을 차별하여 노조분열을 조장하는 기업편에서 이들의 노조운동을 박해하고 억압하였다. 여성노동자들은 어용노조를 비판하는 민주노조운동을 전개하였다. 1975년 이후로는 거의 여성들의 투쟁만이 노동운동의 명맥을 이루었다."[214)

1975년 이후로 여성노동자들이 노동운동에 앞장 서게 된 이유를 신인령은 다음과 같이 말한다.

"① 여성 근로자들이 남자보다 더욱 열악한 조건에서 일하고 있는 점이다. 남자들의 절반에 미달하는 저임금과 장시간 노동 그리고 각종 인격적 억압 모욕 폭행을 당하는 대상이기 때문이다. ② 여자노동력 참여

212) 박혜란, 〈주체성을 살리면서 사회를 바꾸기: 한국 여성운동의 흐름 20년〉, 김병익 · 정문길 · 정과리 엮음, 『오늘의 한국지성, 그 흐름을 읽는다 1975-1995』(문학과지성사, 1995), 260-261쪽.
213) 이효재, 『한국의 여성운동: 어제와 오늘』(정우사, 1989, 증보판 1996), 262-263쪽.
214) 이효재, 위의 책, 267쪽.

의 수적 증가와 남존여비의 가부장제 전통을 기반으로 여성을 값싼 노동력으로 이용, 착취하는 노동정책. ③ 산업선교 등의 종교단체들이 1960년대 말부터 여성 근로자들에게 민주 의식과 노동자의 권리투쟁을 위한 의식화 교육을 지원한 것이다."[215]

215) 이효재, 「한국의 여성운동: 어제와 오늘」(정우사, 1989, 증보판 1996), 267쪽에서 재인용.

314___한국 현대사 산책 · 1970년대편 ②